High Trail Cookery

◆ ◆ ◆

ALL-NATURAL, HOME-DRIED, PALATE-PLEASING MEALS FOR THE BACKPACKER

Revised Edition

Linda Frederick Yaffe

CHICAGO
REVIEW
PRESS

Library of Congress Cataloging-in-Publication Data
Yaffe, Linda Frederick.
High trail cookery: all-natural, home-dried, palate-pleasing
meals for the backpacker / Linda Frederick Yaffe.—revised ed.
    p.   cm.
Includes bibliographical references and index.
ISBN 1-55652-313-0
1. Outdoor cookery. 2. Backpacking. I. Title
TX823.Y34   1997
641.5'78—dc21   96-51025
                                                 CIP

© 1997 by Linda Frederick Yaffe
All rights reserved
Second edition
Published by Chicago Review Press, Incorporated
814 North Franklin Street
Chicago, Illinois 60610
ISBN 1-55652-313-0
Printed in the United States of America
5 4 3 2 1

Interior illustrations by the author

This book is dedicated to pleasure in the out-of-doors, with thanks to my partner, Stuart Yaffe, and in memory of my mother, Pearl Maps Frederick: 1906–1988.

Contents

◆ ◆ ◆

CHAPTER ONE

• • •

Camp Cookery in Your Kitchen

Why Dry?

◆ ◆ ◆

They've been hiking or biking since dawn. Now the sun is setting, and they're hungry. They're too tired to cook, but they'll soon be eating a delicious hot dinner. They pull from their pack a small pot and a packet of dried Shrimp Creole. A few minutes later, they are enjoying a homemade meal, spicy and satisfying.

High Trail Cookery makes this scenario possible. It was written to enable you to enjoy your next backpacking trip without lugging heavy fresh or canned ingredients in your pack, without the chore of cooking on the trail, and without squandering food dollars on tasteless, expensive, commercially dried foods. *High Trail Cookery* will show you how to cook, dry, and store complete all-natural meals at home, using a dehydrator, an oven, or sunlight. With it, you can prepare all your meals in advance, so that on the trail you can forget cooking, prop your feet on a rock, and enjoy the scenery.

Why dry? First, to enhance your camping pleasure. But there are other advantages, too.

Quality and Choice

Eating good-tasting, nutritious hot foods on the trail is 100 percent practical with *High Trail Cookery*. Now you can create your own convenience foods and enjoy quality meals free of additives and preservatives no matter where you are. Choose the foods you enjoy, for good taste and health.

Economy

Home-dried foods are inexpensive to make, light in weight, and low in volume. A fine-quality home dehydrator can be purchased for less than the cost of one week's supply of commercially dried food for four people.

Simple Home Preparation

Choose your favorite meals from the backpack recipes in chapters Two, Three, Four, and Five. Select top-quality, fresh ingredients from your garden or the market. Cook a meal just as you would prepare tonight's dinner, then dehydrate the food in your oven or dehydrator. Save time by preparing extra servings; use some today, and dry the rest.

3

Less Fuel, Weight, and Equipment

Well-seasoned, hearty foods combined into one-pot meals are best for backpacking: soup, stews, and casseroles. All the backpack meals in this book use only one pot in the field. The foods are completely cooked at home; in camp, meals are simply brought to a boil, stirred, and served.

Food Drying Techniques

◆ ◆ ◆

For thousands of years humans have dried foods to enhance their diets. Drying works via heat and air circulation, which remove most of the food's moisture and keep microorganisms from growing. For best results,

- Use quality ingredients: fresh herbs, fine cheese, fruit at its peak of ripeness.
- Chop or slice food uniformly for even drying.
- Dry strong-smelling foods, such as fish or onions, separately.

- Preheat oven or dehydrator for 10 minutes.
- Check food frequently as it dries; turn and shift it several times.

Drying times vary. To preserve perishable foods for long-term storage (up to one year), dry them thoroughly. Drying times listed in this book are for a standard commercial dehydrator equipped with an electrical heat source and fan.

Drying Food Using a Dehydrator

Dehydrators are the most convenient method of drying and yield the best quality product. Food can be dried at any time of year, in any weather, without interfering with kitchen activities. Commercial dehydrators can be purchased by mail from Excalibur, 6083 Power Inn Road, Sacramento, CA 95824, (800) 875-4254, and American Harvest, 4064 Peavey Road, Chaska, MN 55318, (800) 288-4545. To build your own dehydrator, contact your United States Department of Agriculture Extension for information and dehydrator plans.

To dry solid foods, such as sliced vegetables, fruits, and jerky, place food directly on drying trays. Turn the food once while drying.

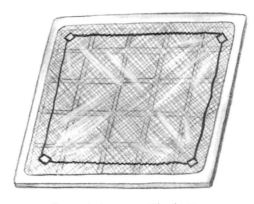

Cover drying tray with plastic wrap.

To dry liquid foods, such as soup or stew, use plastic wrap. Place pieces of plastic wrap over the middle of drying trays, leaving 1½ inches to 2 inches of space between the edge of the wrap and the edge of the tray, allowing air to circulate. Masking tape can be used, if needed, to hold wrap in place.

Spread a thin layer of food on the plastic wrap. As the food dries, turn and shift it, breaking up large pieces. Check the food, and shift it, every 1 to 3 hours.

Drying Foods Using an Oven

All meals in *High Trail Cookery* can be dried in your oven.

To prepare your electric oven for drying, remove the top heating element. If this element is not removable, place an empty baking sheet on the oven's top shelf, and dry food on the lower shelves.

Foods can be dried using a gas or electric oven.

Turn the oven to its lowest setting, 140°–150°F. Place an oven thermometer next to the drying food to keep the temperature within this range. Leave the oven door partially open to allow air to circulate: 1 to 2 inches for an electric oven, 5 to 6 inches for a gas oven. An electric fan placed just outside the oven door, blowing air over the food, will greatly improve circulation.

To dry solid foods, such as sliced vegetables, fruits, and jerky, place food on several layers of fine mesh nylon net or nylon organdy, available at fabric shops. Set the nylon material on your oven racks.

To dry liquid foods, such as soups, spread them in a thin layer on oiled baking sheets.

Oven-dried foods must be checked and shifted frequently to prevent scorching, particularly during the last one-third of drying time. To reduce heat, open the oven door a few more inches.

Drying Foods Using the Sun

Nonperishable foods—uncooked fruits and vegetables—can be sun-dried. See Chapter Seven for Dried Fruit and Vegetable Chips. Perishable foods, such as meat or cooked beans, must be dried in your oven or dehydrator.

Sun-drying works best in areas with consistent hot sun and low humidity, where the air is free of excessive dust and pollution.

Baking sheets make simple drying trays. Window screens are good trays, providing better air circulation; cover the screens with cheesecloth so food does not touch the galvanized metal.

Lay the sliced fruits or vegetables on drying trays, and cover the food with cheesecloth. Turn the slices once or twice a day. Bring the trays indoors at sundown; replace them outdoors in the morning.

Fruit and vegetables can be sun-dried in 1 to 4 days.

Keeping Dried Food

◆ ◆ ◆

Dried foods must be kept cool and dry and protected from exposure to air and light.

Packaging

Before packing dried food, let it stand at room temperature on the drying trays for several hours or overnight. The food will cool, continue to dry, and "condition." This cooling period will prevent mold from forming.

When the dried food is completely cool, place it in small, sturdy plastic bags. Place one or more servings of food in a single bag, according to your camping or traveling plans. Press the bags firmly before sealing, expelling as much as air as possible. Put each bag inside a second plastic bag.

Store the bags of food inside a metal container with a tight-fitting lid. If a metal container isn't available, store the individual servings in a black plastic bag. When you are ready to camp or travel, the individually bagged servings can go directly into your backpack.

Dried food can also be stored in clean, dry screw-top glass or ceramic containers. They should be dark-colored. Bag the containers in plastic for an extra layer of protection.

Labeling

Dried foods look alike; label each batch of food as you package it. Using ordinary paper, cut very small labels, 2½ inches by 1 inch. Record the name of the meal, the date the food was dried, number of servings, and instructions for preparing the food in the field.

New Eng. Clam Chowder 4 Servings
Cover w/water; boil, stir, serve. 2-18-97

Insert the label between the two plastic bags, so the ink isn't touching the food. Seal the outside bag tightly, expelling as much air as possible.

All dried meals in this book are simply prepared in the field by covering them with water, boiling, stirring, and serving. Instructions may seem unnecessary, but be sure to include them so any member of your party can prepare any food.

Storing

Most dried foods will keep for one year, some even longer.

Nonperishable foods, such as fruits or vegetables, can be stored in a cool, dark, dry area, such as a closet in the coolest, driest room in your house. The kitchen is too warm; the basement is too damp. Perishable foods, such as those containing meats or cooked beans, are best stored in the refrigerator for up to one year, or in the freezer for even longer. If you live in a cold climate and have a cool, dry room in your house, you can safely store your more perishable dried foods there. If you live in a warm climate, the refrigerator is a better choice.

Fish or beef jerky can be stored in your refrigerator for six months, then carried in your backpack for two weeks without refrigeration.

Field Equipment

◆ ◆ ◆

High Trail Cookery's one-pot method requires very few pieces of field equipment.

Aluminum Pot

Carry only one pot; leave your frying pan and extra pots at home. Choose the lightest weight aluminum pot you can find. Flea markets and thrift shops are good sources for pots and silverware. One person needs a one-quart pot; two or three people need a two-quart pot; four people need a three-quart pot. To save weight, you may leave the pot lid at home and substitute a piece of heavy-duty aluminum foil.

Store your pot in a heavy plastic bag.

aluminum pot and lid

Cups

Carry one cup per person. No plates or bowls are needed.

Stainless steel Sierra cups are durable and versatile; filled to the brim, they hold exactly one cup. Lexan plastic cups are another durable choice.

Sierra cup

Teaspoons

Carry one lightweight stainless steel teaspoon per person. No forks or table knives are needed. One member of the party needs to carry a sharp folding knife, to share.

Stove and Fuel Container

Choose a lightweight backpack stove that burns butane, propane, kerosene, or white gasoline.

Windscreen

This lightweight aluminum screen greatly improves the efficiency of your stove or small campfire. Cut two pieces of heavy-duty aluminum foil, each 18 by 28 inches.

aluminum windscreen

Put the two pieces together, shiny side out. Fold down 2 inches from the top and fold up 2 inches from the bottom.

9

To store, fold into quarters and keep with your cooking pot. In camp, open the screen and crimp the foil to curve around your stove or fire. Secure the folded bottom of the screen with small, heavy rocks.

Nylon Net, Sponge, and Soap

An 8-inch square of regular mesh nylon net makes an effective, almost weightless, scrubber. After cleanup, remove water and food particles by briskly shaking the net. Nylon net is available

nylon net, sponge, and liquid soap

at any fabric shop. A small household sponge wipes moisture from wet equipment. Small bottles of biodegradable liquid soap can be purchased at camping supply shops and some grocery stores.

plastic food tube

Plastic Food Tubes

Nut butters, jelly, honey, mustard, margarine, and baby food can be carried in refillable plastic tubes, available at camping supply shops.

Using the Recipes

◆ ◆ ◆

Before you begin to cook, read the entire recipe.

Note that many of the recipes suggest that you prepare food in a cast-iron Dutch oven or a cast-iron skillet. While other pots and skillets may be used, sturdy cast-iron cookware provides even heat for both stove-top and oven use. It is inexpensive and improves with age—perfect for home kitchen and car-camping.

The following healthful ingredients work well in these recipes:

- Instant nonfat dry milk instead of whole milk.
- Table spread containing a large percentage of vegetable oil instead of regular margarine or butter.
- Soy cheese, available in cheddar or mozzarella types, instead of dairy cheese, in any recipe requiring cooked or melted cheese.
- Frozen cholesterol-free egg product, or egg whites, instead of whole eggs.

CHAPTER TWO

◆ ◆ ◆

Backpack Breakfasts and Brunches

Vegetable Kugel

◆ ◆ ◆

4 servings

1. Preheat oven to 350°F.

2. Grate, then drain in a colander:
   5 small new potatoes, scrubbed but not peeled
   1 onion
   2 medium carrots, scrubbed but not peeled
   2 cloves garlic

3. Tightly wrap the grated vegetables in a cloth towel, then squeeze out as much moisture as possible.

4. Beat together in a large bowl:
   1 whole egg plus 2 egg whites
   2 cups plain low-fat yogurt
   ½ cup dry milk
   ¼ cup matzo meal or whole wheat flour
   ¼ cup olive oil
   ¼ cup water
   2 tablespoons honey
   1 teaspoon sea salt
   1 teaspoon fresh thyme, or ½ teaspoon dried

5. Add the grated vegetables, along with:
   10 sprigs parsley, minced
   1 cup any variety grated cheese

6. Stir together, then spread in an oiled 9-by-13-inch glass casserole dish. Bake at 350°F for 40 minutes, or until toothpick inserted in center comes out clean.

7. Spread on plastic-covered trays and dehydrate for 5 hours at 145°F.

8. To rehydrate, cover with water, boil, stir, and serve.

Sweet Potatoes and Scrambled Eggs

◆ ◆ ◆

4 servings

1. Preheat oven to 425°F.
2. Scrub but do not peel:
   4 medium sweet potatoes
   Slice off the ends. Place the potatoes on a baking sheet and bake for 35 minutes.
3. Cool the potatoes slightly, then dice them.
4. Heat a large cast-iron skillet over high heat. Add:
   1 tablespoon corn oil
   When the oil is hot, add:
   1 onion, finely chopped
   Cook and stir the onion for 3 minutes, then add the diced potatoes. Reduce heat to medium-low and cook for 5 minutes.
5. Beat together:
   2 whole eggs plus 3 egg whites
   1 tablespoon water
   ¼ teaspoon sea salt
   ¼ teaspoon freshly ground black pepper
   Pour the egg mixture over the potatoes. Cook, stirring gently, until the eggs are set. Pour over the eggs:
   1 tablespoon fresh lemon juice
6. Spread on plastic-covered trays and dehydrate for 5 hours at 145°F.
7. To rehydrate, cover with water, boil, stir, and serve.

Vegetable Scrambled Eggs or Tofu

◆ ◆ ◆

4 s e r v i n g s

1. Prepare:
   4 servings Stir-Fried Vegetables (see Chapter Seven)

2. Beat together in a large bowl:
   **2 whole eggs plus 4 egg whites, beaten with 2 table-
   spoons water or 1 pound firm tofu, rinsed and
   drained, crumbled
   Hot sauce to taste
   ¼ teaspoon ground turmeric**

3. When the vegetables are cooked, push them to the sides
   of the pot. Pour into the center of the pot:
   1 teaspoon corn or soy oil

When the oil is hot, add the eggs or tofu. Stir for a few
minutes, then mix them with the vegetables.

4. Adjust seasoning if necessary. Add:
   2 cups any variety grated cheese
   Stir gently just until cheese melts.

5. Spread the mixture on plastic-covered trays and dehydrate for 5½ hours at 145°F.

6. To rehydrate, cover with water, boil, stir, and serve.

Tofu Omelette

◆ ◆ ◆

4 servings

1. Heat in an omelette pan over high heat:

   2 tablespoons olive oil

   When the oil is hot, add:

   8 whole fresh mushrooms, finely chopped

   Sauté for 3 minutes, or until browned.

2. Beat together in a bowl:

   2 whole eggs plus 2 eggs whites

   2 green onions, minced

   1 pound firm tofu, rinsed, drained, and finely chopped

   2 tablespoons tamari soy sauce

   1 tablespoon water

   Pinch of cayenne pepper

3. Pour the egg mixture over the mushrooms. Reduce heat. Lift the mixture to allow uncooked portion to flow underneath.

4. Fold omelette in half. Cover and cook over very low heat for 1 minute.

5. Spread the omelette on plastic-covered trays and dehydrate for 4½ hours at 145°F.

6. To rehydrate, barely cover with water, boil, stir, and serve.

Spanish Omelette

◆ ◆ ◆

4 servings

1. Prepare:

   **Thick Tomato Sauce (see Chapter Seven) or use 2
   cups commercial sauce**

   Simmer the sauce in a cast-iron skillet. Add:

   **3 jalapeño peppers, fresh or canned,
   seeded and minced**

2. Cook:

   4 servings Millet or Bulgur Wheat (see Chapter Seven)

3. Prepare:

   2 plain Three-Egg Omelettes (see Chapter Six)

4. Blend together the cooked grain, tomato sauce, and omelettes.

5. Spread on plastic-covered trays and dehydrate for 5 hours at 145°F.

6. To rehydrate, cover with water, boil, stir, and serve.

Roasted Vegetable Frittata

◆ ◆ ◆

4 servings

1. Preheat oven to 450°F.

2. Place in a large casserole dish, roasting pan, or cast-iron Dutch oven:

   1 small eggplant, chopped
   1 zucchini, chopped
   1 yellow onion, chopped
   6 cloves garlic, minced
   2 carrots, minced
   4 small new potatoes, chopped

3. Pour over the vegetables:

   ½ cup olive oil

   Stir well, coating the vegetables. Bake for 45 minutes or until browned, stirring several times.

4. Beat together in a large bowl:

   3 whole eggs plus 3 egg whites
   8 ounces tofu, crumbled
   4 tablespoons fresh basil or fresh parsley, minced

   ¾ teaspoon sea salt
   ½ teaspoon freshly ground black pepper
   ½ cup finely grated Parmesan cheese

   Stir in the roasted vegetables.

5. Preheat broiler.

6. Heat a large ovenproof skillet over medium-low heat. Add to the skillet:

   2 tablespoons olive oil

   When the oil is hot, add the egg and vegetable mixture. Cook without stirring for 5 minutes, or until set and light brown underneath.

7. Place the skillet under the preheated broiler for 5 minutes or until top of frittata is browned.

8. Spread on plastic-covered trays and dehydrate for 4½ hours at 145°F.

9. To rehydrate, cover with water, boil, stir, and serve.

Summer Casserole

◆ ◆ ◆

4 servings

1. Preheat oven to 350°F. Oil a 9-by-13-inch casserole dish.

2. Blend together in a large bowl:
   2 egg whites, beaten
   1 cup any variety grated cheese
   1/3 cup olive oil
   2 tablespoons fresh basil, minced, or 1 tablespoon dried
   4 cloves garlic, minced
   1 green bell pepper, minced
   1 onion, minced
   1 cup whole wheat bread crumbs
   7 cups raw summer squash, grated
   1/2 cup fresh parsley, minced
   1 teaspoon sea salt
   1/2 teaspoon cayenne pepper

3. Spread mixture in oiled casserole and bake at 350°F for 50 minutes, or until browned.

4. Spread the casserole on plastic-covered trays and dehydrate for 6 hours at 145°F.

5. To rehydrate, cover with water, boil, stir, and serve.

Baked Pasta with Eggs and Cheddar

◆ ◆ ◆

4 servings

1. Prepare:

    4 servings Fresh Pasta (see Chapter Seven) or use 12 ounces any dried commercial pasta

    Cook the pasta until it is barely tender, then drain it in a colander.

2. Preheat oven to 350°F.

3. Oil a 9-by-14-inch glass casserole dish.

4. Spread the cooked pasta in the dish, and sprinkle it with:

    1 cup grated sharp cheddar cheese
    2 ounces grated Parmesan cheese
    1 green bell pepper, minced
    2 jalapeño peppers, fresh or canned, seeded and minced
    2 cloves garlic, minced
    2 tablespoons fresh rosemary, minced, or 2 teaspoons dried

5. Beat together in a small bowl:

    1 whole egg plus 2 egg whites
    2¼ cups milk
    ½ teaspoon sea salt
    ⅛ teaspoon ground cinnamon
    Dash of Worcestershire sauce

    Pour the egg mixture over the pasta.

6. Bake the casserole for 35 minutes or until browned.

7. Spread on plastic-covered trays and dehydrate for 5 hours at 145°F.

8. To rehydrate, barely cover with water, boil, stir, and serve.

Toiyabe Quiche

◆ ◆ ◆

4 servings

1. Preheat oven to 350°F.

2. Sauté over medium heat in a cast-iron skillet, until very lightly browned:

   1 tablespoon olive oil
   1 large onion, minced
   1 ½ cups whole fresh mushrooms, minced

3. Beat together in a large bowl:

   2 whole eggs plus 2 egg whites
   ½ cup margarine, melted
   1 small zucchini or other summer squash, grated
   10 sprigs fresh parsley, minced
   ½ pound grated Monterey Jack cheese
   1 cup low-fat cottage cheese

4. Mix together in a medium bowl:

   ½ cup whole wheat flour
   1 teaspoon baking powder
   1 teaspoon sea salt
   Pinch of cayenne pepper

5. Oil a 9-by-13-inch glass casserole dish.

6. Add the sautéed mushrooms and the flour mixture to the egg mixture. Blend thoroughly, then spread in the prepared dish.

7. Bake at 350°F for 35 minutes, or until toothpick inserted in center comes out clean.

8. Spread the quiche on plastic-covered trays and dehydrate for 5 hours at 145°F.

9. To rehydrate, barely cover with water, boil, stir, and serve.

Hominy Grits Soufflé

◆ ◆ ◆

4 servings

1. Preheat oven to 350°F.

2. Bring to a boil:

   6 cups water

3. Gradually stir in:

   1½ cups quick-cooking grits

   Reduce heat and cook the grits for 4 minutes, stirring occasionally.

4. Remove from heat and beat in, one at a time:

   2 whole eggs plus 2 egg whites

   Add:

   1 cup any variety grated cheese
   5 green onions, minced
   10 sprigs fresh parsley, minced
   1 teaspoon honey
   1 teaspoon sea salt
   Hot sauce to taste
   6 strips bacon, cooked and crumbled (optional)
   ½ pound tofu, crumbled (optional)

Beat thoroughly.

5. Spread the grits in a shallow, oiled glass casserole dish.

6. Bake at 350°F for 40–45 minutes, or until toothpick inserted in center comes out clean.

7. Spread on plastic-covered trays and dehydrate for 5 hours at 145°F.

8. To rehydrate, cover with water, boil, stir, and serve.

Breakfast Beans

4 servings

Have Frijoles Refritos for breakfast.

1. Cook:

    1½ cups dried pinto beans (see Chapter Seven) or use 3¾ cups canned beans

    Drain the beans in a colander, reserving liquid.

2. Heat a cast-iron Dutch oven over high heat. Add:

    2 tablespoons soy or corn oil

    When the oil is hot, add:

    1 large onion, minced

    Sauté the onion, stirring constantly, for 2 minutes, then add half of the drained, cooked beans, ½ cup of the bean liquid, and:

    3 whole ripe tomatoes, chopped

    Using a potato masher or the back of a large spoon, mash the beans.

3. Add the rest of the cooked beans to the pot, along with:

    5 jalapeño peppers, fresh or canned, seeded and minced
    1 clove garlic, minced
    1 tablespoon chili powder
    1 teaspoon cumin seeds, crushed
    ½ teaspoon sea salt

    Simmer the beans for 50 minutes, stirring occasionally and adding very small amounts of liquid if necessary; keep the mixture thick.

4. Turn off heat and add:

    1½ cups any variety grated cheese
    5 green onions, minced

5. Spread on plastic-covered trays and dehydrate for 4½ hours at 145°F.

6. To rehydrate, barely cover with water, boil, stir, and serve.

7. Serve with:

    Corn tortillas or Gloria's Flour Tortillas (see Chapter Seven) or commercial tortillas

Potatoes and Beans

4 servings

1. Cook:

   ⅝ cup dried pinto beans (see Chapter Seven) or use 1¼ cups canned beans

   Drain the beans in a colander; reserve the bean liquid.

2. Cover with water and simmer for 15 minutes, or until just tender:

   8 medium-sized new potatoes, scrubbed but not peeled

   Drain the potatoes and dice them.

3. Heat in a cast-iron Dutch oven over high heat:

   2 tablespoons olive oil

   When oil is hot, add:

   1 onion, minced

   Stir-fry for 2 minutes, then add the diced potatoes. Cook, stirring occasionally, until the potatoes are browned.

4. Add the cooked beans to the potatoes, along with:

   ½ cup bean liquid
   4 whole ripe tomatoes, finely chopped
   2 cloves garlic, minced
   ½ teaspoon sea salt
   Hot sauce to taste

   Simmer for 5 minutes. Adjust seasoning if necessary.

5. Spread on plastic-covered trays and dehydrate for 5 hours at 145°F.

6. To rehydrate, cover with water, boil, stir, and serve.

Breakfast Tacos

◆ ◆ ◆

4 servings

1. Prepare:

   4 servings Stir-Fried Vegetables (see Chapter Seven)

2. Add to the vegetables and sauté:

   10 small sausages, cut into ¼-inch crosswise slices— choose any meat sausage or frozen TVP (Textured Vegetable Protein) sausage

3. When the vegetables and sausages are browned, add:

   3 whole ripe tomatoes, finely chopped

   2 tablespoons fresh oregano, minced, or 1 tablespoon dried

Simmer for 5 minutes.

4. Spread on plastic-covered trays and dehydrate for 5½ hours at 145°F.

5. To rehydrate, cover with water, boil, stir, and serve.

6. Serve with:

   Gloria's Flour Tortillas (see Chapter Seven) or commercial flour tortillas

Mild Breakfast Curry

◆ ◆ ◆

4 servings

1. Boil gently for 8 minutes, then cool:

   2 eggs

   Shell, then chop the eggs finely. Set aside.

2. Heat in a cast-iron Dutch oven over high heat:

   2 tablespoons olive oil

   When the oil is hot, add:

   1 large onion, minced

   Stir-fry the onion until transparent, then add:

   4 small new potatoes, scrubbed but not peeled, minced

3. Brown the vegetables, reducing heat to medium when necessary. Add:

   2 cups whole fresh mushrooms, finely chopped
   1 stalk broccoli, finely chopped

   Cook, stirring occasionally, for 10 minutes.

4. Reduce heat to low and add:

   2 tablespoons whole wheat flour

   Stir until the flour is toasted, then very gradually add:

   1½ cups bean liquid, stock, or milk

5. Stir constantly until the sauce is thick and smooth, then add:

   1 teaspoon curry powder
   ½ teaspoon ground ginger
   ¼ teaspoon sea salt
   Cayenne pepper to taste

6. Add the chopped hard-boiled eggs, along with:

   1 pound tofu, rinsed, drained, and crumbled

7. Simmer gently for 5 minutes.

8. Cook:

   4 servings Couscous (see Chapter Seven)

9. Combine couscous and curry mixture.

10. Spread on plastic-covered trays and dehydrate for 5 hours at 145°F.

11. To rehydrate, cover with water, let stand briefly, boil, stir, and serve.

Powerhouse Potatoes

◆ ◆ ◆

4 servings

This is a satisfying meal.

1. Bring to a boil in a large saucepan:

   1½ quarts water

2. Add:

   6 medium-sized new potatoes, scrubbed but not peeled

   Bring to a boil, then simmer the potatoes for 4 minutes. Drain them in a colander; let cool.

3. Grate the potatoes.

4. Heat in a cast-iron Dutch oven:

   3 tablespoons olive oil

   When the oil is hot, add:

   1 large onion, minced

   Stir-fry the onion for 1 minute, then add the grated potatoes and cook, stirring occasionally, for 5 minutes. Reduce heat to medium-low and cook 5 minutes longer, or until vegetables are browned.

5. Reduce heat to low and add:

   1 whole ripe tomato, minced

   2 jalapeño peppers, fresh or canned, seeded and minced, or cayenne pepper to taste

   ¾ teaspoon sea salt

   ½ teaspoon freshly ground black pepper

   Cook for 3 minutes. Add:

   3 ounces grated sharp cheddar cheese

   1 cup light cream cheese

   Stir until cheese melts.

6. Turn off heat. Add:

   1 cup plain yogurt

7. Stir. Adjust seasoning if necessary.

8. Spread the potatoes on plastic-covered trays and dehydrate for 6 hours at 145°F.

9. To rehydrate, cover with water, boil, stir, and serve.

Donburi

4 servings

This is a Japanese one-dish meal.

1. Cook:

   4 servings Brown Rice (see Chapter Seven)

2. Heat in a cast-iron Dutch oven over high heat:

   3 tablespoons olive oil

   When the oil is hot, add:

   2 medium zucchini, finely chopped

   Stir-fry for 1 minute, then add:

   1 small eggplant, finely chopped

   Fry until browned. Then add:

   1¼ cups whole fresh mushrooms, chopped

   Reduce heat to medium and cook, stirring occasionally, for 5 minutes.

3. Beat together in a medium bowl:

   2 whole eggs plus 2 egg whites
   1 pound firm tofu, rinsed and drained
   1 small green bell pepper, finely chopped
   5 tablespoons tamari soy sauce
   3 tablespoons sherry
   Cayenne pepper to taste

4. Make a well in the center of the vegetables in the Dutch oven and pour in the egg mixture. Cook, stirring gently, until eggs are set.

5. Turn off heat and stir in:

   3 green onions, minced

6. Blend together the rice and the vegetable-egg mixture. Spread on plastic-covered trays and dehydrate for 5½ hours at 145°F.

7. To rehydrate, cover with water, let stand briefly, boil, stir, and serve.

Creole Beans and Rice

◆ ◆ ◆

4 servings

1. Cook:

   1 cup dried pinto beans (see Chapter Seven) or use 2³/₄ cups canned beans

2. Drain the cooked beans, reserving the liquid.

3. Heat a cast-iron Dutch oven over high heat. Add:

   2 tablespoons olive oil

   When the oil is hot, add:

   1 large onion, minced

   Sauté the onion until it is evenly browned.

4. Reduce heat to low and add:

   6 whole ripe tomatoes, finely chopped
   1 large or 2 small green bell peppers, finely chopped
   5 jalapeño peppers, fresh or canned, seeded and minced
   2 cloves garlic, minced
   2 teaspoons fresh thyme, minced, or 1 teaspoon dried

5. Add the cooked beans, along with:

   ¹/₂ cup reserved bean liquid
   ¹/₄ cup Burgundy

6. Partially cover and let simmer for 90 minutes.

7. Cook:

   4 servings Brown Rice (see Chapter Seven)

8. Add the cooked rice to the bean mixture, along with:

   1¹/₂ teaspoons sea salt
   Freshly ground black pepper to taste

9. Spread on plastic-covered trays and dehydrate for 5 hours at 145°F.

10. To rehydrate, cover with water, let stand briefly, boil, stir, and serve.

Pan-Fried Noodles

4 servings

1. Prepare:

   4 servings Fresh Pasta (see Chapter Seven) or use 12 ounces dried commercial pasta

   Cook the pasta until barely tender, then drain it in a colander.

2. Prepare:

   4 servings Stir-Fried Vegetables (see Chapter Seven)

   When the vegetables are partially cooked, reduce heat to medium and add the drained, cooked pasta. Cook, stirring occasionally, until vegetables and noodles are well browned, about 20 minutes.

3. Add:

   1 8-ounce can water chestnuts, drained and minced

   Stir and simmer for 3 minutes.

4. Turn off heat and add:

   1 cup raw bean sprouts

5. Stir thoroughly. Spread on plastic-covered trays and dehydrate for 4½ hours at 145°F.

6. To rehydrate, barely cover with water, boil, stir, and serve.

High-Protein Granola

◆ ◆ ◆

9 1/2 cups

1. Brown in a cast-iron Dutch oven, stirring frequently, until golden:

   1/2 cup whole wheat flour

   1/2 cup soya flour

   1/2 cup sesame seeds

   1/2 cup wheat germ

   1/2 cup oat or wheat bran

2. Preheat oven to 300°F.

3. Heat gently in a small saucepan:

   1/2 cup honey

   1/2 cup corn or soy oil

4. Add honey-oil mixture to flour mixture, along with:

   1/2 teaspoon vanilla extract

   1 cup any variety unsalted nuts, chopped, or more to taste (try a combination of several nuts)

   3/4 cup unsweetened shredded coconut

   6 cups rolled oats

5. Mix the granola thoroughly and spread it in a 9-by-13-inch glass casserole dish.

6. Pour evenly over the granola:

   1/2 cup any fruit juice

7. Bake at 300°F for 30–35 minutes, stirring once during baking.

8. Cool completely, then double-bag and store in freezer until ready to use.

Granola Variations

◆ ◆ ◆

10 1/2 cups

1. Prepare:

   High-Protein Granola (see preceding recipe)

2. When granola has cooled to room temperature, add and blend in any of the following dried fruits. Use commercial or home-dried fruit (see Chapter Five).

   2 cups raisins or currants

   2 cups dried blueberries

   2 teaspoons ground cinnamon, 1 teaspoon ground nutmeg, and 2 cups dried apple slices, chopped

   2 cups dried dates, pitted and chopped

   1 teaspoon ground allspice and 2 cups dried banana chips, chopped

   1 teaspoon ground cinnamon, 1/8 teaspoon ground ginger, and 2 cups dried peach slices, chopped

Granola to Go

1. To package individual servings of granola for camping, place in individual 6½-inch square plastic sandwich bags:

   5/8 cup High-Protein Granola (see preceding recipe)

   1/4 cup Milkman brand low-fat dry milk

2. Flatten the bag to expel as much air as possible. Seal the bag tightly.

3. Shake the bag, mixing the granola and milk thoroughly.

4. To serve, pour ¼–½ cup fresh water into your cup. Add granola, a little at a time. Stir and enjoy.

Instant Highland Porridge

◆ ◆ ◆

4 servings

Unlike the commercial product, this oatmeal is delicious.

1. Stir together in the top half of a double boiler:

   4 cups water
   1³/₄ cups rolled oats
   ¹/₂ cup dry milk
   ¹/₄ cup oat bran
   ¹/₄ cup honey
   1 tablespoon margarine
   ¹/₂ teaspoon ground cinnamon
   ¹/₂ teaspoon ground allspice
   ¹/₄ teaspoon sea salt

   Bring to a boil.

2. Place the pot over several inches of water in the bottom half of the double boiler, and simmer the porridge for at least 1 hour, stirring occasionally. If your wood stove is hot, put plenty of water in the double boiler and cook the porridge overnight in a cool spot on the wood stove.

3. Spread the porridge on plastic-covered trays and dehydrate for 4 hours at 145°F.

4. To rehydrate, cover with water, boil, stir, and serve.

5. To serve, mix some fresh water and instant dry milk in your cup or bowl. Add the heated porridge.

Crust for Pasties

◆ ◆ ◆

one dozen pasties or one 2-crust pie

1. Sift together in a medium bowl:
   1 cup whole wheat flour
   ¾ cup unbleached white flour
   ½ teaspoon baking powder
   Resift the flour mixture.

2. Cut in:
   ½ cup (1 stick) margarine

3. Add:
   4 tablespoons plus 1 teaspoon ice water
   Gently blend with a fork, handling as little as possible.
   Form the dough into a ball.

4. Double-bag the dough, expelling as much air as possible. Chill the dough in the refrigerator for 12–24 hours.

5. Remove the dough from the refrigerator 2 hours before
   rolling, filling, and baking it.

Roll, fill, and crimp dough.

Taboose Pass Cheese and Onion Pasties

◆ ◆ ◆

one dozen pasties

1. Prepare:
   Crust for Pasties (see previous recipe)
   Chill the dough overnight, and remove it from the refrigerator 2 hours before rolling and baking it.

2. Heat a cast-iron skillet over high heat. Add:
   1 tablespoon olive oil
   When the oil is hot, add:
   2 yellow onions, chopped
   Quickly stir-fry the onions until browned, about 2 minutes. Turn off heat and set aside.

3. Preheat oven to 450°F.

4. Grate into a bowl:
   1¼ pounds any variety cheese
   Add the fried onions, along with:
   3 jalapeño peppers, fresh or canned, seeded and minced

Stir the mixture and set aside.

5. Divide the pastie dough into 12 pieces. On a lightly floured board, roll out each piece into a circle, handling the dough as little as possible. Spread the 12 circles on a lightly floured board or countertop.

6. Spoon the cheese mixture onto the dough circles. Fold them in half. Seal and crimp the edges tightly.

7. Place the pasties on an ungreased baking sheet. Prick the tops of the pasties several times with a fork.

8. Bake at 450°F for 15 minutes, then reduce heat to 325°F and bake for 15 minutes longer.

9. Cool completely, then wrap pasties individually in plastic wrap. Double-bag them in plastic.

Apple-Cheese Pasties

◆ ◆ ◆

one dozen pasties

1. Prepare:

   Crust for Pasties (see previous recipe)

   Chill the dough overnight, and remove it from the refrigerator 2 hours before rolling and baking it.

2. Mix together in a large bowl:

   Juice of 1 fresh lemon
   6 tart apples, peeled, cored, and sliced very thin
   ⅓ cup honey
   2 tablespoons whole wheat flour
   1 tablespoon apple juice
   1 tablespoon cornstarch
   2 teaspoons ground cinnamon
   1 teaspoon ground allspice
   1 teaspoon vanilla extract
   ½ teaspoon grated nutmeg

   Let the mixture stand at room temperature for 1 hour.

3. Preheat oven to 450°F.

4. Grate:

   ¼ pound sharp cheddar cheese

   Add the grated cheese to the apple mixture. Stir.

5. Divide the pastie dough into 12 pieces. On a lightly floured board, roll out each piece into a circle, handling the dough as little as possible. Spread the 12 circles on a lightly floured board or countertop.

6. Spoon the apple filling onto the dough circles. Fold the pasties in half. Seal and crimp the edges tightly.

7. Place the pasties on an ungreased baking sheet. Prick the tops of the pasties several times with a fork.

8. Bake the pasties at 450°F for 15 minutes, then reduce heat to 325°F and bake for 15 minutes longer.

9. Cool completely, then wrap pasties individually in plastic wrap. Double-bag them in plastic.

Blueberry Muffins

◆ ◆ ◆

two dozen muffins

1. Preheat oven to 400°F.

2. Line muffin tins with:
   Paper baking cups

3. Mix together in a large bowl:
   1 cup whole wheat flour
   1 cup unbleached white flour
   3 teaspoons baking powder
   1 tablespoon wheat germ

4. Beat together in a separate bowl:
   ¾ cup water
   ¼ cup dry milk
   ½ cup honey
   ⅓ cup soy or corn oil
   1 whole egg plus 1 egg white

5. Wash and drain in a colander:
   1 cup fresh, frozen, or canned blueberries, drained

6. Pour the liquid ingredients into the dry ones, and stir very briefly. Do not beat. Gently stir in the blueberries. Spoon the batter into the baking cups.

7. Bake at 400°F for 18–20 minutes, or until light brown.

Use paper baking cups.

37

Spicy Apple Muffins

◆ ◆ ◆

26 muffins

These muffins pack well and stay fresh for many days.

1. Preheat oven to 375°F.

2. Line muffin tins with:
   Paper baking cups

3. Beat together in a large bowl:
   1¼ cups water
   ¼ cup dry milk
   ½ cup brown sugar
   ½ cup soy or corn oil
   1 egg

4. Mix together in a medium bowl:
   1¼ cups whole wheat four
   ¾ cup unbleached white flour
   1 tablespoon baking powder
   1 teaspoon ground cinnamon
   1 teaspoon ground allspice
   ½ teaspoon ground nutmeg
   ¼ teaspoon ground ginger
   1 cup dried apples, finely chopped
   1 cup any variety nuts, chopped

5. Add the flour mixture to the liquid mixture, barely combining them. Do not beat. Spoon the batter into the baking cups.

6. Bake at 375°F for 30 minutes, or until browned.

Banana Muffins

◆ ◆ ◆

two dozen muffins

1. Preheat oven to 400°F.

2. Line muffin tins with:
   Paper baking cups

3. Mix together in a large bowl:
   1 cup whole wheat flour
   1 cup unbleached white flour
   2 tablespoons wheat germ
   1 tablespoon baking powder
   ¼ teaspoon ground cinnamon

4. Beat together in a medium bowl:

1 egg
4 medium-sized ripe bananas, mashed
¼ cup honey
3 tablespoons soy or corn oil
½ cup any variety nuts, coarsely chopped, or ⅓ cup raisins

5. Add the liquid ingredients to the dry ones, barely combining them. Do not beat. Spoon the batter into the baking cups.

6. Bake at 400°F for 10 minutes, then reduce heat to 325°F and bake 15 minutes longer, or until browned.

Crunchy-Top Whole Wheat Muffins

◆ ◆ ◆

20 muffins

1. Preheat oven to 375°F.

2. Line muffin tins with:

 Paper baking cups

3. Beat together in a large bowl:

 1 cup water
 1 egg
 2 tablespoons honey
 2 tablespoons corn oil

4. Mix together in a medium bowl:

 1¾ cups whole wheat flour
 ¼ cup dry milk
 1 tablespoon ground cinnamon
 2 teaspoons baking powder

5. Prepare topping. Mix together:

 1 cup soft whole wheat bread crumbs
 3 tablespoons brown sugar
 3 tablespoons margarine
 2 tablespoons whole wheat flour

 Set aside.

6. Add the flour mixture to the water mixture, barely combining them. Do not beat. Spoon the batter into the baking cups.

7. Sprinkle the crumb topping over the muffins, pressing it into the batter.

8. Bake at 375°F for 15 minutes, then reduce heat to 325°F and bake for 10 minutes longer.

Cornmeal Muffins with Dates

◆ ◆ ◆

20 muffins

1. Preheat oven to 425°F.

2. Line muffin tins with:

   Paper baking cups

3. Mix together in a large bowl:

   ½ cup whole wheat flour
   ½ cup unbleached white flour
   ¾ cup polenta (coarse-grained cornmeal)
   ⅓ cup oat or wheat bran
   1 tablespoon baking powder
   ⅛ teaspoon sea salt

4. Beat together in a medium bowl:

   1 egg
   1 cup water
   ¼ cup dry milk
   3 tablespoons honey
   2 tablespoons corn oil

5. Add:

   8 whole dates, coarsely chopped

6. Add the dates and the liquid ingredients to the dry ingredients, barely combining them. Do not beat. Spoon the batter into the baking cups.

7. Bake at 425°F for 10 minutes, then reduce heat to 325°F and bake 15 minutes longer, or until browned.

Oatmeal Muffins

◆ ◆ ◆

two dozen muffins

1. Preheat oven to 350°F.

2. Line muffin tins with:
   Paper baking cups

3. Beat together in a large bowl:
   1 cup water
   1 cup rolled oats
   ½ cup honey
   ½ cup margarine, melted
   ¼ cup dry milk
   1 egg

4. Mix together in a medium bowl:
   ¾ cup whole wheat flour
   ¼ cup unbleached white flour
   1 tablespoon oat or wheat bran
   1 tablespoon baking powder
   ½ cup raisins

5. Add the dry ingredients to the liquid ones, barely combining them. Do not beat. Spoon the batter into the baking cups.

6. Bake at 350°F for 25 minutes, or until browned.

Pan Dulce

16 rolls

These are light, sweet yeast rolls.

1. Beat together in a large bowl:

    1 cup very warm water

    ¼ cup dry milk

    2 tablespoons (2 packages) active dry yeast

    ¾ cup brown sugar

    Let stand in a warm place (unheated oven) for 20 minutes.

2. Beat in:

    1 whole egg plus 2 egg whites

    Add and beat thoroughly:

    ½ cup margarine, melted and cooled

    ⅛ teaspoon ground cinnamon

    ⅛ teaspoon sea salt

3. Stir in:

    3 cups whole wheat flour

Turn out onto a floured board and add very gradually:

3½–4 cups unbleached white flour

Knead until smooth, about 8 minutes.

4. Let rise, covered, in a warm place for 50 minutes, or until doubled in bulk.

5. Oil a baking sheet.

6. Preheat oven to 375°F.

7. Punch down the dough. Divide it into 16 pieces.

8. Gently knead each piece into a round roll. Set the rolls on the oiled baking sheet.

9. Let the rolls rise, covered, in a warm place for 20 minutes.

10. Bake at 375°F for 10 minutes, then reduce heat to 325°F and bake for 20 minutes longer, or until browned.

Pumpkin Bread

◆ ◆ ◆

one 9-by-5-inch loaf

1. Preheat oven to 350°F.

2. Oil a 9-by-5-inch loaf pan.

3. Beat together in a large bowl:
   1 whole egg plus 1 egg white
   1 cup honey
   ⅓ cup soy or corn oil
   1 cup puréed pumpkin, or other winter squash

4. Mix together in a medium bowl:
   1½ cups whole wheat flour
   2 teaspoons ground cinnamon
   1 teaspoon ground allspice
   ½ teaspoon baking soda

5. Add the dry ingredients to the liquid ones, stirring just until blended. Stir in:
   ½ cup walnuts, coarsely chopped
   6 dried apricot slices, diced

6. Spread the batter in the oiled loaf pan and bake at 350°F for 50 minutes, or until toothpick inserted in center comes out clean.

Banana Bread

◆ ◆ ◆

one 9-by-13-inch loaf

1. Preheat oven to 350°F.

2. Oil and flour a 9-by-13-inch glass casserole dish.

3. Beat together in a large bowl:
   1 whole egg plus 2 egg whites
   1¼ cups honey
   ⅔ cup corn oil
   ⅔ cup water
   4 ripe bananas, mashed

4. Mix together in a medium bowl:
   2 cups whole wheat flour
   ¼ cup dry milk
   ¼ cup wheat germ
   1½ teaspoons baking powder
   1 teaspoon baking soda

5. Add the dry ingredients to the liquid ones, along with:
   1 cup any variety nuts, chopped

6. Beat well, then pour into oiled and floured dish and bake at 350°F for 50 minutes, or until toothpick inserted in center comes out clean.

Amphitheatre Lake Bread Pudding

◆ ◆ ◆

4 servings

1. Preheat oven to 325°F.

2. Beat together in a large bowl:

   1 whole egg plus 2 egg whites
   2 cups water
   ²/₃ cup dry milk
   ¹/₃ cup honey
   Grated rind of 1 lemon
   1 tablespoon fresh lemon juice
   1 teaspoon vanilla extract
   ¹/₂ teaspoon ground nutmeg
   ¹/₈ teaspoon sea salt

3. Stir in:

   3 cups whole grain bread, muffin, or cake cubes

4. Let stand for 10 minutes.

5. Oil a 9-by-14-inch glass casserole dish.

6. Pour the pudding into the casserole, and sprinkle it with:

   1 teaspoon ground cinnamon

7. Bake at 325°F for 40 minutes, or until firm.

8. Spread on plastic-covered trays and dehydrate for 4½ hours at 145°F.

9. To rehydrate, barely cover with water, boil, stir, and serve.

Noodle Pudding

◆ ◆ ◆

4 s e r v i n g s

1. Prepare:
   2 servings Fresh Pasta (see Chapter Seven) or use
   4 ounces dried commercial pasta
   Cook the pasta until it is barely tender, then drain it in a colander.

2. Preheat oven to 350°F.

3. Spread the cooked pasta in a shallow, oiled glass casserole dish.

4. Sprinkle the pasta with:
   ¼ cup raisins

5. Spread over the pasta:
   Finely grated rind of 1 lemon
   1 cup low-fat cottage cheese

6. Whip in a blender, or beat in a bowl, using a wire whisk:
   1 whole egg plus 1 egg white
   1 cup water
   ⅓ cup dry milk
   3 tablespoons honey
   1 teaspoon ground cinnamon
   ½ teaspoon ground allspice
   ¼ teaspoon sea salt

7. Pour the milk mixture over the pasta. Dot with:
   Margarine bits

8. Bake at 350°F for 45 minutes, or until firm and browned.

9. Spread on plastic-covered trays and dehydrate for 5 hours at 145°F.

10. To rehydrate, barely cover with water, boil, stir, and serve.

Rice Pudding

◆ ◆ ◆

4 s e r v i n g s

1. Cook:

   **2 servings Brown Rice (see Chapter Seven) omitting
   bay leaf**

2. Preheat oven to 350°F.

3. Spread the cooked rice in a shallow, oiled glass casserole dish.

4. Sprinkle the rice with:

   ¼ cup raisins

   1 teaspoon finely grated lemon rind

5. Whip in a blender, or beat in a bowl using a wire whisk:

   1 whole egg plus 1 egg white

   1½ cups water

   ⅔ cup dry milk

   3 tablespoons honey

   1 teaspoon ground cinnamon

   ½ teaspoon ground allspice

   ¼ teaspoon grated nutmeg

   ¼ teaspoon sea salt

6. Pour the milk mixture over the rice. Dot with:

   Margarine bits

7. Bake at 350°F for 40 minutes, or until firm and browned.

8. Spread on plastic-covered trays and dehydrate for 5½ hours at 145°F.

9. To rehydrate, cover with water, let stand briefly, boil, stir, and serve.

Fresh Fruit Crisp

◆ ◆ ◆

4 servings

No sugar is needed to make this breakfast treat.

1. Preheat oven to 350°F.

2. Oil a glass casserole dish.

3. Place in the bottom of the dish:

   3 cups thinly sliced fruit, such as unpeeled peaches, apricots, plums, or berries, or peeled apples

4. Sprinkle with:

   Finely grated rind of 1 lemon

5. Mix topping in a separate bowl:

   1½ cups rolled oats
   1 cup unsweetened shredded coconut
   ½ cup whole wheat flour
   2 tablespoons ground cinnamon
   2 tablespoons ground allspice
   1 teaspoon ground ginger

Add:

   ¼ cup corn or soy oil
   Mix thoroughly.

6. Crumble the oat topping evenly over the sliced fruit. Press it down firmly. Pour evenly over the topping:

   Juice of 1 fresh lemon
   ½ cup any fruit juice

7. Bake for 30 minutes, or until fruit is tender and topping is browned.

8. Spread on plastic-covered trays and dehydrate for 5 hours at 145°F.

9. To rehydrate, barely cover with water, boil, stir, and serve.

CHAPTER THREE

◆ ◆ ◆

Backpack Lunches

Baking Techniques

◆ ◆ ◆

Your Own Brick Oven

Convert your oven into a brick oven by lining its bottom with firebricks, which are designed to withstand great heat. Firebricks can be purchased at building supply stores. Measure the interior of your oven; the bricks are sized about 9-by-4½ inches and are 2 inches high. Do not cover heating vents or elements.

Clean the bricks before using them by soaking them in 1 gallon of water mixed with 2 tablespoons of bleach, then scrub them in warm soapy water, and rinse thoroughly.

If you leave the bricks inside your oven permanently, it will operate more efficiently. In fact, a brick oven bakes superior breads, pizza, crackers, and cookies because the bricks' heat evenly browns the food so the breads are crusty and the cookies and crackers are crisp. You will need to preheat the oven for an extra 10 minutes, but you can turn off the oven 10–15 minutes before the food is cooked since the bricks retain heat.

Yeast

Store yeast in the refrigerator, well wrapped against moisture. To activate yeast, dissolve it in warm water. For active dry yeast, use 110°F water; for fresh or compressed yeast, use 85°F water. Water temperatures that are too low or too high will render the yeast inactive.

An oven lined with firebricks operates more efficiently.

Kneading

Kneading yeast bread is a joyful experience; ask your family and friends to take a turn. Knead dough on a surface that is slightly lower than your waist. Using your whole upper body, lean into the dough. Press the dough with your fists; keep your wrists straight. Fold the dough in half, give it a quarter turn, and press again. When the dough feels sticky, sprinkle it with a couple of tablespoons of flour at a time.

Rising

Yeast bread needs a warm, draft-free environment, such as an unheated oven, to rise properly. If you have a gas oven, the pilot light will provide just enough heat. For an electric oven, place a bowl of steaming hot water inside the oven, beneath or next to the dough.

Forming Rolls or Loaves

Roll the dough gently, sealing the bottom by pinching the seam. Put the bread in the pans with the seam side down. Squeeze air bubbles from loaves by pressing dough firmly into the pan.

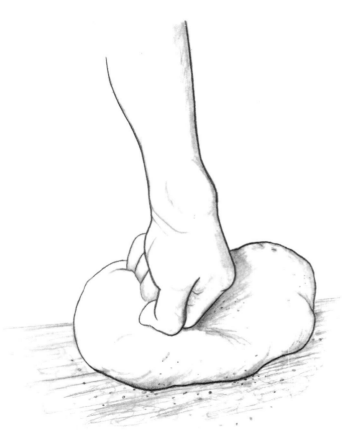

kneading bread dough

Pack fragile food in waxed milk cartons.

Storing

Turn bread out of the pan and let it cool completely before packing and storing.

Crackers will keep several weeks; chapatis seven days; rye breads six days; and wheat breads, muffins, and tortillas three days.

Packing Crackers and Cookies

Save one-quart and half-gallon waxed milk cartons. Open the tops completely. Scrub and dry the cartons thoroughly.

To carry crackers, cookies, or pies, wrap individual servings in plastic wrap, then pack them tightly in the waxed cartons. Reclose the tops. Put the cartons inside large plastic bags.

When the cartons are empty, burn them, or flatten and backpack them out.

Basic Rolls or Bread

◆ ◆ ◆

32 rolls or two 9-by-5-inch loaves

1. Beat together in a large bowl:

   3½ cups very warm water

   1 tablespoon (1 package) active dry yeast

   ½ cup honey

   Let stand in a warm place (unheated oven) for 15 minutes.

2. Beat into the yeast mixture:

   ¼ cup olive oil

   ⅛ teaspoon sea salt

   Add gradually:

   5 cups whole wheat flour

   3½ cups unbleached white flour

   ½ cup wheat germ

   ¼ cup soya flour

3. Turn out onto a floured board and knead for 10 minutes, adding flour when necessary.

4. Replace dough in bowl, cover, and let rise in a warm place for 60 minutes, or until doubled in bulk.

5. Preheat oven to 375°F.

6. Oil two baking sheets, or two loaf pans.

7. Punch down dough. For rolls, divide into 32 pieces. Gently knead each piece into a ball, then flatten it. Place on oiled baking sheets. For loaves, divide in half. Gently knead into loaf shapes and pack firmly into oiled pans.

8. Cover and let rise in a warm place for 20 minutes.

9. Bake at 375°F—the rolls for about 35 minutes and the bread for about 50 minutes—until browned. The rolls and bread should sound hollow when tapped on bottom.

Irish Potato Bread

◆ ◆ ◆

two 9-by-5-inch loaves

This bread is fun to bake and delicious.

1. Bring to a boil:

   3 cups water

   2 medium potatoes, scrubbed but not peeled, quartered

   Simmer until tender. Drain the potatoes, reserving the potato water. Mash the potatoes.

2. Mix together in a large bowl:

   2 cups warm (not hot) potato water

   2 tablespoons (2 packages) active dry yeast

   ²/₃ cup honey

   Let stand in a warm place (unheated oven) for 20 minutes.

3. Add 1 cup mashed potatoes to the yeast mixture, along with:

   ½ cup soy oil

   ⅛ teaspoon sea salt

4. Add gradually:

   4 cups whole wheat flour

   3 cups unbleached white flour

   Turn out onto a floured board and knead well, about 10 minutes.

5. Replace dough in bowl. Cover and let rise in a warm place until doubled in bulk, about 70 minutes.

6. Preheat oven to 425°F.

7. Oil two 9-by-5-inch loaf pans.

8. Punch down dough. Divide in half. Knead briefly and shape into loaves. Pack into oiled pans.

9. Cover and let rise in a warm place for 25 minutes.

10. Bake at 425°F for 15 minutes, then reduce heat to 325°F and bake for 35 minutes longer, or until loaves sound hollow when tapped on bottom.

Yeast Corn Rolls or Bread

◆ ◆ ◆

32 rolls or two 9-by-5-inch loaves

1. Bring to a boil in a saucepan:

   1½ cups water

   Gradually add, stirring constantly:

   ½ cup coarse cornmeal

   Simmer for 3 minutes, then turn off heat and let cool to room temperature.

2. Beat together in a large bowl:

   1½ cups very warm water

   2 tablespoons (2 packages) active dry yeast

   ⅓ cup honey

   Let stand in a warm place (unheated oven) for 15 minutes.

3. Add the cooked cornmeal, along with:

   ½ cup dry milk

   2½ cups whole wheat flour

   2½ cups unbleached white flour

   ¼ cup oat or wheat bran

   ½ teaspoon sea salt

Turn the dough out onto a floured board and knead until smooth, about 10 minutes, adding small amounts of flour when necessary.

4. Replace dough in bowl. Cover and let rise in a warm place for 70 minutes, or until doubled in bulk.

5. Preheat oven to 425°F.

6. Oil two baking sheets or two 9-by-5-inch loaf pans. Divide the dough into 32 pieces for rolls, or in half for loaves. Gently shape dough; place on or in pans. Cover and let rise in a warm place for 20 minutes.

7. Bake at 425°F for 20 minutes, then reduce heat to 325°F and bake rolls for 10 minutes longer or loaves for 30 minutes longer, or until bread is browned and sounds hollow when tapped on bottom.

Kitchen Sink Whole Grain Rolls or Bread

◆ ◆ ◆

36 rolls or two 9-by-5-inch loaves

1. Mix together in a small bowl, then set aside:
   2 cups warm water
   ½ cup bulgur (cracked wheat)

2. Beat together in a large bowl:
   3 cups very warm water
   2 tablespoons (2 packages) active dry yeast
   ⅓ cup honey

   Let rest in a warm place (unheated oven) for 15 minutes.

3. Drain soaked bulgur and add to yeast mixture with:
   1 whole egg plus 1 egg white
   1 cup dry milk
   ¼ cup dark molasses
   ¼ cup soy or corn oil
   ⅛ teaspoon sea salt

4. Beat thoroughly and gradually add:
   4 cups whole wheat flour
   2 cups rye flour

   Turn out onto a floured board and knead in:
   1 cup triticale flour

   1 cup gluten flour
   ¼ cup oat or wheat bran
   ⅛ cup soya flour
   ⅛ cup cornmeal

5. Knead for 10 minutes, adding bits of flour as necessary.

6. Replace dough in bowl. Let rise in a warm place for 1 hour, or until doubled in bulk.

7. Oil two baking sheets or two 9-by-5-inch loaf pans, then sprinkle with cornmeal.

8. Punch down dough, then turn it out onto the floured board. For rolls, divide into 36 pieces, roll into smooth balls, and place on baking sheets, flattening them with your palm. For loaves, divide dough in half, shape into loaves, and pack into pans.

9. Preheat oven to 350°F.

10. Cover bread. Let it rise in a warm place for 30 minutes.

11. Bake at 350°F. The rolls should bake for 35 minutes and the loaves for 50 minutes; both should be browned and sound hollow when tapped on bottom.

Italian Sourdough

◆ ◆ ◆

two large loaves

1. Make *biga* (starter). Mix together:
   1 cup cool water
   ½ teaspoon active dry yeast
   Let stand for 10 minutes, then stir in:
   2 cups unbleached white flour
   Let stand, covered tightly, overnight. May be used the next day or refrigerated for up to two weeks.

2. Mix together in a large bowl:
   3 cups cool water
   2 teaspoons active dry yeast
   Let stand 10 minutes, then add:
   Biga (at room temperature)
   1 teaspoon sea salt
   Stir and knead in slowly:
   7½ cups unbleached white flour
   1½ cups whole wheat flour
   Knead for 5 minutes.

3. (Optional:) Divide dough in half. Add to one half:
   2 tablespoons fresh rosemary, chopped
   Add to the other half:
   1¼ cup walnuts, chopped

4. Place dough in bowl(s) and cover. Let rise at room temperature until doubled in bulk.

5. Punch down dough. Knead and replace in bowl(s). Let rise until doubled in bulk.

6. Oil two baking sheets. Gently shape dough into two oblong loaves or, if dough is already divided for optional ingredients, shape each half into one loaf. Place on baking sheets. With a sharp knife, slash tops of loaves ½-inch deep at 1-inch intervals.

7. Preheat oven to 400°F for 30 minutes. Bake bread for 30–35 minutes, or until bread is browned and sounds hollow when tapped on bottom.

Rye Bread

◆ ◆ ◆

two round loaves

This is a good keeper.

1. Beat together in a large bowl:

   1³/₄ cups very warm water
   2 tablespoons (2 packages) active dry yeast
   ¹/₄ cup molasses
   ¹/₄ cup dark brown sugar

   Let stand in a warm place (unheated oven) for 20 minutes.

2. Add:

   3 tablespoons olive oil
   2 teaspoons caraway seeds, crushed
   ¹/₈ teaspoon sea salt

3. Stir in:

   2 cups whole wheat flour
   1 cup gluten flour

Knead in very gradually:

   2¹/₂ cups rye flour

Knead the dough for 10 minutes, adding small amounts of additional flour when necessary.

4. Replace dough in bowl, cover, and let rise in a warm place for 70 minutes, or until doubled in bulk.

5. Oil a baking sheet.

6. Preheat oven to 350°F.

7. Punch down dough, knead it briefly, and divide in half. Shape into two round loaves.

8. Place the loaves on the baking sheet and let rise, covered, in a warm place, for 30 minutes.

9. Bake the loaves for 40 minutes, or until they sound hollow when tapped on bottom.

Caribbean Bread or Rolls

◆ ◆ ◆

two loaves or 18 rolls

This is a very quick yeast bread.

1. Mix together in a large bowl:

   3 cups whole wheat flour
   3 cups unbleached white flour
   3 tablespoons (3 packages) active dry yeast
   3 tablespoons brown sugar
   ½ teaspoon sea salt

2. Add:

   3 cups very warm water
   Stir well, then knead in slowly:

   1¼ cups unbleached white flour
   2 tablespoons gluten flour

3. Knead thoroughly, then cover and let stand in a warm place (unheated oven) for 20 minutes.

4. Oil two loaf pans or two baking sheets. Punch down dough and form into two loaves or 18 4-inch rolls. Pack loaves into pans or place rolls on baking sheets.

5. Using a sharp knife, slash dough at 1-inch intervals.

6. Place pans in unheated oven. Turn oven to 400°F and bake for 35 minutes, or until browned.

Molasses Wheat Germ Bread

◆ ◆ ◆

three 9-by-5-inch loaves

This is fast and fat-free.

1. Beat together in a large bowl:

   2 cups warm water
   2 tablespoons (2 packages) active dry yeast
   ⅓ cup brown sugar
   1 cup whole wheat flour

   Let stand in a warm place (unheated oven) for 15 minutes.

2. Add, beating thoroughly:

   ½ cup dark molasses
   2½ cups warm water
   ¼ cup nonfat dry milk
   ¼ teaspoon sea salt

3. Stir and knead in gradually:

   ½ cup wheat germ
   4½ cups whole wheat flour
   4 cups unbleached white flour

   Knead thoroughly, then let stand in a warm place for 10 minutes.

4. Punch down dough, knead for 1 minute, then let stand in a warm place for 10 minutes.

5. Preheat oven to 350°F. Oil three 9-by-5-inch loaf pans.

6. Punch down dough, shape into three loaves, and pack into pans. Let rise in a warm place for 30 minutes.

7. Bake at 350°F for 40 minutes, or until bread is browned and sounds hollow when tapped on bottom.

Irish Brown Bread

◆ ◆ ◆

one round loaf

This is quick and hearty.

1. Preheat oven to 375°F. Mix together in a large bowl:

   3½ cups whole wheat flour
   ½ cup unbleached white flour
   1 teaspoon baking powder
   1 teaspoon baking soda
   ⅛ teaspoon sea salt
   4 tablespoons brown sugar
   2 tablespoons wheat or oat bran
   2 tablespoons nonfat dry milk

2. Add and stir well:

   2 cups water
   1 teaspoon cider vinegar

3. Oil a baking sheet.

4. Turn dough onto floured board and knead briefly. Form into a round loaf. Place loaf on oiled baking sheet and cut a deep cross in the top.

5. Bake at 375°F for 40 minutes, or until loaf sounds hollow when tapped on bottom.

Sunflower Seed Bread

◆ ◆ ◆

two loaves

1. Mix together in a large bowl:

   2³/₄ cups warm water

   2 tablespoons (2 packages) active dry yeast

   Let stand in a warm place (unheated oven) for 10 minutes.

2. Stir in:

   2 tablespoons brown sugar

   2 tablespoons corn oil

   1 tablespoon molasses

   ¹/₈ teaspoon sea salt

   3 cups whole wheat flour

   3 cups unbleached white flour

   ¹/₄ cup gluten flour

Knead well, adding small amounts of flour as required. Knead in:

   ³/₄ cup hulled sunflower seeds

   ³/₄ cup raisins, coarsely chopped

3. Cover and let rise in a warm place for 1 hour, or until doubled in bulk.

4. Oil two loaf pans. Punch down dough. Divide in half, knead briefly, and pack into oiled pans.

5. Preheat oven to 375°F for 20 minutes, while loaves are rising.

6. Bake at 375°F for 30 minutes, or until loaves are browned and sound hollow when tapped on bottom.

Wheat Berry Bread

◆ ◆ ◆

two 9-by-5-inch loaves

1. Place in a saucepan:

   4 cups water

   1 cup whole wheat kernels

   Bring to a boil, then simmer for 1 hour. Drain the kernels in a colander, then chop or mash them lightly.

2. Mix together in a large bowl:

   2 cups warm water

   1 tablespoon (1 package) active dry yeast

   Let stand for 10 minutes, then stir and knead in:

   3 tablespoons brown sugar

   2 tablespoons canola oil

   1 tablespoon molasses

   ⅛ teaspoon sea salt

   3 cups whole wheat flour

   2 cups unbleached white flour

   ½ cup gluten flour

3. Knead thoroughly, adding:

   Drained whole wheat kernels

   Add small amounts of flour as required.

4. Cover and let stand in a warm place for 1 hour, or until doubled in bulk.

5. Oil two 9-by-5-inch loaf pans. Punch down dough, divide in half, knead briefly, and pack into oiled pans.

6. Preheat oven to 375°F for 30 minutes while loaves rise.

7. Bake for 30–35 minutes, or until loaves are browned and sound hollow when tapped on bottom.

Mexican Sandwich Rolls

18 rolls

1. Mix together in a large bowl:
   2½ cups warm water
   2 tablespoons (2 packages) active dry yeast
   1 tablespoon brown sugar
   ½ teaspoon sea salt
   Let stand, covered, in a warm place for 10 minutes.

2. Stir in:
   2 tablespoons corn oil
   4 cups unbleached white flour
   2 cups whole wheat flour

3. Knead well, adding small amounts of flour as required.

4. Cover and let stand in a warm place for 1 hour, or until doubled in bulk.

5. Mix together in a saucepan:
   ⅓ cup cold water
   1 tablespoon cornstarch
   Boil until thick, then cool slightly.

6. Oil two baking sheets.

7. Punch down dough and knead briefly on a floured board. Divide into 18 pieces, shaping them into round or oblong rolls. Place on oiled baking sheets.

8. Using a sharp knife, slash rolls ¾-inch deep at 1-inch intervals. Brush the rolls with the cornstarch mixture.

9. Preheat oven to 375°F for 25 minutes while rolls are rising. Bake for 30 minutes, or until golden brown.

Onion Rolls

32 rolls

1. Beat together in a large bowl:
   3 cups very warm water
   2 tablespoons (2 packages) active dry yeast
   2 tablespoons honey
   Let stand in a warm place (unheated oven) for 15 minutes.

2. Beat into the yeast mixture:
   3 tablespoons olive oil
   ¼ teaspoon sea salt

3. Stir in:
   3 cups whole wheat flour
   3 cups unbleached white flour
   Gradually knead in:
   1 cup gluten flour
   1 cup rye flour
   Knead the dough for 10 minutes, adding small amounts of extra flour when necessary.

4. Replace the dough in the bowl. Cover and let rise in a warm place for 80 minutes, or until doubled in bulk.

5. Oil two baking sheets.

6. Mince:
   1 small onion

7. Punch down dough. Gently knead in half of minced onion. Divide dough into 32 pieces. Shape into round rolls, then place them on baking sheets, flattening them with the palm of your hand.

8. Press the remaining minced onion into the tops of the rolls. Brush them with:
   Olive oil

9. Preheat oven to 350°F.

10. Cover the rolls and let them rise in a warm place for 30 minutes.

11. Bake at 350°F for 40 minutes, or until browned.

68

Egg Bagels

◆ ◆ ◆

18 bagels

1. Boil until tender, reserving water:
   3 medium potatoes, chopped
   2 cups water

2. Beat together in a small bowl:
   1¼ cups potato water, cooled to lukewarm
   2 tablespoons (2 packages) active dry yeast
   ¼ cup honey
   Let stand in a warm place (unheated oven) for 15 minutes.

3. Beat together in a large bowl:
   1 whole egg plus 2 egg whites (reserve yolks)
   4 tablespoons olive oil
   1 teaspoon sea salt
   Add the yeast mixture, beat, then add:
   3 cups unbleached white flour
   1 cup whole wheat flour
   Stir thoroughly.

4. Turn out onto a floured board and gradually add:
   1 cup unbleached white flour
   Knead the dough for 10 minutes.

5. Replace the dough in bowl, cover, and let rise in a warm place for 75 minutes, or until doubled in bulk.

6. Punch down dough, knead very briefly on a floured board, and cut into 18 pieces. Roll pieces into 7-inch-long strands; seal ends together, overlapping them firmly.

7. Let the rolls rest on a floured board or counter for 15 minutes. Preheat oven to 425°F.

8. Bring to a boil in a large pot:
   3 quarts water
   2 tablespoons sugar

9. Drop the bagels, three or four at a time, into the boiling water. When bagels rise to the surface, turn them and boil for 3 minutes longer.

10. Drain the bagels on cake racks, then place them on oiled baking sheets.

11. Beat:
    2 reserved egg yolks
    3 tablespoons water
    Brush the bagels with this glaze.

12. Bake bagels at 425°F for 25 minutes, or until browned.

Big, Soft Bread Sticks

◆ ◆ ◆

16 bread sticks

1. Beat together in a large bowl:
   2 cups very warm water
   2 tablespoons (2 packages) active dry yeast
   ¼ cup honey
   1 cup whole wheat flour
   Let stand in a warm place (unheated oven) for 15 minutes.

2. Stir in:
   ½ cup dry milk
   2 cups whole wheat flour
   ⅛ teaspoon sea salt
   Turn the dough out onto a floured board. Knead in gradually:
   3 tablespoons wheat germ
   2 cups unbleached white flour

Knead for 5 minutes.

3. Replace dough in bowl, cover, and let rise in a warm place for 40 minutes, or until doubled in bulk.

4. Preheat oven to 375°F.

5. Oil two baking sheets.

6. Punch down dough. Divide into 16 pieces. Roll the pieces into 8-inch-long sticks. Brush them with water and roll them in:
   Sesame seeds
   Place the sticks on the oiled baking sheets and let them rise, covered, in a warm place, for 20 minutes.

7. Bake at 375°F for 20 minutes, or until brown on bottoms.

Pita Bread

◆ ◆ ◆

nine round loaves

1. Beat together in a large bowl:

   2 cups very warm water

   3 tablespoons (3 packages) active dry yeast

   Let stand in a warm place (unheated oven) for 15 minutes, then add gradually:

   ½ teaspoon sea salt

   5 tablespoons olive oil

   4–5 cups whole wheat flour

   1 cup unbleached white flour

   1 tablespoon wheat germ

2. Mix thoroughly and knead for 10 minutes. Let rise, covered, in a warm place, for 90 minutes, or until doubled in bulk.

3. Punch down dough, and invert bowl over it. Let rest for 30 minutes.

4. Punch down dough again, divide into nine pieces, and invert bowl over the pieces. Let rest for 30 minutes.

5. Preheat oven to 500°F.

6. On a lightly floured board, roll out the pieces to about 6½ inches in diameter. Place breads on ungreased baking sheets that have been sprinkled with:

   Coarse cornmeal

7. Cover breads with damp cloth towels and let rise for 30 minutes.

8. Bake at 500°F for 7 minutes, or until brown and puffy. Remove from baking sheet, wrap in cloth towel, and place inside a plastic bag. Do not let breads dry out or they will become too crisp.

9. To serve, cut in half and stuff each pocket with the fillings of your choice, hot or cold: beans, meats, or raw or cooked vegetables.

10. To store for camping, wrap in aluminum foil, dull side out, then double-bag in plastic. Reheat in foil, over stove or fire, or serve unheated.

Quick Wheat Crackers

◆ ◆ ◆

132 crackers

1. Preheat oven to 325°F.

2. Oil two baking sheets.

3. Mix together in a large bowl:
   1½ cups whole wheat flour
   ½ cup unbleached white flour
   2 teaspoons brown sugar
   1¼ teaspoons baking powder
   ⅛ teaspoon sea salt

4. Cut in:
   ½ cup chilled margarine

5. Add:
   4 tablespoons sesame seeds

Blend well, then add:
   ⅔ cup ice water

6. Blend well, then turn dough out onto floured board.

7. Roll dough as thin as possible.

8. Cut the dough into 1-by-2½-inch rectangles. They needn't be even.

9. Place the crackers on oiled baking sheets. Prick them all over with a fork.

10. Bake at 325°F for 8–12 minutes, or until lightly browned on bottoms.

Quick Rye Crackers

◆ ◆ ◆

120 crackers

1. Preheat oven to 325°F.

2. Oil baking sheets.

3. Mix together in a large bowl:

   1 cup rye flour
   ½ cup unbleached white flour
   ½ cup whole wheat flour
   2 teaspoons brown sugar
   1¼ teaspoons baking powder
   ⅛ teaspoon sea salt

4. Cut in:

   ½ cup chilled margarine

5. Add:

   2 teaspoons caraway seeds, crushed

Blend well, then add:

   ⅔ cup ice water

6. Blend well, then turn dough out onto floured board.

7. Roll dough as thin as possible.

8. Cut the dough into 1-by-2½-inch rectangles. They needn't be even.

9. Place the crackers on oiled baking sheets. Prick them all over with a fork.

10. Bake at 325°F for 8–12 minutes, or until lightly browned on bottoms. These crackers brown very quickly; watch them carefully.

Whole Wheat Yeast Crackers or Bread

◆ ◆ ◆

250 crackers or two 9-by-5-inch loaves

No kneading is required.

1. Mix together in a large bowl:

   2 tablespoons (2 packages) active dry yeast

   3 cups very warm water

   ½ cup honey

   Let stand in a warm place (unheated oven) for 15 minutes.

2. Mix together in a medium bowl:

   6 cups whole wheat flour

   1 cup unbleached white flour

   ½ cup wheat germ

   ¾ cup dry milk

   ¼ teaspoon sea salt

3. Add to the yeast mixture:

   ¼ cup soy or corn oil

Then add the flour mixture to the yeast mixture.

4. Beat, then mix briefly with your hands.

5. Preheat oven to 375°F.

6. For crackers: Divide dough into 16 chunks. Roll out each chunk as thin as possible, then sprinkle it liberally with sesame seeds. Roll the seeds into the dough. Cut dough into 1-by-2-inch rectangles. Place crackers on oiled baking sheet, and prick them generously with a fork. Bake for 5–8 minutes, or until lightly browned.

7. For bread: Divide dough in half. Pack firmly into two oiled 9-by-5-inch loaf pans. Cover and let rise in a warm place for 30 minutes. Bake for 45–50 minutes, or until loaves sound hollow when tapped on bottom.

Oatmeal Crackers or Bread

◆ ◆ ◆

216 crackers or two 9-by-5-inch loaves

1. Place in a large bowl:
   2 cups rolled oats
   2 tablespoons corn oil
   2 tablespoons dark molasses
   2 tablespoons honey

2. Pour over the above mixture:
   2 cups boiling water
   Stir, then cool to room temperature.

3. Mix together in a medium bowl:
   ½ cup very warm water
   1 tablespoon (1 package) active dry yeast
   Few grains sugar
   Few grains sea salt
   Let stand in a warm place (unheated oven) for 15 minutes.

4. Combine yeast and oat mixtures.

5. Knead in gradually:
   2 cups whole wheat flour

1½ cups unbleached white flour
1 cup gluten flour
Knead for 8 minutes, or until smooth.

6. Let rise, covered, in a warm place for 70 minutes, or until doubled in bulk.

7. Punch down dough and knead briefly.

8. Preheat oven to 350°F.

9. For crackers: Divide dough into 16 chunks. Roll out each chunk as thin as possible, then sprinkle it liberally with sesame seeds. Roll the seeds into the dough. Cut dough into 1-by-2½-inch rectangles. Place crackers on oiled baking sheet, and prick them generously with a fork. Bake for 15 minutes, or until lightly browned on bottoms.

10. For bread: Divide dough in half. Pack firmly into two oiled 9-by-5-inch pans. Cover and let rise in a warm place for 30 minutes. Bake for 45–50 minutes, or until loaves sound hollow when tapped on bottom.

Wheat Chapatis

◆ ◆ ◆

1 dozen chapatis

These flat breads pack well.

1. Combine in a medium bowl:

   1½ cups whole wheat flour
   ½ cup unbleached white flour
   ¼ teaspoon sea salt
   ¼ teaspoon paprika

2. Cut in:

   4 teaspoons chilled margarine

3. Add very slowly, mixing to form a soft dough:

   ½–⅔ cup ice water

4. Cover and let stand for 1 hour.

5. Heat griddle to medium.

6. Knead the chapati dough well, and divide it into 12 pieces.

7. On a floured board, roll out the chapatis as thin as possible into rough circles about 7 inches in diameter.

8. Bake on griddle, turning them frequently, until very light brown.

9. To pack for traveling, allow them to cool completely. Cover with foil and wrap in plastic bags. Heat, wrapped in foil, over stove or campfire, or serve unheated.

Oven-Baked Bannock Bread

◆ ◆ ◆

one 8-inch square loaf

This is a good keeper.

1. Preheat oven to 325°F. Oil an 8-inch square pan.

2. Mix together in a large bowl:

   2½ cups whole wheat flour
   1 cup oat flour (rolled oats ground fine in blender)
   ½ cup any variety nuts, chopped
   ¼ cup oat or wheat bran
   ¼ cup sesame seeds
   ⅛ cup hulled sunflower seeds
   ¼ cup dry milk
   1 teaspoon baking powder
   ½ teaspoon baking soda

3. Beat together in a medium bowl:

   1 cup water
   ½ cup brown sugar
   ½ cup honey
   ½ cup corn oil
   ⅓ cup dark molasses

4. Add the liquid ingredients to the dry ones. Mix thoroughly.

5. Spread the batter in the oiled pan and bake for 55 minutes, or until toothpick inserted in center comes out clean.

6. Cut the bread into individual servings, then cool and dry them on cake racks overnight. Wrap servings individually in plastic wrap, then store in plastic bags.

McGill Canyon Gingerbread

◆ ◆ ◆

one 9-by-13-inch cake

This goes well with cheese.

1. Preheat oven to 350°F.

2. Beat together in a large bowl:
   1 whole egg plus 1 egg white
   1 cup dark molasses
   ¾ cup honey
   ½ cup soy oil

3. Mix together in a cup:
   1 tablespoon baking soda
   1 tablespoon hot water

4. Mix together in a medium bowl:
   3 cups whole wheat flour
   3 tablespoons oat or wheat bran
   3 teaspoons ground cinnamon
   2 teaspoons ground ginger
   1 teaspoon ground nutmeg
   ½ teaspoon ground cloves
   ⅛ teaspoon sea salt

5. Mix together in a small bowl:
   1 cup water
   ¼ cup dry milk
   1 teaspoon vinegar

6. Oil a 9-by-13-inch glass casserole dish.

7. Add the flour mixture to the egg mixture, alternately with the milk mixture. Add the baking soda. Beat well.

8. Stir in:
   ½ cup any variety nuts, chopped, or ½ cup raisins

9. Pour batter into the oiled dish and bake for 35–40 minutes, or until toothpick inserted in center comes out clean.

Cottage Cheese Bread

◆ ◆ ◆

one round loaf

1. Preheat oven to 375°F.

2. Beat together in a large bowl:

   ¼ cup corn or soy oil

   ¼ cup honey

   Add:

   1 whole egg plus 1 egg white

   1 cup small-curd low-fat cottage cheese

   Beat well.

3. Mix together in a medium bowl:

   2 cups whole wheat flour

   3 teaspoons baking powder

   ½ teaspoon baking soda

4. Oil and flour an 8-inch round cake pan.

5. Add the flour mixture to the liquid mixture, alternately with:

   ½ cup nonfat milk

   Beat well.

6. Turn the batter into the prepared pan and bake at 375°F for 10 minutes, then reduce heat to 350°F and bake for 30 minutes longer, or until toothpick inserted in center comes out clean.

Dijon Mustard

◆ ◆ ◆

2 cups

1. Combine in a saucepan:
   1½ cups dry white wine
   ½ cup water
   1 medium onion, chopped
   3 cloves garlic, minced
   1 whole bay leaf
   Bring to a boil, then simmer for 8 minutes. Pour into a bowl and let cool.

2. Place in a saucepan:
   1¼ cups dry mustard
   Slowly strain the wine mixture into the mustard, beating constantly.

3. Add:
   1 tablespoon honey
   1 tablespoon olive oil
   ½ teaspoon sea salt
   Dash of cayenne pepper
   Heat slowly; simmer, stirring constantly, until thick. Mustard will continue to thicken as it cools.

4. Let cool, then pour into carefully scrubbed glass jars. Label and refrigerate.

5. Mustard will be mellow and very tasty after two to four weeks. It can be stored in the refrigerator for six months. Mustard can be carried in your backpack for one to two weeks.

Beef Jerkies

◆ ◆ ◆

Tamari Beef Jerky

1 cup beef jerky pieces

1. Place in freezer until partially frozen:
   1 pound lean steak, flank or round

2. Remove and discard fat.

3. Slice the meat into ¼-inch-thick strips.

4. Mix together in a glass casserole dish:
   4 tablespoons tamari soy sauce
   1 tablespoon brown sugar
   2 teaspoons freshly ground black pepper
   Pinch of cayenne pepper

5. Marinate the beef strips in the sauce, stirring to coat, for 3 minutes.

6. Lay the beef strips directly on drying trays and dehydrate for 6 hours at 145°F.

Ranch Beef Jerky

1 cup beef jerky pieces

1. Place in freezer until partially frozen:
   1 pound lean steak, flank or round

2. Remove and discard fat.

3. Slice the meat into ¼-inch-thick strips.

4. Mix together in a glass casserole dish:
   4 tablespoons Worcestershire sauce
   1 tablespoon chili powder
   2 cloves garlic, minced

5. Marinate the beef strips in the sauce, stirring to coat, for 3 minutes.

6. Lay the beef strips directly on drying trays and dehydrate for 6 hours at 145°F.

Fish Snacks

◆ ◆ ◆

Tamari Fish Jerky

1 cup fish jerky pieces

1. Mix together in a glass casserole dish:
   ½ cup tamari soy sauce
   ½ cup water

2. Wash and drain:
   1 pound uncooked any variety fish fillets

3. Slice the fish as thin as possible. Marinate the fish slices in the soy sauce for 15 minutes.

4. Pour the fish into a strainer. Rinse with cold water, then drain.

5. Spread the fish slices on clean paper bags. Let dry briefly.

6. Lay the fish slices directly on drying trays and dehydrate for 4½ hours at 145°F.

Tuna Treat

½ to 1 cup tuna snacks

These are very fast and easy.

1. Drain in a sieve:
   1 6½-ounce can albacore tuna or bonito mackerel packed in water

2. Turn out onto a paper towel and pat dry.

3. Separate tuna into small flakes, and place them directly on drying trays.

4. Dehydrate at 145°F for 1 hour and 45 minutes.

Bean Sprouts to Go

◆ ◆ ◆

4 cups

1. Four days before your trip, rinse in a strainer:

   ¼ cup alfalfa seeds

   Place the seeds in a bowl. Cover with warm water, and let stand in a warm place (on top of water heater or near oven pilot light) overnight.

2. Replace seeds in strainer. Rinse and drain the seeds. Wet a Turkish hand towel with warm water, then wring it thoroughly. Cover a large plate with half of the towel. Spread seeds over the towel-covered plate. Fold the other half of the towel over the seeds. Put the plate in a tightly sealed plastic bag and keep it in a warm place overnight.

3. Next day, repeat step two, rinsing the seeds and rewetting the towel.

   On the day you leave, rinse the sprouts, then wrap them in several thicknesses of paper towels. Double-bag the paper towel–wrapped sprouts in plastic. The sprouts are a living food; they'll continue to grow as you travel. Keep them slightly moist.

Packing Raw Vegetables and Cheese

◆ ◆ ◆

These fresh foods travel well.

Carrots

Scrub but don't peel. Cut into sticks. Will keep for 10 days.

Celery

Scrub. Cut into sticks. Will keep for five days.

Bell Peppers

Wash. Leave whole. Will keep for three days.

Small Cucumbers

Lemon cucumbers are best. Wash. Leave whole. Will keep for three days.

The day before you leave on your trip, prepare vegetables. After cutting carrots and celery into sticks, put them in a bowl of ice water and refrigerate overnight. Drain them well, then wrap them in paper towels. Double-bag towel-wrapped vegetables in plastic bags.

Processed Cheese

Select individual foil-wrapped or wax-covered portions of approximately 1 ounce each. Double-bag in plastic. These cheeses keep well without refrigeration for two weeks.

Natural Cheese

Select a hard cheese such as aged cheddar. Dip a piece of cheesecloth in a mixture of 5 parts water to 1 part white vinegar; wring thoroughly. Wrap cheese in plastic wrap, then wrap with the dampened cheese cloth. Double-bag in plastic. Natural cheeses will keep without refrigeration for one week.

CHAPTER FOUR

• • •

Backpack Main Meals

Silver City Chili Corn Bake

◆ ◆ ◆

4 servings

1. Preheat oven to 350°F. Oil a 9-by-13-inch glass casserole dish.

2. Beat together in a large bowl:
   1 egg plus 2 egg whites
   ⅓ cup corn oil
   1 teaspoon honey
   2 cups creamed corn
   1 cup any variety stock or water
   ¼ cup nonfat dry milk
   1 large onion, minced
   2 cloves garlic, minced
   1 green bell pepper, minced
   5 jalapeño peppers, fresh or canned, seeded and minced
   ¼ cup fresh parsley, minced
   ⅓ cup coarse cornmeal
   ⅓ cup whole wheat flour
   ½ teaspoon baking soda
   ½ teaspoon sea salt

3. Blend well, then stir in:
   1 cup any variety grated cheese

4. Pour mixture into the oiled casserole dish and bake at 350°F for 45 minutes, or until toothpick inserted in center comes out clean.

5. Spread on plastic-covered trays and dehydrate for 5 hours at 145°F.

6. To rehydrate, cover with water, boil, stir, and serve.

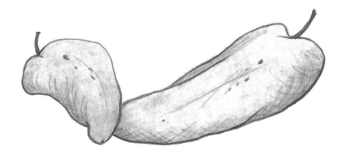

Use fresh or canned jalapeño peppers.

Tamale Pie

◆ ◆ ◆

4 servings

This is a spicy treat.

1. Cook:

   4 servings Polenta (see Chapter Seven)

2. Sauté for 10 minutes over high heat in a cast-iron Dutch oven:

   1 tablespoon olive oil

   1 onion, finely chopped

   1 cup fresh whole mushrooms, finely chopped

   Lower heat to medium and add:

   1 green bell pepper, finely chopped

   1 clove garlic, minced

   3/4 cup Thick Tomato Sauce (see Chapter Seven) or use commercial sauce

   1 cup whole corn kernels, fresh or canned, drained

   3/4 cup black olives, drained and minced

   1 tablespoon hot sauce, or to taste

   1/2 cup bean juice or water

   1 1/2 cups cooked, drained pinto beans (see Chapter Seven) or use 1 15-ounce can beans, drained

   1/8 teaspoon dried cumin, crushed

3. Simmer, covered, for 30 minutes, then turn off heat and add:

   2 cups grated cheese, such as mozzarella or Monterey Jack

4. Combine polenta with bean mixture.

5. Spread on plastic-covered trays and dehydrate for 6 hours at 145°F.

6. To rehydrate, cover with water, let stand briefly, boil, stir, and serve.

White Bean Curry

◆ ◆ ◆

4 servings

1. Cook:

   1 cup dried white beans, such as great northern, navy, or black-eyed peas (see Chapter Seven) or use 2 cups cooked white beans, drained, liquid reserved

2. Heat in large cast-iron Dutch oven over high heat:

   2 tablespoons olive oil

   Add and sauté for 2 minutes:

   1 onion, finely chopped

   Reduce heat to medium, then add and cook for 15 minutes:

   1 cup whole fresh mushrooms, washed and finely chopped

   1 tart apple, washed and cored but not peeled, finely chopped

   1 cup any variety nuts, chopped

3. Add:

   1/4 teaspoon cayenne pepper

   1/8 teaspoon turmeric

   1/8 teaspoon ground ginger

   1/4 teaspoon sea salt

   1 cup Thick Tomato Sauce (see Chapter Seven) or use commercial sauce

   3/4 cup bean juice, any variety stock, or water

   1/2 cup raisins

   Add the 2 cups cooked, drained white beans.

4. Simmer for 30 minutes, then add:

   Juice of 1 fresh lemon

5. Spread on plastic-covered trays and dehydrate for 5 hours at 145°F.

6. To rehydrate, cover with water, boil, stir, and serve.

7. Serve with chapatis or crackers (see Chapter Three).

Chili Mac

4 servings

This is everyone's favorite.

1. Cook:

    ⅝ cup dried pinto beans (see Chapter Seven) or use
    1¼ cups canned pinto beans, cooked and drained

2. Prepare:

    2 cups Thick Tomato Sauce (see Chapter Seven) or use
    commercial sauce

3. Prepare:

    4 servings Fresh Pasta (see Chapter Seven) or use 12
    ounces dried commercial pasta, such as elbow mac-
    aroni or rotelle spirals

    Cook the pasta and drain it in a colander.

4. Grind in blender:

    3 whole jalapeño peppers, fresh or canned, seeded
    and minced

    5 ounces Hebrew National salami, coarsely chopped
    (optional)

5. Combine all of the above ingredients in a large
   saucepan. Heat to just boiling. Adjust seasoning if
   necessary.

6. Spread on plastic-covered trays and dehydrate for 5
   hours at 145°F.

7. To rehydrate, cover with water, boil, stir, and serve.

Lima Bean, Potato, and Sausage Casserole

◆ ◆ ◆

4 servings

1. Cook:

    1 cup dried lima beans (see Chapter Seven) or use 2½ cups canned lima beans, cooked and drained

    Reserve the bean liquid.

2. Heat in a cast-iron Dutch oven over high heat:

    3 tablespoons olive oil

    When the oil is hot, add and sauté for 5 minutes:

    1 onion, finely chopped

    5 small new potatoes, scrubbed but not peeled, finely chopped

    1 cup whole fresh mushrooms, finely chopped

3. Reduce heat to medium and add:

    5 small sausages, cut into ¼-inch crosswise slices— choose any meat sausage or frozen TVP (Textured Vegetable Protein) sausage

4. When vegetables and sausages are browned, after about 10 minutes, reduce heat to low and add:

    1 clove garlic, minced

    1 cup Thick Tomato Sauce (see Chapter Seven) or use commercial sauce

    ¾ cup bean juice

    1 tablespoon Worcestershire sauce

    1 teaspoon dried mustard

    1 teaspoon fresh tarragon or ½ teaspoon dried

    Sea salt to taste

    Add the cooked lima beans and simmer for 10 minutes.

5. Spread on plastic-covered trays and dehydrate for 5 hours at 145°F.

6. To rehydrate, cover with water, boil, stir, and serve.

Black Bean Chili

◆ ◆ ◆

4 servings

1. Cook:
   1½ cups dried black beans (see Chapter Seven), or use 4 cups canned beans, cooked and drained
   Reserve the bean liquid.

2. Heat a large cast-iron Dutch oven over medium heat, then add:
   2 tablespoons olive oil
   When the oil is hot, add and sauté until lightly browned:
   1 onion, finely chopped
   Add and sauté for 5 minutes:
   1 stalk celery, finely chopped
   1 carrot, grated
   6 cloves garlic, minced

3. Add:
   4 tablespoons chili powder
   1 cup fresh peeled and chopped tomatoes

Add the cooked, drained beans and:
   1 cup bean juice
   ¼ cup raisins, finely chopped
   3 jalapeño peppers, fresh or canned, seeded and minced
   ¼ teaspoon cayenne pepper
   1½ teaspoons sea salt
Simmer for 45 minutes.

4. Add and simmer for 5 minutes:
   ½ pound firm tofu, crumbled

5. Spread on plastic-covered trays and dehydrate for 4½ hours at 145°F.

6. To rehydrate, cover with water, boil, stir, and serve with crackers, chapatis, or tortillas (see chapters Three and Seven).

California Chicken in Wine

4 servings

1. Slice into thin strips:
   2 chicken breast halves, boned and skinned

2. Heat a cast-iron Dutch oven over medium heat. Add:
   3 tablespoons olive oil
   When the oil is hot, add and sauté until browned:
   1 sweet onion, minced
   1 carrot, minced
   10 fresh whole mushrooms, minced
   Add the chicken and sauté for 1 minute along with:
   3 cloves garlic, minced
   1 tablespoon whole wheat flour

3. Lower heat and add:
   ¾ cup dry red wine
   ¾ cup any variety stock
   ½ teaspoon fresh thyme, minced, or ¼ teaspoon dried
   ¼ teaspoon sea salt
   ¼ teaspoon white pepper
   2 tablespoons fresh parsley, minced
   1 whole bay leaf

4. Cover pot and simmer for 1 hour. Remove bay leaf.

5. Prepare:
   4 servings Couscous (see Chapter Seven)

6. Blend couscous with chicken, spread on plastic-covered trays, and dehydrate for 5 hours at 145°F.

7. To rehydrate, cover with water, boil, stir, and serve.

Add the bay leaf and fresh parsley to red wine and stock mixture.

93

Jalapeño Chicken

◆ ◆ ◆

4 servings

1. Prepare and reserve:

   4 servings Fresh Pasta (see Chapter Seven) or use 12 ounces commercial pasta

2. Heat a cast-iron Dutch oven over medium heat. Add:

   2 tablespoons olive oil

   When the oil is hot, add and sauté until very lightly browned:

   1 onion, minced

   Add and sauté 5 minutes longer:

   4 boneless, skinless chicken breast halves, sliced into small, thin strips

3. Add and simmer, covered, for 20 minutes:

   2 cups Thick Tomato Sauce (see Chapter Seven) or use commercial sauce

   4 cloves garlic, minced

   6 jalapeño peppers, fresh or canned, seeded and minced

   ½ teaspoon sea salt

4. Turn off heat. Add the cooked, drained pasta, along with:

   1 cup grated mozzarella cheese

   Blend thoroughly.

5. Spread on plastic-covered trays and dehydrate for 6 hours at 145°F.

6. To rehydrate, cover with water, boil, stir, and serve.

Tandoori Chicken

◆ ◆ ◆

4 servings

1. Blend together in a blender or food processor:

   1 cup plain nonfat yogurt

   Juice of 1 fresh lemon

   1 onion, minced

   8 cloves garlic, minced

   3 jalapeño peppers, fresh or canned, seeded and minced

   1 teaspoon ground ginger

   1 teaspoon sea salt

   1 teaspoon freshly ground black pepper

   1 teaspoon turmeric

   1 teaspoon ground cumin

2. Place in a large, shallow, glass casserole dish:

   4 skinless, boneless chicken breast halves, cut into bite-sized pieces

   Add the yogurt mixture, stir, and marinate for 2 hours, covered, in the refrigerator.

3. Prepare:

   4 servings Brown Rice (see Chapter Seven)

4. Preheat broiler. Thread marinated chicken on skewers and broil for 10 minutes. Turn them over, cover with remaining marinade, and broil 5 minutes longer.

5. Mix together chicken and rice, breaking up chicken into small pieces. Spread on plastic-covered trays and dehydrate for 4½ hours at 145°F.

6. To rehydrate, cover with water, boil, stir, and serve.

Hashed Brown Potatoes with Lentils

◆ ◆ ◆

4 servings

1. Wash:

 1 cup lentils

 Cover with:

 3 cups cold water

 Boil, then reduce heat and simmer for 30 minutes. Drain in a colander.

2. Grate, then drain in a colander:

 6 medium-sized new potatoes, scrubbed but not peeled

 1 large onion

 Wrap potatoes and onion in a cloth towel and squeeze out as much moisture as possible.

3. Heat a large cast-iron Dutch oven over high heat, then add:

 2 tablespoons olive oil

 When oil is very hot, add the potatoes and onion. Fry thoroughly until well browned. Add:

 ½ teaspoon freshly ground black pepper

 Sea salt to taste

4. Grind in a meat grinder, food processor, or blender:

 3–4 ounces salami (optional)

5. Combine lentils and fried potatoes (and salami). Add:

 Hot sauce to taste

6. Spread on plastic-covered trays and dehydrate for 4½ hours at 145°F.

7. To rehydrate, barely cover with water, boil, stir, and serve.

Skedaddle Stew

◆ ◆ ◆

4 servings

1. Cook:

    ¾ cup dried soybeans (see Chapter Seven)

    Reserve the bean liquid.

2. Place in a cast-iron Dutch oven over high heat:

    1 tablespoon olive oil

    When oil is hot, add:

    1 onion, minced

    7 small new potatoes, finely chopped

    When vegetables are light brown, reduce heat to medium and add:

    2 small zucchini, finely chopped

    Sauté the vegetables until thoroughly browned, then add the cooked soybeans (about 1¾ cups) and:

    1 tablespoon whole wheat flour

    1 cup reserved bean liquid

    1 green bell pepper, minced

    3 stalks celery, minced

    3 whole ripe tomatoes, chopped

    1 clove garlic, minced

    2 teaspoons fresh sage, minced, or 1 teaspoon dried

    1 teaspoon sea salt

    Cayenne pepper to taste

3. Reduce heat to very low and simmer, partially covered, for 30 minutes, adding more bean liquid if necessary.

4. Spread on plastic-covered trays and dehydrate for 6 hours at 145°F.

5. To rehydrate, cover with water, boil, stir, and serve.

Vegetable Jambalaya

◆ ◆ ◆

4 servings

1. Cook:

   ⅝ cup dried pinto beans (see Chapter Seven) or use 1¼ cups any canned beans, cooked and drained

   Reserve the bean liquid.

2. Cook:

   4 servings Brown Rice or Couscous (see Chapter Seven)

3. Heat a cast-iron Dutch oven over high heat. Add:

   1 tablespoon olive oil

   When the oil is hot, add and sauté:

   1 onion, minced

   When the onion is lightly browned, reduce heat and add:

   2 whole ripe tomatoes, chopped
   1 green bell pepper, minced
   1 cup any variety nuts, chopped
   ½ cup unsweetened shredded coconut
   ¼ cup dry white wine
   2 teaspoons fresh thyme, or 1 teaspoon dried
   1 teaspoon sea salt
   Hot sauce to taste

4. Add the cooked beans to the vegetable mixture, along with ½ cup bean liquid. Bring to a boil, then simmer gently for 30 minutes.

5. Combine the vegetable-bean mixture with the cooked rice. Adjust seasoning if necessary.

6. Spread on plastic-covered trays and dehydrate for 6 hours at 145°F.

7. To rehydrate, cover with water, let stand briefly, boil, stir, and serve.

Ranch-Style Beans

◆ ◆ ◆

4 servings

1. Cook:

   1¼ cups dried pinto beans (see Chapter Seven) or use 3¾ cups canned beans, cooked and drained

   Reserve the bean liquid.

2. Heat in a cast-iron Dutch oven over high heat:

   3 teaspoons corn or soy oil

   When the oil is hot, add:

   1 onion, minced

   When the onion is lightly browned, add:

   1 green bell pepper, minced
   2 cloves garlic, minced
   3 tablespoons whole wheat flour
   2 tablespoons chili powder
   6 whole ripe tomatoes, chopped
   3 stalks celery, minced
   1 tablespoon fresh sage, or 1 teaspoon dried
   1 teaspoon molasses
   2 whole cloves
   1 whole bay leaf

3. Add the cooked pinto beans and enough of the reserved bean liquid to barely cover the beans and vegetables. Bring to a boil, then simmer, covered, about 45 minutes, or until thick.

4. Remove the cloves and bay leaf. Stir in:

   1 teaspoon sea salt
   Hot sauce to taste

5. Spread on plastic-covered trays and dehydrate for 5½ hours at 145°F.

6. To rehydrate, cover with water, boil, stir, and serve.

7. Serve with crackers, chapatis, or tortillas (see chapters Three and Seven).

Curried Lentils

◆ ◆ ◆

4 servings

1. Cook:

   1¼ cups dried lentils (see Chapter Seven)

   Drain the lentils, reserving liquid.

2. Heat in a cast-iron Dutch oven over high heat:

   1 tablespoon soy or corn oil

   When the oil is hot, add:

   1 onion, minced

   2 small new potatoes, scrubbed but not peeled, minced

   Brown the vegetables, then reduce heat and add:

   1 teaspoon sea salt

   ½ teaspoon ground ginger

   ½ teaspoon curry powder

   ½ teaspoon turmeric

   ½ teaspoon ground dried chile peppers

   ¼ teaspoon ground cumin

   2 cloves garlic, minced

3. Add the cooked lentils (about 3½ cups), along with enough reserved liquid to barely cover the lentils and vegetables.

4. Bring to a boil, then simmer for 30 minutes, or until thick. Adjust seasoning if necessary.

5. Spread on plastic-covered trays and dehydrate for 5½ hours at 145°F.

6. To rehydrate, barely cover with water, boil, stir, and serve.

7. Serve with crackers, chapatis, or pita bread (see Chapter Three).

Baked Soybeans

◆ ◆ ◆

4 servings

1. Cook:
   1½ cups dried soybeans (see Chapter Seven)
   Reserve the bean liquid.

2. Preheat oven to 300°F.

3. Heat a cast-iron Dutch oven over high heat. Add:
   1 tablespoon soy or corn oil
   When the oil is hot, add:
   1 onion, minced
   When the onion is soft, add:
   1 green bell pepper, minced
   4 whole ripe tomatoes, finely chopped
   1 tart apple, cored but not peeled, minced
   1 tablespoon honey
   1 tablespoon dry mustard
   1 teaspoon sea salt
   Cayenne pepper to taste

4. Add the cooked beans (about 3½ cups) to the vegetables, along with enough reserved bean liquid to barely cover the mixture. Adjust seasoning if necessary.

5. Bake the beans at 300°F for 1½ hours. Stir occasionally and add liquid if necessary.

6. Spread the baked beans on plastic-covered trays and dehydrate for 5½ hours at 145°F.

7. To rehydrate, cover with water, boil, stir, and serve.

Spaghetti

◆ ◆ ◆

4 servings

1. Prepare:

    2 cups Thick Tomato Sauce (see Chapter Seven) or use commercial sauce

    Add to the sauce:

    4 tablespoons hot sauce

2. Prepare:

    4 servings Fresh Pasta (see Chapter Seven) or use 12 ounces dried commercial spaghetti, linguine, or fettuccine

    Cook the pasta and drain in a colander.

3. Grind in a meat grinder, blender, or food processor:

    3–4 ounces Italian dry salami (optional)

4. Combine tomato sauce and pasta (and salami) in a large saucepan. Heat until just boiling.

5. Spread on plastic-covered trays and dehydrate for 5 hours at 145°F.

6. To rehydrate, cover with water, boil, stir, and serve.

Chilies Rellenos Casserole

◆ ◆ ◆

4 servings

This makes a hearty dinner or breakfast.

1. Select two baking dishes, one of which fits comfortably inside the other.

2. Place 1 inch of water in the larger dish, and set it in the oven. Preheat oven to 325°F.

3. Thoroughly oil the interior of the smaller dish. Place in the dish:

   1 cup grated mild cheese, such as Monterey Jack

   1 cup low-fat cottage cheese

4. Beat together in a bowl:

   2 whole eggs plus 4 egg whites

   1½ cups milk

   5 fresh jalapeño peppers (or 1 4-ounce can green chilies, drained), seeded and minced

   2 tablespoons whole wheat flour

   5 green onions, minced

   1 clove garlic, minced

   ½ teaspoon sea salt

   ¼ teaspoon ground cumin

5. Pour the egg mixture over the cheeses. Place the casserole inside the water-filled dish in the oven. Bake for 1 hour, or until toothpick inserted in center comes out clean.

6. Spread the casserole on plastic-covered trays and dehydrate for 5 hours at 145°F.

7. To rehydrate, barely cover with water, boil, stir, and serve.

Bivouac Barley Beans

◆ ◆ ◆

4 servings

1. Rinse, then drain in a sieve:

   ¾ cup pearled barley

2. Heat a cast-iron Dutch oven over high heat, then add:

   2 tablespoons corn oil

   When the oil is hot, add and sauté for 3 minutes:

   1 onion, minced

   10 whole fresh mushrooms, minced

   Add the drained barley. Cook and stir until browned.

3. Rinse, then drain in a sieve:

   ¾ cup lentils

   Add the lentils to the barley mixture along with:

   4 cups any variety stock

   2 stalks celery, minced

   2 cloves garlic, minced

   2 tablespoons fresh thyme, minced, or 1 tablespoon dried

   ½ teaspoon cayenne pepper

Bring to a boil, then reduce heat to very low, cover, and simmer for 2 hours, or until barley is very tender.

4. Stir in:

   ½ teaspoon sea salt

   1 cup plain nonfat yogurt

   ¼ cup dry sherry

5. Spread on plastic-covered trays and dehydrate for 4 hours at 145°F.

6. To rehydrate, cover with water, boil, stir, and serve.

Garden Crêpes

◆ ◆ ◆

4 servings

1. Wash thoroughly, remove stems, then place in a heavy saucepan:

   1 large bunch spinach, kale, chard, or mustard greens

   Bring to a boil, but do not add water to the pan. (The greens have a high natural water content and will boil on their own.) Once brought to a boil, simmer for 5 minutes, or until tender. Drain greens in a colander, reserving stock.

2. Heat in a large skillet over medium-low heat:

   4 tablespoons olive oil

   When the oil is hot, add:

   2 onions, minced

   Cook, stirring frequently, until lightly browned. Add:

   ½ cup whole wheat flour

   Stir until flour is browned, then add, stirring constantly:

   1½ cups any variety stock

   1 teaspoon sea salt

   ½ teaspoon freshly ground black pepper

   2 teaspoons fresh thyme, minced, or 1 teaspoon dried

3. Make crêpes. Mix together in a large bowl:

   1 cup whole wheat flour

   ½ cup unbleached white flour

   2 tablespoons nonfat dry milk

   2 teaspoons baking powder

   ⅛ teaspoon sea salt

   Beat together in a medium bowl:

   1 whole egg plus 2 egg whites

   2 cups water

   ½ teaspoon vanilla extract

   Heat a griddle over medium heat. Oil lightly. Pour egg mixture into flour mixture, stir briefly, then fry pancakes (one dozen cakes, 5½-inch diameter). Cut cooked pancakes into 1-inch-long by ½-inch-wide strips.

4. Combine pancake strips, greens, and onion sauce. Add and stir well:

   1 cup crumbled feta cheese

5. Spread on plastic-covered trays and dehydrate for 4½ hours at 145°F.

6. To rehydrate, barely cover with water, boil, stir, and serve.

Moussaka

4 servings

This is a tomato, eggplant, and custard casserole.

1. Chop into ½-inch cubes:

   1 large eggplant, about 1¾ pounds

   Place in a colander. Sprinkle with:

   1 teaspoon sea salt

   Stir to coat. Drain for 30 minutes. Rinse with cool water, drain, and squeeze dry in a towel.

2. Preheat broiler. Place eggplant in a large cast-iron skillet. Drizzle with:

   2 tablespoons olive oil

   Stir to coat. Broil 10 minutes, stir, then broil 5 more.

3. Prepare:

   2 cups Thick Tomato Sauce (see Chapter Seven) or use commercial sauce

4. Heat in a skillet over medium heat:

   ¼ cup canola oil

   When the oil is hot, add:

   3 tablespoons whole wheat flour

   Cook, stirring, until flour is lightly browned. Reduce heat and add slowly, stirring, until thickened:

   1¼ cups any variety stock or milk
   1 teaspoon sea salt
   ½ teaspoon freshly ground white pepper
   ½ teaspoon ground allspice

5. Beat together in a large bowl:

   1 whole egg plus 2 egg whites
   1½ cups ricotta cheese

   Add the flour and stock mixture. Beat well.

6. Preheat oven to 350°F. Oil a 9-by-13-inch glass casserole dish.

7. Spread half the tomato sauce over the bottom of the casserole dish. Layer half the eggplant over the tomato sauce. Top it with half of the ricotta cheese sauce. Repeat until all ingredients are used.

8. Bake at 350°F for 40 minutes, or until custard is firm.

9. Spread on plastic-covered trays and dehydrate for 5½ hours at 145°F.

10. To rehydrate, cover with water, boil, stir, and serve.

White Bean Gratin

4 servings

1. Cook:

   1¼ cups dried white beans (see Chapter Seven) or use 3½ cups canned beans, drained

2. Heat in a cast-iron skillet over medium-low heat:

   4 tablespoons olive oil

   When the oil is hot, add and sauté until evenly browned:

   1 onion, minced

   4 medium potatoes, scrubbed but not peeled, finely diced

3. Preheat oven to 350°F. Oil a 9-by-13-inch glass casserole dish.

4. In a large bowl, lightly mash the 3½ cups drained beans and the sautéed potatoes and beat them together with:

   1 whole egg plus 2 egg whites

   1 cup plain nonfat yogurt

   1 cup finely grated Parmesan cheese

   ¼ cup fresh parsley, minced

   1 teaspoon fresh sage, minced, or ½ teaspoon dried

   1 teaspoon sea salt

   ½ teaspoon cayenne pepper

5. Spread the mixture in the oiled casserole dish.

6. Mix together in a small bowl:

   1 cup whole wheat bread crumbs

   2 cloves garlic, minced

   1 tablespoon olive oil

   Spread over top of casserole.

7. Bake the casserole at 350°F for 50 minutes, or until browned.

8. Spread on plastic-covered trays and dehydrate for 4 hours at 145°F.

9. To rehydrate, cover with water, boil, stir, and serve.

Blackened Tofu with Buckwheat Polenta

◆ ◆ ◆

4 servings

1. Drain in a colander:

   21 ounces (two packages) firm tofu

   Slice each piece of tofu in half lengthwise. Mix together in a shallow glass dish:

   ¼ cup olive oil

   ⅛ cup red wine vinegar

   Add the tofu and marinate for 10 minutes, turning it once.

2. Mix together in a shallow glass dish:

   1 teaspoon sea salt

   1 teaspoon onion powder

   1 teaspoon paprika

   1 teaspoon dried thyme

   1 teaspoon dried oregano

   ¼ teaspoon cayenne pepper

   ¼ teaspoon freshly ground white pepper

   ¼ teaspoon freshly ground black pepper

   Heat a heavy skillet over very high heat. Dip the pieces of tofu in the seasoning mixture, coating all sides. Cook in hot skillet for 5 minutes per side until blackened. Set aside.

3. Mince:

   1 large onion

   1 green bell pepper

   10 whole fresh mushrooms

   2 cloves garlic

4. Heat a heavy skillet over medium-high heat. Add:

   2 tablespoons olive oil

   When the oil is hot, add half the minced onion and sauté for 3 minutes. Reduce heat to medium-low and add half the minced mushrooms, half the bell pepper, and half the garlic. Sauté for 5 minutes. Add the remaining onion, pepper, mushrooms, and garlic, and cook for 2 minutes longer. Set aside.

5. Mix together in a bowl:

½ cup buckwheat flour

1 cup polenta (coarse cornmeal)

½ teaspoon sea salt

1 tablespoon olive oil

1 cup water

Bring to a boil in the top half of a double boiler:

2½ cups water

Slowly add the polenta mixture, stirring constantly. Place 1 inch of water in the bottom half of the double boiler, and bring to a boil. Place top half of double boiler over bottom. Reduce heat and simmer for 15 minutes.

6. Add the tofu and polenta mixtures to the vegetables, crumbling the tofu.

Stir in:

Juice of 1 fresh lemon

7. Spread on plastic-covered trays and dehydrate for 4½ hours at 145°F.

8. To rehydrate, cover with water, boil, stir, and serve.

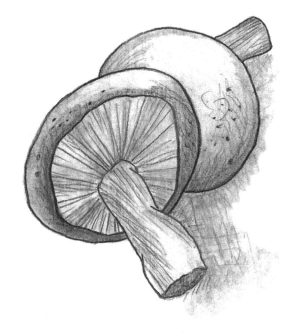

Cook mushrooms and other ingredients over medium-high heat.

Falafel with Tahini Sauce

◆ ◆ ◆

4 servings

1. Rinse in a strainer:

   1¼ cups dried green split peas

   Bring to a boil:

   5 cups water

   Add the peas. Simmer for 30 minutes, then turn off heat and let stand, covered, for 2 hours.

2. Grind peas and water in a blender, then drain the peas in the strainer. Put peas in a bowl and add:

   ½ teaspoon sea salt
   ½ teaspoon cayenne pepper
   1 teaspoon chili powder
   3 tablespoons fresh parsley, minced
   4 green onions, minced
   1 cup garbanzo bean flour or any other flour
   ½ cup water

   Mix well.

3. Heat in a heavy skillet:

   3 tablespoons canola oil

   Drop the falafel balls by tablespoons onto a heavily floured board. Roll in flour, then fry in hot oil, turning them to brown all sides.

4. Sprinkle over the falafel balls:

   ⅓ cup water

   Cover the skillet, reduce heat, and simmer for 10 minutes.

5. Make tahini sauce. Place in a blender or food processor and grind to a paste:

   ⅓ cup water
   ½ cup olive oil
   ¾ cup sesame seeds
   Juice of 1 fresh lemon
   1½ tablespoons honey
   ¾ teaspoon sea salt
   2 cloves garlic, minced

6. Crumble falafel balls and blend with tahini sauce. Spread on plastic-covered trays and dehydrate for 3 hours at 145°F.

7. To rehydrate, barely cover with water, boil, stir, and serve with crackers, chapatis, pita bread, or tortillas (see chapters Three and Seven).

Sonora Stew

◆ ◆ ◆

4 servings

1. Heat in a cast-iron Dutch oven over medium heat:

   3 tablespoons olive oil

   When the oil is hot, add and sauté for 3 minutes:

   1 onion, finely chopped

   Add and sauté until lightly browned:

   1 carrot, grated

   1 small sweet potato, scrubbed but not peeled, grated

2. Add:

   1 stalk celery, finely chopped

   4 cloves garlic, minced

   6 tomatoes, peeled and chopped

   ¾ cup raw brown rice, rinsed

   1 cup raw lentils, rinsed

   6 cups vegetable stock

   ½ teaspoon fresh thyme, minced, or ¼ teaspoon dried

   ½ teaspoon fresh sage, minced, or ¼ teaspoon dried

   1 teaspoon honey

3. Bring to a boil then reduce heat, cover, and simmer, stirring occasionally, for one hour, or until rice is tender.

4. Add:

   1 teaspoon sea salt

   ½ teaspoon cayenne pepper

   ¼ cup fresh parsley, minced

   3 tablespoons red wine

5. Spread on plastic-covered trays and dehydrate for 5 hours at 145°F.

6. To rehydrate, cover with water, boil, stir, and serve.

Brown Rice with Nuts and Raisins

◆ ◆ ◆

4 servings

This is a sweet-sour dish.

1. Cook:

   4 servings Brown Rice (see Chapter Seven)

2. Heat a cast-iron Dutch oven or wok over high heat. Add:

   1 tablespoon corn or soy oil

   When the oil is hot, add:

   1 onion, minced

   When the onion is soft, add:

   1 carrot, finely chopped

   When these vegetables start to brown, reduce heat and add:

   3 leaves cabbage, finely chopped

   Sauté about 5 minutes more, then add:

   1¼ cups water
   1 cup any variety unsalted nuts, chopped
   ¾ cup raisins
   2 tablespoons soy sauce

   Cover and simmer for 1 hour.

3. Combine the cooked vegetables with the cooked rice.

4. Spread on plastic-covered trays and dehydrate for 6 hours at 145°F.

5. To rehydrate, cover with water, let stand briefly, boil, stir, and serve.

Spanish Rice

◆ ◆ ◆

4 servings

1. Wash and drain thoroughly in a strainer:

   1¾ cups raw brown rice

   Turn the rice out onto a cloth towel and pat it as dry as possible.

2. Heat a cast-iron Dutch oven over high heat. Add:

   2 tablespoons olive oil

   When oil is hot, add and sauté for 1 minute:

   1 large onion, minced

   Reduce heat to medium and add the dried, raw brown rice. Cook and stir until lightly browned, then add:

   1 green bell pepper, minced

   1 Anaheim chile, minced

   3 fresh whole tomatoes, chopped

   1 clove garlic, minced

   ½ cup TVP (Textured Vegetable Protein)

   1 teaspoon sea salt

   Cayenne pepper to taste

3. Put the rice mixture in the top half of a double broiler, and pour over it:

   3 cups cocktail vegetable juice

   Bring to a boil, then reduce heat and simmer for 50 minutes, stirring occasionally. When level of liquid falls below level of rice, place top half of double boiler over bottom half and complete cooking by steaming for 30 minutes, or until rice is tender.

4. Turn off heat and add:

   1 cup grated cheddar or Monterey Jack cheese

   10 sprigs fresh parsley, minced

5. Spread on plastic-covered trays and dehydrate for 5¼ hours at 145°F.

6. To rehydrate, cover with water, let stand briefly, boil, stir, and serve.

Paella

◆ ◆ ◆

4 servings

1. Heat a cast-iron Dutch oven over high heat, then add:
   3 tablespoons olive oil
   Add and sauté for 3 minutes:
   1 onion, minced
   Add and sauté, stirring frequently, until lightly browned:
   2 cups raw white rice
   20 fresh mushrooms, finely chopped
   1 green bell pepper, minced

2. Add:
   12 tomatoes, fresh or canned, peeled and chopped
   1 tablespoon fresh rosemary, minced
   4½ cups any variety stock or tomato juice
   8 ounces raw shrimp, shelled and chopped
   4 cloves garlic, minced
   1 cup peas
   ¼ cup pecans, finely chopped
   1 teaspoon sea salt
   ½ teaspoon cayenne pepper

   Bring to a boil, then cover and simmer for 30 minutes, or until rice is tender.

3. Stir in:
   ½ cup finely grated Parmesan cheese

4. Spread on plastic-covered trays and dehydrate for 5½ hours at 145°F.

5. To rehydrate, cover with water, boil, stir, and serve.

Filé Gumbo

◆ ◆ ◆

4 servings

1. Cook:

   2 servings Brown Rice (half recipe, see Chapter Seven)

2. Bring to a boil:

   4 cups water

   Add:

   Juice of ½ fresh lemon

   ½ lemon, seeded and thinly sliced

   3 whole cloves

   ½ teaspoon sea salt

   ½ teaspoon cider vinegar

   1 catfish fillet, cut into ½-inch cubes

   Simmer for 10 minutes. Drain catfish, reserving stock. Discard lemon slices and cloves.

3. Heat a cast-iron Dutch oven over medium heat. Add:

   1 onion, minced

   Cook until lightly browned, then reduce heat and add:

   1 clove garlic, minced

   1 green bell pepper, finely chopped

   1 tablespoon whole wheat flour

   Cook and stir for 5 minutes, then add:

   Reserved stock

   2 cups chopped okra, fresh or frozen

   2 cups tomato sauce

   2 jalapeño peppers, fresh or canned, seeded and minced

   1 teaspoon fresh thyme, minced, or ½ teaspoon dried

   Simmer for 30 minutes.

4. Add:

   Cooked brown rice

   Reserved catfish

   2 teaspoons filé (ground dried sassafras)

   ½ teaspoon sea salt

   ¼ teaspoon cayenne pepper

5. Spread on plastic-covered trays and dehydrate for 5½ hours at 145°F.

6. To rehydrate, cover with water, boil, stir, and serve.

Grilled Fish Tacos

◆ ◆ ◆

4 servings

1. Preheat grill or broiler. Place on oiled grill:

   3 pounds any variety boneless fish fillets

   Sprinkle with:

   Juice of 1 fresh lemon

   Grill, turning fish once. After fish has been turned, spread over fillets:

   1 cup salsa

   Cook for a total of 10 minutes per inch of thickness, or just until fish flakes easily.

2. Spread on plastic-covered trays, flaking fish into small pieces. Dehydrate for 4 hours at 145°F.

3. To rehydrate, cover with water, boil, stir, and serve with chapatis or tortillas (see chapters Three and Seven).

4. Serve with (optional):

   Grated cheese
   Raw vegetables, chopped

Pasta with Crab or Clam Sauce

◆ ◆ ◆

4 servings

1. Prepare and reserve:

   4 servings Fresh Pasta (see Chapter Seven) or use 12 ounces commercial pasta

2. Heat a large cast-iron skillet over low heat. Add:

   4 tablespoons olive oil

   When the oil is hot, add and sauté until lightly browned:

   ½ cup whole wheat flour
   4 cloves garlic, minced

3. Add slowly, stirring constantly:

   2½ cups any variety stock, milk, or water

4. Stir in and cook for a few minutes:

   4 tablespoons fresh parsley, chopped
   4 tablespoons fresh basil, minced
   1 pound crab meat, imitation crab, or clams, chopped
   Juice of 1 fresh lemon
   ½ teaspoon sea salt
   ½ teaspoon cayenne pepper

5. Blend sauce with pasta.

6. Spread on plastic-covered trays and dehydrate for 4½ hours at 145°F.

7. To rehydrate, cover with water, boil, stir, and serve.

Use chopped clams, crab meat, or imitation crab.

Shrimp Creole with Rice

◆ ◆ ◆

4 servings

This is great for a special occasion.

1. Clean and finely chop, reserving skins and trimmings:

   1 large onion
   3 cups whole fresh mushrooms
   3 stalks celery
   2 cloves garlic

2. Place the following in a stockpot with water, bring to a boil, then simmer for 1–3 hours:

   Vegetable trimmings (from step 1)
   Shells, heads, and tails of 1½ pounds uncooked shrimp

   Drain, reserving liquid stock.

3. Prepare:

   4 servings Brown Rice (see Chapter Seven)

4. Preheat large Dutch oven over high heat. Add:

   3 tablespoons olive oil

   When the oil is hot, add the chopped onion. Sauté for 3 minutes, then add the chopped mushrooms. Sauté for 5 minutes, then reduce heat and add the chopped celery and garlic, along with:

   2 tablespoons whole wheat flour
   1 tablespoon oat or wheat bran
   1 tablespoon fresh basil, minced, or 1 teaspoon dried
   1 teaspoon fresh thyme, minced, or ½ teaspoon dried
   ½ teaspoon cayenne pepper

5. Add 1 cup reserved stock, along with:

   1 14½-ounce can peeled tomatoes

   Bring to a boil, then simmer until thick, about 30 minutes, breaking up tomatoes into small pieces.

6. Add the cleaned shrimp to the stockpot and cook for 5–10 minutes more, breaking up the shrimp into small pieces.

7. Combine the brown rice with the shrimp mixture.

8. Spread on plastic-covered trays and dehydrate for 7 hours at 145°F.

9. To rehydrate, cover with water, let stand briefly, boil, stir, and serve.

Spicy Crab Cakes

◆ ◆ ◆

4 servings

1. Prepare and reserve:

   4 servings Fresh Pasta (see Chapter Seven) or use 12 ounces commercial pasta

2. Mix together in a large bowl:

   1 egg

   1 pound crab meat or imitation crab, shredded

   3 teaspoons Worcestershire sauce

   ¼ teaspoon cayenne pepper

   1 teaspoon dried mustard

   3 tablespoons mayonnaise

   2 cups bread crumbs

3. Shape crab mixture into 8 cakes.

4. Heat a large skillet over medium heat. Add:

   3 tablespoons corn oil

   When the oil is hot, fry the cakes until browned; turn and brown other sides. Sprinkle cakes with:

   Juice of 2 fresh lemons

5. Mix cooked pasta with crab cakes, crumbling them.

6. Spread on plastic-covered trays and dehydrate for 4 hours at 145°F.

7. To rehydrate, cover with water, boil, stir, and serve.

Sprinkle crab cakes with lemon juice.

New England Clam Chowder

◆ ◆ ◆

4 servings

1. Prepare:

   20 fresh hard-shelled clams, or 1½ cups canned clams (2 6½-ounce cans)

   To prepare hard-shelled clams, wash and scrub them thoroughly. Put them in a bucket with:

   1 gallon cold water

   ¼ cup sea salt

   ¼ cup cornmeal

   Let the clams stand for several hours, then rinse and drain them. Place in a large saucepan with:

   4 cups water

   Bring to a boil, then simmer for 8 minutes. Drain clams in a sieve, reserving the liquid. Remove meat from shells. For canned clams, drain them in a sieve, reserving liquid.

2. Heat a cast-iron Dutch oven over high heat. Add:

   3 tablespoons olive oil

   When the oil is hot, add:

   1 large onion, minced

   Sauté the onion 2 minutes, stirring constantly, then add:

   10 small new potatoes, scrubbed but not peeled, minced

   Sauté the vegetables for about 20 minutes, or until brown. Reduce the heat as necessary.

3. Mince the clams; separate hard parts from soft parts.

4. Add to the sautéed vegetables:

   2 tablespoons whole wheat flour

   Add the hard parts of the minced clams and reserved clam liquid. Bring to a boil, then simmer for 30 minutes.

5. Add the soft parts of the minced clams to the chowder, along with:

   2 cups milk

   1 cup bottled clam juice

   1 tablespoon butter or margarine

   ½ teaspoon sea salt

   ½ teaspoon freshly ground black pepper

   Simmer for 3 minutes.

6. Spread on plastic-covered trays and dehydrate for 5½ hours at 145°F.

7. To rehydrate, cover with water, boil, stir, and serve.

Bengali-Style Fish

◆ ◆ ◆

4 servings

1. Wash and drain:
   1 pound any variety fish fillets, about 1 inch thick

2. Chop and mix together in a small bowl:
   1 large onion, minced
   ½ teaspoon grated ginger
   Spread the onion and ginger over the fillets. Set aside.

3. Heat a cast-iron Dutch oven over high heat. Add:
   2 tablespoons olive oil
   When the oil is hot, add:
   1 large onion, minced
   Stir-fry the onion until lightly browned. Reduce heat to medium-low.

4. Add to the fried onion:
   1 teaspoon chili powder
   1 teaspoon honey
   ½ teaspoon ground turmeric
   ¼ teaspoon ground cloves
   ¼ teaspoon ground cardamom
   3 cloves garlic, minced

Stir for 1 minute, then place the onion-covered fish fillets on top of the fried onions. Spread over the fish:
   2 cups plain low-fat yogurt

5. Cover the pot tightly. Cook for 10 minutes, or until the fish flakes easily.

6. Prepare:
   4 servings Bulgur Wheat (see Chapter Seven)

7. Combine the cooked fish with the cooked bulgur. Spread on plastic-covered trays and dehydrate for 4½ hours at 145°F.

8. To rehydrate, cover with water, boil, stir, and serve.

Baked Seafood Dinner

◆ ◆ ◆

4 servings

1. Preheat oven to 350°F. Oil a 9-by-13-inch glass casserole dish.

2. Heat a large cast-iron Dutch oven over high heat, then add:
   1 tablespoon olive oil
   When the oil is hot, add:
   1 onion, minced
   Sauté for 3 minutes, then add:
   5 small new potatoes, scrubbed but not peeled, finely chopped
   8 whole fresh mushrooms, finely chopped
   Sauté, stirring occasionally, until vegetables are browned.

3. Reduce heat and stir in:
   2 tablespoons whole wheat flour

Slowly add:
   ¼ cup water
   ¼ cup dry white wine
   2 cups plain nonfat yogurt
   ¼ teaspoon freshly ground black pepper
   ¼ teaspoon sea salt

4. Wash and pat dry:
   1 pound any variety boneless fish fillets
   Arrange the fillets in the oiled casserole dish. Spread the potato-yogurt mixture evenly over the fish, then sprinkle with:
   ¼ cup finely grated Parmesan cheese

5. Bake at 350°F for 30 minutes, or until fish flakes easily with a fork.

6. Spread on plastic-covered trays and dehydrate for 4½ hours at 145°F.

7. To rehydrate, cover with water, boil, stir, and serve.

Pasta Pesto

4 servings

1. Prepare:

    4 servings Fresh Pasta (see Chapter Seven) or use 12 ounces commercial dried pasta

2. Wash and drain:

    4 cups fresh basil leaves

    Place basil in blender, a small portion at a time, with:

    ½ cup light olive oil

    6 cloves garlic, peeled and halved

    4 ounces fresh Parmesan cheese, cut into small chunks

    2 teaspoons sea salt

    Small amount of water, if needed

Whirl in blender until smooth.

3. Cook pasta until just tender, about 3 minutes for fresh pasta. Drain it quickly and replace in the saucepan. Pour pesto over pasta and stir constantly over very low heat just until cheese is melted and pesto is heated.

4. Spread on plastic-covered trays and dehydrate for 5½ hours at 145°F.

5. To rehydrate, barely cover with water, boil, stir, and serve.

Tofu Pasta Pesto

4 servings

This is a lighter version of pasta pesto.

1. Prepare:

   4 servings Fresh Pasta (see Chapter Seven) or use 12 ounces commercial dried pasta

2. Wash and drain:

   4 cups fresh basil leaves

   Place basil in blender, a small portion at a time, with:

   4 tablespoons olive oil

   4 tablespoons water

   ½ pound raw tofu, rinsed and drained

   4 cloves garlic, peeled and halved

   3 ounces fresh Parmesan cheese, cut into small chunks

   2 teaspoons sea salt

   Hot sauce to taste

   Whirl in blender until smooth.

3. Cook pasta until just tender, about 3 minutes for fresh pasta. Drain it quickly and replace in the saucepan. Pour pesto over pasta and stir constantly over very low heat just until cheese is melted and pesto is heated.

4. Spread on plastic-covered trays and dehydrate for 5½ hours at 145°F.

5. To rehydrate, barely cover with water, boil, stir, and serve.

Tofu Tagliatelle

◆ ◆ ◆

4 servings

1. Prepare and reserve:

    4 servings Fresh Pasta (see Chapter Seven) or use 12 ounces commercial tagliatelle or other pasta

2. Heat a cast-iron Dutch oven over medium-high heat. Add:

    2 tablespoons canola oil

    When the oil is hot, add and sauté until lightly browned:

    1 onion, minced

    Add and sauté 5 minutes longer:

    1 pound whole fresh mushrooms, finely chopped

    Add and simmer, covered, for 15 minutes:

    2 cups vegetable stock, water, or milk
    1 pound frozen firm tofu, thawed, squeezed dry, and crumbled
    3 cloves garlic, minced
    ½ teaspoon sea salt
    ½ teaspoon freshly ground white pepper

3. Remove from heat and add:

    Cooked, drained pasta
    ½ cup finely grated Parmesan cheese

4. Spread on plastic-covered trays and dehydrate for 5 hours at 145°F.

5. To rehydrate, cover with water, boil, stir, and serve.

White Lasagna

4 servings

1. Prepare and reserve:

   4 servings Fresh Pasta (see Chapter Seven) or use 12 ounces commercial lasagna noodles

   Cut fresh pasta into 1-inch-wide strips.

2. Place in a heavy skillet over medium-low heat:

   1 tablespoon olive oil

   When the oil is hot, add:

   1 carrot, finely chopped

   Cook and stir for 4 minutes, then add:

   2 zucchini, finely chopped

   Cook, stirring occasionally, for 10 minutes. Add to taste:

   Salt

   Pepper

3. Steam for 7 minutes:

   2½ cups finely chopped broccoli

   Add to taste:

   Salt

   Pepper

4. Make *béchamel* sauce. Place in a cast-iron skillet over low heat:

   4 tablespoons olive oil

   When the oil is hot, add:

   6 tablespoons whole wheat flour

   Stir until browned, then add slowly, stirring constantly:

   3 cups any variety stock or milk

   When the sauce is smooth and thick, add:

   ½ teaspoon sea salt

   ⅛ teaspoon cayenne pepper

   ⅛ teaspoon freshly grated nutmeg

5. Beat together in a bowl:

   1 cup plain nonfat yogurt

   1 pound nonfat ricotta cheese

   1 pound tofu

   6 cloves garlic, minced

   ½ cup fresh basil, chopped

   Salt to taste

   Hot sauce to taste

6. Bring to a boil in a large pot:

   6 quarts water

   Add the lasagna noodles and cook until barely tender. Drain the noodles and divide them into three portions.

7. Preheat oven to 375°F.

8. Oil a 9-by-13-inch glass casserole dish. Spread a very thin layer of *béchamel* sauce in the dish. Spread one-third of the noodles over the sauce. Layer over the noodles: one-third of the ricotta cheese mixture, all of the carrot mixture, and one-third of the sauce. Repeat layer of noodles, one-third of ricotta cheese mixture, all of the broccoli, and one-third of the sauce. Finish with remaining noodles, ricotta cheese, and sauce.

9. Bake at 375°F for 45 minutes, or until light brown and crusty.

10. Let casserole stand at room temperature for 15 minutes.

11. Spread on plastic-covered trays and dehydrate for 5 hours at 145°F.

12. To rehydrate, cover with water, boil, stir, and serve.

Red Lasagna

◆ ◆ ◆

4 servings

1. Prepare and reserve:

   4 servings Fresh Pasta (see Chapter Seven) or use 12 ounces commercial lasagna noodles

   Cut fresh pasta into 1-inch-wide strips.

2. Prepare and reserve:

   4 servings lentils (see Chapter Seven)

3. Prepare and reserve:

   4 cups Thick Tomato Sauce (see Chapter Seven) or use commercial sauce

4. Heat in a cast-iron skillet over medium-low heat:

   3 tablespoons olive oil

   When oil is hot, add and sauté until lightly browned:

   1 onion, minced

   20 whole fresh mushrooms, minced

   Remove from heat and add:

   2 tablespoons fresh oregano, minced, or 1 tablespoon dried

   ¼ cup fresh parsley, minced

   ¼ teaspoon cayenne pepper

   ¼ cup dry red wine

5. Bring to a boil in a large pot:

   6 quarts water

   Add the lasagna noodles and cook until barely tender. Drain the noodles and divide them into three portions.

6. Prepare and reserve:

   1 cup finely grated Parmesan cheese

7. Preheat oven to 375°F.

8. Oil a 9-by-13-inch glass casserole dish. Spread a thin layer of tomato sauce in dish. Spread one-third of noodles over the sauce. Layer over the noodles: one-third of lentils, all of mushroom mixture, all of the Parmesan, and one-third of tomato sauce. Repeat layers of noodles, then lentils, then sauce, until all ingredients used.

9. Bake at 375°F for 50 minutes, or until lightly browned.

10. Let casserole stand at room temperature 15 minutes.

11. Spread on plastic-covered trays and dehydrate for 5½ hours at 145°F.

12. To rehydrate, cover with water, boil, stir, and serve.

Pasta e Fagioli

◆ ◆ ◆

4 servings

1. Cook:

   1½ cups dried white beans (see Chapter Seven) or use 4 cups canned beans

   Reserve the bean liquid.

2. Prepare and reserve:

   4 servings Fresh Pasta (see Chapter Seven) or use 12 ounces commercial pasta

3. Heat a cast-iron Dutch oven over low heat. Add:

   2 tablespoons olive oil

   When the oil is hot, add and sauté for 1 minute:

   2 tablespoons fresh rosemary, minced, or 1 tablespoon dried

   1 clove garlic, minced

   Add:

   4 whole fresh tomatoes, chopped

Add the cooked beans along with:

   3 cups reserved bean liquid

   1½ teaspoons sea salt

   ¼ teaspoon cayenne pepper

   Bring to a boil, then simmer for 10 minutes.

4. Meanwhile, bring to a boil:

   2 quarts water

   Cook the pasta until just tender.

5. Add the cooked, drained pasta to the beans, along with:

   2 ounces grated fresh Parmesan cheese

6. Blend together. Adjust seasoning if necessary.

7. Spread on plastic-covered trays and dehydrate for 5½ hours at 145°F.

8. To rehydrate, cover with water, boil, stir, and serve.

Pasta Primavera

◆ ◆ ◆

4 servings

Use very young, tender vegetables.

1. Prepare:

   4 servings Fresh Pasta (see Chapter Seven) or use 12 ounces commercial pasta

2. Bring to a boil in a large saucepan:

   1 quart water

3. Drop into the water and cook for 1 minute:

   1 zucchini, chopped
   8 green beans, sliced
   1 cup broccoli flowerettes, separated

   Rinse the vegetables under cold water and drain them.

4. Heat in a cast-iron Dutch oven over high heat:

   2 tablespoons olive oil

   When the oil is hot, add:

   1 onion, minced
   2 cups fresh whole mushrooms, thinly sliced

   When the vegetables are lightly browned, reduce heat to very low and add:

   1 cup plain yogurt
   2 cloves garlic, minced
   4 tablespoons fresh basil, minced, or 2 tablespoons dried
   4 tablespoons fresh parsley, minced
   1 teaspoon sea salt
   Cayenne pepper to taste

   Add the zucchini, green beans, and broccoli.

5. Cook the pasta until just tender. Drain in a colander.

6. Add the drained pasta to the vegetable mixture. Adjust seasoning if necessary. Add:

   ¾ cup grated fresh Parmesan cheese

   Stir and heat just until cheese is melted.

7. Spread on plastic-covered trays and dehydrate for 5½ hours at 145°F.

8. To rehydrate, cover with water, boil, stir, and serve.

Split Pea or Lentil Soup with Salami

◆ ◆ ◆

4 servings

This is thick and hearty.

1. Wash and drain, then place in a large pot:

   1½ cups green or yellow split peas, or lentils

2. Place the following vegetables in a blender, a small portion at a time, cover with water, and grind. After you grind each portion, add it to the pot of peas.

   1 carrot, scrubbed but not peeled, coarsely chopped
   2 stalks celery, scrubbed, coarsely chopped
   1 onion, quartered
   2 cloves garlic, peeled
   3 ounces any salami (optional)
   2 tablespoons fresh rosemary, or 1 tablespoon dried

3. Add to the peas, water, and ground vegetables:

   ¼ cup TVP (Textured Vegetable Protein)
   1 teaspoon olive oil
   1 teaspoon honey
   1 whole bay leaf

4. Bring to a boil, then reduce heat and simmer for 3 hours. Add water, 1 cup at a time, as needed.

5. Add and simmer for a few minutes:

   ¼ cup dry sherry
   3 tablespoons hot sauce
   ½ teaspoon freshly ground black pepper
   Sea salt to taste

6. Remove and discard bay leaf. Spread the soup on plastic-covered trays and dehydrate for 6 hours at 145°F.

7. To rehydrate, cover with water, boil, stir, and serve.

Cream of Mushroom Soup

◆ ◆ ◆

4 servings

This is fast and easy.

1. Heat a large cast-iron Dutch oven over high heat, then add:

   3 tablespoons olive oil

   When oil is hot, add:

   1 onion, finely chopped

   6 cups fresh whole mushrooms, finely chopped

2. Cook for 5 minutes, stirring occasionally, then reduce heat and add:

   3 stalks celery, minced

   1 clove garlic, minced

   ⅛ teaspoon ground nutmeg

   Dash of cayenne pepper

   4 tablespoons whole wheat flour

   Few grains sea salt

3. Simmer, stirring, for 3 minutes, then add:

   ¼ cup dry white wine

   ¼ cup any variety stock or water

4. Cover and simmer for 10 minutes, then turn off heat and stir in:

   2 cups milk

5. Spread on plastic-covered trays and dehydrate 5½ hours at 145°F.

6. To rehydrate, cover with water, boil, stir, and serve.

7. Serve with crackers (see Chapter Three).

Chicken Chowder

◆ ◆ ◆

4 servings

1. Heat in a cast-iron Dutch oven over medium heat:

   3 tablespoons canola oil

   When the oil is hot, add:

   1 onion, minced

   2 medium potatoes, scrubbed but not peeled, minced

   1 carrot, minced

   Cook, stirring occasionally, until browned.

2. Add and bring to a boil:

   6 cups chicken broth

   1 cup corn kernels, fresh, canned or frozen

   2 cups peeled and chopped tomatoes

   ½ cup raw brown rice, rinsed

   5 cups cabbage, minced

   1 tablespoon fresh rosemary, minced, or 1 teaspoon dried

   1 teaspoon sea salt

   ½ teaspoon freshly ground white pepper

   1 tablespoon honey

3. Simmer for 1 hour. Turn off heat and add:

   Juice of 1 fresh lemon

4. Spread on plastic-covered trays and dehydrate for 5 hours at 145°F.

5. To rehydrate, cover with water, boil, stir, and serve.

Use fresh, canned, or frozen corn.

133

Corn-Potato Chowder

◆ ◆ ◆

4 servings

1. Heat a large cast-iron Dutch oven over high heat, then add:

   2 tablespoons olive oil

   Add and sauté, stirring constantly, until transparent:

   1 onion, finely chopped

   Add and sauté until lightly browned:

   5 medium-sized new potatoes, scrubbed but not peeled, finely chopped

2. Reduce heat to medium, add and sauté for 3 minutes:

   5 whole fresh mushrooms, finely chopped

3. Add:

   2 tablespoons soy or whole wheat flour
   1 stalk celery, finely chopped
   2 cups any variety stock or water
   2 cups whole corn kernels, fresh or canned, drained
   1 teaspoon fresh thyme, minced, or 1/2 teaspoon dried
   2 cloves garlic, finely minced
   1/2 teaspoon sea salt
   1/2 teaspoon freshly ground black pepper

Bring to a boil, then reduce heat to low, cover, and simmer for 30 minutes.

4. Add and heat:

   1 tablespoon butter or margarine
   1 cup milk

5. Spread on plastic-covered trays and dehydrate for 6 hours at 145°F.

6. To rehydrate, cover with water, boil, stir, and serve.

Barley-Bean Soup

◆ ◆ ◆

4 servings

1. Cook:
   ¾ cup dried kidney beans (see Chapter Seven) or use
      1¾ cups canned beans, drained
   Reserve the bean liquid.
2. Wash, then drain thoroughly:
   ¼ cup pearled barley
3. Heat a cast-iron Dutch oven over high heat. Add:
   1 tablespoon corn or soy oil
   When the oil is hot, add:
   1 onion, minced
   When the onion is soft, add the drained barley and:
   1 cup whole fresh mushrooms, finely chopped
   1 carrot, finely minced

Sauté the vegetables until well browned, reducing heat as necessary.

4. Add to the cooked vegetables the cooked kidney beans, reserved bean liquid (enough to cover), and:
   2 teaspoons fresh rosemary, minced, or 1 teaspoon dried
   1 teaspoon freshly ground black pepper
   1 teaspoon sea salt
5. Bring to a boil, then simmer the soup for 30 minutes, or until the barley is tender.
6. Spread on plastic-covered trays and dehydrate for 5½ hours at 145°F.
7. To rehydrate, cover with water, boil, stir, and serve.

Minestrone

4 servings

Small amounts of many different vegetables give this soup its characteristic flavor.

1. Cook:

   ½ cup dried kidney beans (see Chapter Seven) or use
   1⅓ cups canned beans

   Drain the beans in a colander, reserving the liquid.

2. Heat a cast-iron Dutch oven over high heat. Add:

   2 tablespoons olive oil

   When the oil is hot, add:

   1 onion, minced

   When the onion is soft, add:

   1 carrot, minced
   6 green beans, finely chopped
   1 small zucchini, finely chopped
   3 small new potatoes, scrubbed but not peeled, minced

Sauté the vegetables, stirring occasionally, until they are thoroughly browned, then add the 1⅓ cups cooked beans, along with:

   3 cups reserved bean liquid
   4 whole tomatoes, chopped
   2 teaspoons fresh thyme, minced, or 1 teaspoon dried
   2 teaspoons fresh oregano, minced, or 1 teaspoon dried
   1 teaspoon fresh sage, minced, or ½ teaspoon dried
   1 teaspoon sea salt
   Pinch of cayenne pepper

3. Simmer the soup for 30 minutes, then add:

   ½ cup tiny soup noodles

   Simmer for 10 minutes more.

4. Spread the soup on plastic-covered trays and dehydrate for 5½ hours at 145°F.

5. To rehydrate, cover with water, boil, stir, and serve.

Pumpkin–Sweet Potato Soup

◆ ◆ ◆

4 servings

1. Heat a cast-iron Dutch oven over low heat. Add:

   3 tablespoons canola oil

   When the oil is hot, add:

   1 large onion, minced

   2 medium sweet potatoes, scrubbed but not peeled, finely chopped

   ½ teaspoon cayenne pepper

   ½ teaspoon dried mustard

   ½ teaspoon ground ginger

   ½ teaspoon ground nutmeg

   ¾ teaspoon sea salt

   Sauté, stirring occasionally, for 20 minutes.

2. Add and simmer, covered, for 20 minutes:

   2 cups cooked and puréed pumpkin

   3 cups any variety stock

   4 cloves garlic, minced

   1 tablespoon honey

3. Remove from heat. Purée in a blender or food processor.

4. Spread on plastic-covered trays and dehydrate for 5 hours at 145°F.

5. To rehydrate, cover with water, boil, stir, and serve.

The pumpkin is cooked and puréed

CHAPTER FIVE

• • •

Backpack Snacks and Desserts

Chocolate or Carob Chip Cookies

◆ ◆ ◆

7 dozen cookies

1. Preheat oven to 325°F. Oil baking sheets.

2. Beat together in a large bowl:
   - ½ cup margarine, softened
   - 1¼ cups brown sugar
   - 1 whole egg plus 1 egg white
   - 1 teaspoon vanilla extract
   - 1 teaspoon fresh lemon juice
   - ½ teaspoon ground cinnamon

3. Mix together in a medium bowl:
   - 1¼ cups whole wheat flour
   - ¼ cup rolled oats
   - 1 teaspoon baking soda

4. Add the flour mixture to the sugar mixture. Beat thoroughly. Stir in:
   - 2 cups semisweet chocolate or carob chips
   - ½ cup any variety nuts, chopped
   - ½ cup unsweetened shredded coconut

   Blend well.

5. Drop the batter by teaspoonful onto oiled baking sheets. Bake for 8 minutes, or until very light brown. Remove cookies from baking sheets immediately, while still soft.

Oatmeal Cookies

◆ ◆ ◆

3 dozen cookies

↲ to 350°F.

2. ...ner in a small bowl:

   1 w... e egg plus 1 egg white
   ½ cup raisins
   1 teaspoon vanilla extract
   1 teaspoon finely grated lemon rind

   Set aside.

3. Beat together in a large bowl:

   ½ cup corn oil
   1 cup honey

Add:

   1 cup whole wheat flour
   ¼ cup unbleached white flour
   1 tablespoon oat or wheat bran
   1 teaspoon ground cinnamon
   1 teaspoon baking soda

Beat well.

4. Add the egg and raisin mixture to the flour mixture, along with:

   1 cup rolled oats
   1 cup any variety nuts, chopped

Mix thoroughly.

5. Drop by teaspoonful onto ungreased baking sheets. Bake at 350°F for 10–12 minutes, or until very lightly browned.

Russian Tea Cakes

◆ ◆ ◆

3 dozen cookies

1. Preheat oven to 300°F.

2. Cream together:
   ½ cup margarine
   3 tablespoons brown sugar
   1 teaspoon vanilla extract

3. Grind in a blender or meat grinder:
   1½ cups pecans, almonds, or walnuts

4. Sift, then measure:
   ½ cup whole wheat flour
   ½ cup unbleached white flour

5. Blend the flours into the margarine mixture. Add the ground nuts.

6. Oil a baking sheet.

7. Roll the dough into balls the size of small walnuts, and place them on the baking sheet.

8. Bake for 30 minutes, or until bottoms are lightly browned.

9. While the cakes are hot, roll them in:
   Sifted confectioners' sugar

10. Replace the cakes on the baking sheet, and return them to the oven for 3 minutes.

11. Let cool completely before wrapping the cakes individually in plastic wrap and storing in plastic bags.

Sesame Seed Cookies

♦ ♦ ♦

30 cookies

These are delicious and nutritious.

1. Preheat oven to 350°F.

2. Brown in a cast-iron skillet over medium heat, stirring frequently:

   1 cup sesame seeds
   ¾ cup grated unsweetened coconut

3. Beat together in a large bowl:

   ¾ cup corn oil
   ¾ cup honey
   1 egg
   1 teaspoon vanilla extract

4. Mix together in a medium bowl:

   1½ cups whole wheat flour
   ¼ cup unbleached white flour
   ¼ cup soya flour
   ½ teaspoon baking powder
   ½ teaspoon baking soda

5. Add the flour mixture to the oil mixture. Beat thoroughly.

6. Blend in the toasted seeds and coconut.

7. Roll the dough into balls the size of small walnuts and place them 2 inches apart on ungreased baking sheets. Dip a fork into cold water and use it to flatten cookies.

8. Bake at 350°F for 12 minutes, or until lightly browned.

Snickerdoodles

◆ ◆ ◆

5 dozen cookies

These are cinnamon cookies with crinkled tops.

1. Cream together in a large bowl:

   ½ cup margarine

   ¾ cup brown sugar

   Beat in:

   1 egg

2. Mix together in a smaller bowl:

   1 cup whole wheat flour

   ⅔ cup unbleached white flour

   ½ teaspoon baking powder

   ½ teaspoon baking soda

   ½ teaspoon ground nutmeg

3. Gradually add the flour mixture to the egg mixture.

4. Cover the dough and refrigerate for several hours.

5. Preheat oven to 400°F.

6. Roll the dough into balls the size of small walnuts. Roll them in a mixture of:

   1 tablespoon brown sugar

   1 tablespoon ground cinnamon

7. Place the cookies 2 inches apart on ungreased baking sheets.

8. Bake for 8–10 minutes, or until lightly browned but still soft.

Ranger Cookies

◆ ◆ ◆

3 dozen cookies

at cookies.

1. Pre[...] to 350°F.

2. Cream together in a large bowl:

    ½ cup margarine
    ½ cup honey
    ½ cup brown sugar

    Beat in:

    1 egg
    ½ teaspoon vanilla extract

3. Mix together in a medium bowl:

    ½ cup whole wheat flour
    ½ cup unbleached white flour
    ½ teaspoon baking soda
    ½ teaspoon baking powder
    ½ cup rolled oats
    ½ cup any variety nuts, chopped
    ½ cup shredded unsweetened coconut
    ½ cup whole wheat flakes cereal or toasted rice cereal

4. Oil baking sheets.

5. Gradually add the dry ingredients to the liquid mixture.

6. Roll the dough into 1-inch balls, and place them 2 inches apart on the baking sheets.

7. Bake at 350°F for 10 minutes, or until lightly browned.

Pecan Pie Bars

◆ ◆ ◆

2 dozen bars

1. Preheat oven to 350°F. Oil a 9-inch square pan.

2. Cream together in a medium bowl:

   ⅓ cup corn oil
   ⅓ cup brown sugar

   Add:

   ½ cup unbleached white flour
   ½ cup whole wheat flour
   3 tablespoons wheat germ

   Blend well. Press into oiled pan, evenly covering bottom of pan.

   Bake for 18 minutes at 350°F. Let cool for 10 minutes.

3. Beat together in the same bowl:

   1 whole egg plus 2 egg whites
   ½ cup brown sugar
   ½ cup light corn syrup
   1 teaspoon vanilla extract

   Stir in:

   1 cup pecans, chopped

   Spread nut mixture over crust. Bake at 350°F for 30 minutes longer. Let cool, then cut into bars.

Ginger Snaps

◆ ◆ ◆

52 2-inch cookies

1. Preheat oven to 350°F.

2. Beat together in a large bowl:

   1 cup brown sugar
   ½ cup canola oil
   ⅓ cup dark molasses
   ¼ cup honey
   1 egg
   1 teaspoon cider vinegar

3. Stir in:

   1 cup whole wheat flour
   1 cup unbleached white flour
   ½ teaspoon baking soda
   ½ teaspoon baking powder
   2 teaspoons ground ginger
   2 teaspoons ground allspice
   2 teaspoons ground cinnamon
   Blend well.

4. Oil baking sheets. Form dough into balls the size of walnuts and place 2 inches apart on baking sheets. Flatten the balls with a fork dipped in cool water. Bake at 350°F for 7 minutes, remove from oven, and let cool on baking sheets for a few minutes. Then lift cookies onto racks and cool completely.

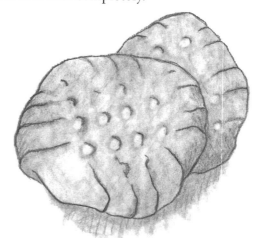

Let the cookies cool for a few minutes.

Thumb Print Cookies

◆ ◆ ◆

4 dozen cookies

1. Beat together in a large bowl:
   ⅔ cup margarine
   ½ cup brown sugar
   1 whole egg plus 1 egg white
   1 teaspoon vanilla extract

2. Sift together in a medium bowl:
   1¼ cups whole wheat flour
   1¼ cups unbleached white flour
   ¼ cup wheat germ
   1 teaspoon baking powder

3. Add the dry ingredients to the liquid ones, beating thoroughly.

4. Cover the bowl of dough tightly and refrigerate it for several hours.

5. Preheat oven to 350°F. Oil baking sheets.

6. Roll the dough into balls the size of small walnuts. Place them on baking sheets.

7. Bake the cookies at 350°F for 6 minutes. Remove them from the oven. Using your thumb, or the back of a spoon, press a well into the center of each cookie. Return the cookies to the oven and bake for 7 minutes longer, or until light brown. Let them cool completely.

8. Fill the centers of the cookies with:
   Any fruit jam

Fresh Fruit Bars

◆ ◆ ◆

one 9-by-13-inch pan

These are sweet and rich.

1. Preheat oven to 350°F.

2. Mix together in a large bowl:

   1 cup whole wheat flour
   1 cup unbleached white flour
   ½ cup brown sugar
   ½ teaspoon baking powder

   Cut in:

   ¾ cup chilled margarine

   Add:

   1 whole egg plus 1 egg white, beaten

   Press the dough mixture into one 9-by-13-inch oiled pan.

3. Prepare fruit filling.

   4 cups thinly sliced fruit—peeled apples or unpeeled peaches or apricots

Mix the sliced fruit with:

   ⅓ cup honey
   ¼ cup whole wheat flour
   1 tablespoon ground cinnamon

4. Spread the fruit filling over the dough mixture.

5. Prepare crumb topping. Blend together in a medium bowl:

   ½ cup brown sugar
   ½ cup whole wheat flour
   ½ cup margarine
   ½ cup whole wheat bread crumbs
   1 tablespoon ground cinnamon

6. Crumble topping over the fruit filling.

7. Bake at 350°F for 50 minutes.

8. Let cool completely before cutting into bars.

Blueberry Bars

◆ ◆ ◆

one 9-by-13-inch pan

1. Preheat oven to 375°F.

2. Cream together in a large bowl:
   1½ cups margarine
   1¼ cups dark brown sugar
   1 teaspoon vanilla extract

3. Gradually add:
   3 cups whole wheat flour
   1 cup rolled oats
   2 tablespoons oat or wheat bran

4. Oil a 9-by-13-inch pan.

5. Firmly press half of the dough into the pan, forming a crust.

6. Bake for 10 minutes at 375°F.

7. Spread over the baked crust:
   2½ cups unsweetened blueberry (or other fruit) jam

8. Crumble the rest of the dough evenly over the jam.

9. Bake 15 minutes longer at 375°F.

10. Let cool completely before cutting into bars.

Fruit-Filled Bars

◆ ◆ ◆

one 8-inch square pan

1. Combine in a saucepan:

   1½ cups any dried fruit slices, chopped

   1 cup water

   Simmer for 15 minutes over low heat. Add:

   2 tablespoons honey

   1 tablespoon fresh lemon juice

   Set aside.

2. Preheat oven to 350°F.

3. Beat together in a large bowl:

   ½ cup honey

   ⅓ cup corn oil

4. Mix together in a medium bowl:

   1¼ cups whole wheat flour

   1 cup rolled oats

   ¾ cup pecans, chopped

   ¼ cup wheat germ

   3 tablespoons oat or wheat bran

   ½ teaspoon baking soda

5. Gradually add the flour mixture to the honey mixture. Blend.

6. Oil an 8-inch square pan.

7. Spread half the oat mixture in the pan. Top with the fruit mixture. Crumble the remaining oat mixture over the top. Pat down.

8. Bake at 350°F for 30 minutes, or until browned.

9. Let cool completely before cutting into bars.

Black Rock Desert Brownies

◆ ◆ ◆

one 9-inch square pan

1. Preheat oven to 350°F.

2. Melt, then let cool to room temperature:

   2 ounces (2 squares) unsweetened chocolate

3. Cream together in a large bowl:

   ½ cup margarine

   1 cup brown sugar

4. Add the melted chocolate to the sugar mixture, along with:

   1 teaspoon vanilla extract

5. Oil a 9-inch square pan.

6. Sift together:

   ⅝ cup whole wheat flour

   1 tablespoon wheat germ

   ½ teaspoon baking powder

   Sift flour mixture once again, then add it to the liquid ingredients. Beat well.

7. Stir in:

   1 cup walnuts, chopped

   ½ cup chilled semisweet chocolate chips

8. Spread batter in oiled pan and bake for 25 minutes, or until toothpick inserted in center comes out clean.

9. Let cool completely before cutting into bars.

Butterscotch Brownies

◆ ◆ ◆

one 9-inch square pan

These pack well.

1. Preheat oven to 350°F.
2. Cream together in a large bowl:
   ⅓ cup corn oil
   1 cup brown sugar
   Beat in:
   1 whole egg plus 1 egg white
   1 teaspoon vanilla extract
3. Mix together in a medium bowl:
   1 cup whole wheat flour
   1½ teaspoons baking powder

4. Oil a 9-inch square pan.
5. Gradually add the flour mixture to the egg mixture, mixing just until blended. Stir in:
   1 cup any variety nuts, chopped
   1 cup grated unsweetened coconut
6. Spread the batter in the oiled pan and bake for 20–25 minutes, or until toothpick inserted in center comes out clean.
7. Let cool completely before cutting into bars.

Honey-Oat Granola Bars

◆ ◆ ◆

one 9-by-13-inch pan

1. Preheat oven to 350°F.
2. Beat together in a large bowl:

    1 cup honey

    1 cup corn oil

    3 tbsp peanut butter

    1 whole egg plus 1 egg white

    1 teaspoon vanilla extract

3. Add:

    1½ cups whole wheat flour

    ¼ cup soya flour

    ¼ cup wheat germ

    2 cups rolled oats

    1 tablespoon ground cinnamon

    2 teaspoons ground allspice

    1 teaspoon ground nutmeg

    1 teaspoon baking soda

4. Stir in:

    1 cup raisins

    1 cup any variety nuts, chopped

    1 cup shredded unsweetened coconut

5. Oil a 9-by-13-inch pan.
6. Spread the dough evenly in the pan and bake at 350°F for 20–25 minutes, or until toothpick inserted in center comes out clean.
7. Let stand for 20 minutes.
8. Heat in a small saucepan:

    ⅓ cup honey

    3 tablespoons margarine

9. Drizzle the honey topping evenly over the cake.
10. Let cool completely before cutting into bars.

Sierra Energy Bars

◆ ◆ ◆

2 dozen bars

1. Preheat oven to 350°F.

2. Blend together in a large bowl:

   1 cup soy oil
   1 cup honey
   1 whole egg plus 1 egg white
   ⅔ cup water
   ¼ cup dry milk
   2 tablespoons vanilla extract
   2 teaspoons ground nutmeg
   2 teaspoons ground cinnamon
   ¼ teaspoon ground ginger

3. Gradually add:

   2 cups whole wheat flour
   1 teaspoon baking soda

4. Slowly blend in:

   1 cup raisins
   1 cup dates, chopped
   1 cup any variety nuts, chopped

5. Gradually blend in:

   4 cups rolled oats

6. Oil a 12-by-18-inch rimmed baking sheet.

7. Press the dough evenly onto the oiled baking sheet.

8. Bake at 350°F for 20 minutes.

9. Let cool completely before cutting into bars.

Peanut Butter Bars

◆ ◆ ◆

one 9-by-13-inch pan

1. Preheat oven to 350°F.

2. Cream together in a large bowl:
   ⅓ cup margarine
   ¼ cup peanut butter
   1 cup honey
   Beat in:
   1 whole egg plus 1 egg white
   1 teaspoon vanilla extract

3. Mix together in a medium bowl:
   1¼ cups whole wheat flour
   2 tablespoons wheat germ
   1 teaspoon baking powder

4. Oil a 9-by-13-inch pan.

5. Gradually add the flour mixture to the honey mixture, stirring just until blended. Add:
   1 cup unsalted peanuts, chopped
   ¼ cup shredded unsweetened coconut

6. Spread the batter in the oiled pan and bake at 350°F for 25–30 minutes, or until toothpick inserted in center comes out clean.

7. Let cool completely, then cut into bars.

Scimitar Pass Energy Bars

◆ ◆ ◆

one 9-by-13-inch pan

1. Place in a large saucepan:

   ¾ cup honey

   1½ cups peanut butter

   Stir over very low heat until smooth.

2. Remove from heat and add:

   8 cups puffed rice cereal

   1 cup dry roasted, unsalted peanuts, coarsely chopped

3. Stir well. Press firmly into an oiled 9-by-13-inch glass casserole dish.

4. Chill in refrigerator until firm.

5. Cut into bars.

Raisin Spice Cake

◆ ◆ ◆

one 10-inch square cake

This is an egg- and milk-free cake.

1. Bring to a boil in a large saucepan:

   ¾ cup brown sugar

   1 cup water

   ½ cup canola oil

   ¼ cup molasses

   1½ cups raisins

   2 teaspoons ground cinnamon

   1 teaspoon ground nutmeg

   1 teaspoon ground allspice

   Simmer for 8 minutes, then cool for 15 minutes.

2. Preheat oven to 325°F. Oil a 10-inch square pan.

3. Mix together in a cup, then add to saucepan:

   1 tablespoon water

   1 teaspoon baking soda

   ⅛ teaspoon sea salt

4. Add to saucepan and beat well:

   1 cup whole wheat flour

   1 cup unbleached white flour

   1 teaspoon baking powder

5. Spread batter in oiled pan and bake at 325°F for 45 minutes, or until toothpick inserted in center comes out clean.

Lemon Bread

◆ ◆ ◆

one 9-by-5-inch loaf

1. Preheat oven to 325°F.

2. Oil a 9-by-5-inch loaf pan.

3. Cream together in a large bowl:
   ½ cup margarine
   ½ cup brown sugar
   Beat in:
   Finely grated rind of 2 lemons
   Juice of 2 fresh lemons
   1 whole egg plus 1 egg white
   ½ cup water
   3 tablespoons dry milk

4. Sift together in a medium bowl:
   1 cup whole wheat flour
   ¾ cup unbleached white flour
   2 teaspoons baking powder

5. Gradually add the dry mixture to the liquid mixture. Beat well. Stir in:
   ½ cup pecans, chopped

6. Pour the batter into the oiled pan. Bake at 325°F for 50 minutes, or until toothpick inserted in center comes out clean.

Apple Cake

◆ ◆ ◆

one 9-inch square cake

1. Preheat oven to 350°F.

2. Grate and set aside:
   3 whole unpeeled tart apples

3. Beat together in a large bowl:
   1 cup honey
   1/2 cup corn oil
   1 egg

4. Sift together in a medium bowl:
   1 1/2 cups whole wheat flour
   2 teaspoons ground cinnamon
   1 teaspoon ground allspice
   1/2 teaspoon ground nutmeg
   1/2 teaspoon baking powder
   1/2 teaspoon baking soda

Sift again.

5. Oil a 9-inch square pan.

6. Gradually add dry ingredients to liquid ones. Mix well. Stir in the grated apples, along with:
   1/2 cup raisins
   1/2 cup walnuts, chopped

7. Spread the batter in the oiled pan and bake at 350°F for 50–55 minutes, or until toothpick inserted in center comes out clean.

Apple Cider Loaf

♦ ♦ ♦

one 9-by-5-inch loaf

1. Preheat oven to 350°F. Oil and flour one 9-by-5-inch loaf pan.

2. Beat together in a large bowl:
   - **½ cup corn oil**
   - **⅔ cup honey**
   - **1 whole egg plus 1 egg white**

3. Sift together in a medium bowl:
   - **1¼ cups whole wheat flour**
   - **½ cup unbleached white flour**
   - **1½ teaspoons baking powder**
   - **1 teaspoon ground cinnamon**
   - **1 teaspoon ground allspice**
   - **½ teaspoon grated nutmeg**

4. Add the dry ingredients to the liquid ones, alternately with:
   - **½ cup apple cider**
   - **1 tablespoon lemon juice**

   Beat well.

5. Pour the batter into the oiled pan and bake at 350°F for 30 minutes, then reduce heat to 325°F and bake for 15–20 minutes longer, or until toothpick inserted in center comes out clean.

Harvest Bread

◆ ◆ ◆

one 9-by-5-inch loaf

1. Preheat oven to 350°F. Oil a 9-by-5-inch loaf pan.

2. Scrub but do not peel:

   1 medium carrot

   1 medium zucchini

   Grate and set aside a total of 1¼ cups shredded carrot and zucchini.

3. Beat together in a large bowl:

   1 whole egg plus 1 egg white

   1 cup honey

   ¾ cup soy oil

4. Mix together in a medium bowl:

   1 cup whole wheat flour

   ¼ cup unbleached white flour

   ¼ cup soya flour

   1 teaspoon ground allspice

   1 teaspoon ground cinnamon

   1 teaspoon baking powder

   ½ teaspoon baking soda

5. Add the dry ingredients to the liquid ones, blending thoroughly. Stir in the grated carrot and zucchini, along with:

   ½ cup raisins

6. Spoon the batter into the oiled pan and bake at 350°F for 30 minutes, then reduce heat to 325°F and bake for 20 minutes longer, or until toothpick inserted in center comes out clean.

Easy Cranberry Cake

◆ ◆ ◆

one 8-inch square cake

1. Preheat oven to 350°F. Oil and flour an 8-inch square pan.

2. Beat together in a large bowl:
   ¾ cup honey
   3 tablespoons corn oil
   1 egg
   Juice of 1 fresh lemon

3. Mix together in a medium bowl:
   1 cup whole wheat flour
   1 cup unbleached white flour
   2 tablespoons wheat germ
   1 teaspoon baking powder
   1 teaspoon baking soda
   ¾ cup pecans, chopped

4. Add the dry ingredients to the liquid ones, alternately with:
   1 16-ounce can whole cranberry sauce
   Beat very briefly. Spread the batter in the prepared pan.

5. Bake at 350°F for 55 minutes, or until toothpick inserted in center comes out clean.

Yogurt Cake

◆ ◆ ◆

one 9-by-13-inch cake

1. Preheat oven to 325°F. Oil a 9-by-13-inch glass casserole dish.

2. Beat together in a large bowl:
   ½ cup margarine, softened
   1 cup brown sugar
   1 whole egg plus 1 egg white
   1 cup plain yogurt
   1 teaspoon vanilla extract

3. Sift together in a medium bowl:
   1 cup whole wheat flour
   1 cup unbleached white flour
   1 teaspoon baking powder
   1 teaspoon baking soda

4. Prepare topping. Mix together in a small bowl:
   ½ cup brown sugar
   1 tablespoon ground cinnamon
   1 tablespoon whole wheat flour
   Cut in:
   3 tablespoons margarine
   Stir in:
   1 cup any variety unsalted nuts, chopped
   ⅓ cup wheat germ
   Set aside.

5. Add the flour–baking powder mixture to the yogurt mixture. Stir thoroughly. Spread the batter in the prepared baking dish.

6. Sprinkle topping evenly over the batter, and press gently.

7. Bake at 325°F for 35 minutes, or until toothpick inserted in center comes out clean.

Oatmeal Cake

◆ ◆ ◆

one 9-by-13-inch pan

1. Mix together in a heavy bowl:
   1 cup rolled oats
   ½ cup corn oil
   ½ cup honey
   1⅓ cups boiling water
   Let cool for 20 minutes.

2. Preheat oven to 350°F. Oil a 9-by-13-inch pan.

3. Beat together in a large bowl:
   1 whole egg plus 2 egg whites
   1 cup brown sugar
   4 teaspoons vanilla extract
   ½ cup whole wheat flour
   1¼ cups unbleached white flour
   2 tablespoons wheat germ
   1 teaspoon baking soda
   2 teaspoons ground cinnamon
   Add the oatmeal mixture and beat well.

4. Pour into the oiled pan and bake at 350°F for 30 minutes, or until toothpick inserted in center comes out clean.

5. Mix topping. Bring to a boil in a heavy skillet:
   ½ cup butter or margarine
   ¾ cup brown sugar
   2 tablespoons nonfat dry milk
   3 tablespoons water
   Remove from heat and stir in:
   1½ cups unsweetened shredded coconut
   ¾ cup any variety nuts, chopped

6. Spread topping evenly over hot cake. Place cake under hot broiler for 1 minute, or until topping is browned and bubbly.

Cheddar Cheese Bread

◆ ◆ ◆

one 8-inch square pan

1. Preheat oven to 350°F. Oil and flour an 8-inch square pan.

2. Beat together in a large bowl:
   1 whole egg plus 1 egg white
   ⅓ cup olive oil
   ⅔ cup water
   3 tablespoons brown sugar

3. Mix together in a medium bowl:
   1 cup whole wheat flour
   ½ cup unbleached white flour
   3 tablespoons dry milk
   1 teaspoon dried thyme
   1 teaspoon baking powder
   ½ teaspoon baking soda

4. Prepare and set aside:
   1 stalk celery, minced
   3 green onions, minced
   1 cup grated cheddar cheese
   1 cup any variety nuts, chopped

5. Add the flour mixture to the egg mixture and beat vigorously. Stir in the nuts, cheese, and vegetables.

6. Pour batter into the prepared pan and bake at 350°F for 30 minutes, or until toothpick inserted in center comes out clean.

Savory Cheese Cakes

◆ ◆ ◆

2 dozen or more cakes

1. Preheat oven to 350°F.

2. Cream together:
   - ½ cup margarine
   - ½ cup grated sharp cheddar cheese
   - ½ cup grated mozzarella cheese
   - 2 ounces grated Parmesan cheese
   - 1 teaspoon Salt-Free Vegetable Seasoning (see Chapter Seven) or use commercial seasoning
   - 1 teaspoon Worcestershire sauce
   - 2 jalapeño peppers, fresh or canned, seeded and minced

3. Gradually blend in:
   - 1⅓ cups whole wheat flour

4. Form the dough into balls the size of small walnuts, and place them on an ungreased baking sheet. Flatten balls with the palm of your hand.

5. Bake for 12–15 minutes, or until lightly browned on bottoms.

6. When completely cool, wrap individually in plastic wrap and store in plastic bags.

Easy Dips/Spreads

◆ ◆ ◆

To rehydrate, simply add water.

Hummus

4 servings, about 2 cups

1. Cook, then drain:

   ³/₄ cup dried garbanzo beans (see Chapter Seven) or use 2 cups canned beans, drained

2. Place beans in blender and add:

   ½ cup plain nonfat yogurt
   3 cloves garlic, minced
   ¼ cup olive oil
   ¼ cup sesame seeds
   Juice of 1 fresh lemon
   ¼ teaspoon cayenne pepper
   ½ teaspoon sea salt

3. Grind to a paste. Spread on plastic-covered trays and dehydrate for 3½ hours at 145°F.

4. To rehydrate, add a little water, stirring, until dip consistency is obtained. Serve with crackers, tortillas, chapatis, or pita bread (see chapters Three and Seven).

Dairy Dip

4 servings, about 2 cups

1. Beat together in a medium bowl:

   2 cups plain nonfat yogurt
   2 tablespoons fresh parsley, minced
   3 green onions, minced
   ¼ teaspoon sea salt
   Pinch of cayenne pepper

2. Spread on plastic-covered trays and dehydrate at 145°F for 2½ hours.

3. To rehydrate, cover with water, let stand for 10 minutes, stir, and serve.

Shrimp Spread

4 servings, about 2 cups

1. Mix together in a large bowl:

   ½ pound shelled shrimp or crab, cooked and finely chopped

   1 cup plain nonfat yogurt

   1 cup salsa

   1 green bell pepper, finely chopped

   6 green onions, minced

   ¼ cup fresh parsley, minced

2. Spread on plastic-covered trays and dehydrate for 4 hours at 145°F.

3. To rehydrate, barely cover with water. Let stand for 10 minutes, stir, and serve with crackers, tortillas, chapatis, or pita bread (see chapters Three and Seven).

Black Bean Dip

4 servings, about 2 cups

1. Cook:

   1 cup dried black beans (see Chapter Seven) or use 2½ cups canned beans

   Drain, reserving bean liquid.

2. Place the beans in a blender or food processor and add:

   4 cloves garlic, minced

   3 jalapeño peppers, fresh or canned, seeded and minced

   1 tablespoon honey

   1 tablespoon red or white wine vinegar

   1 teaspoon chili powder

   1 teaspoon tamari soy sauce

   ½ teaspoon sea salt

   Purée until smooth. If too thick, add bean liquid, 1 tablespoon at a time.

3. Spread on plastic-covered trays and dehydrate for 3 hours at 145°F.

4. To rehydrate, cover with water, let stand 15 minutes, stir, and serve.

Nutty Snacks

◆ ◆ ◆

Roasted Nuts

1 pound

1. Preheat oven to 300°F.
2. Heat in a large cast-iron skillet:
   2 teaspoons olive oil
3. Add:
   1 pound any variety shelled, unsalted nuts
   Stir until coated.
4. Add and stir until coated:
   1 tablespoon Worcestershire sauce
   ½ teaspoon paprika
   ½ teaspoon ground allspice
5. Spread the nuts on a rimmed baking sheet and roast for 15–20 minutes, stirring once.
6. Cool, then store in plastic zip-top bags.

Chili Nuts

1 pound

1. Preheat oven to 300°F.
2. Heat in large cast-iron skillet:
   1 tablespoon olive oil
3. Add:
   1 pound any variety shelled, unsalted nuts
   Stir until coated.
4. Add and stir until coated:
   1 tablespoon chili powder
   ½ teaspoon ground cumin
   ½ teaspoon garlic powder
5. Spread nuts on a rimmed baking sheet and roast for 15–20 minutes, stirring once.
6. Cool, then store in plastic zip-top bags.

Curried Peanuts

1 pound

1. Preheat oven to 300°F.
2. Heat in a large cast-iron skillet:
   1 tablespoon margarine
3. Add:
   1 pound unsalted peanuts
   1 tablespoon sunflower seeds
   Stir until coated.
4. Add and stir until coated:
   1 teaspoon curry powder
   ½ teaspoon celery seed, crushed
5. Spread nuts on a rimmed baking sheet and roast for 15–20 minutes, stirring once.
6. Cool, then store in plastic zip-top bags.

Tamari Nuts

1 pound

1. Preheat oven to 300°F.
2. Heat in a large cast-iron skillet:
   2 teaspoons olive oil
3. Add:
   1 pound unsalted almonds, cashews, pecans, peanuts, or walnuts
   Stir until coated.
4. Add and stir until coated:
   1 tablespoon tamari soy sauce
   1 tablespoon sesame seeds
   ½ teaspoon garlic powder
5. Spread nuts on a rimmed baking sheet and roast for 15–20 minutes, stirring once.
6. Cool, then store in plastic zip-top bags.

Fruit and Vegetable Snacks

◆ ◆ ◆

Stuffed Dates

1. Stuff pitted, dried dates with:
   Peanut butter
2. Roll the stuffed dates in:
   Finely grated unsweetened coconut
3. Wrap dates individually in plastic wrap, then store in a plastic bag.

Vegetable Chips

1. Slice any of the following ⅛-inch to ¼-inch thick:
   Fresh mushrooms, washed and drained
   Zucchini, or other young, tender summer squash, washed and drained
   Firm, ripe tomatoes, washed and drained
   Parsnip, scrubbed but not peeled, drained
2. Place the slices directly on drying trays, in a single layer. Sprinkle with:

Salt-Free Vegetable Seasoning (see Chapter Seven) or use commercial seasoning

3. Dry at 145°F for 3 hours, turning once, until crisp.

Dried Fruit

Some raw fruits and vegetables need pretreatment before drying; this inhibits the action of enzymes, which can cause spoilage. The following fruits are easily dried at home, and they make delicious snacks. If you use a dehydrator, the drying will take about 3 to 5 hours. If you dry the fruit in the sun, it will take a few days.

Apples

Wash, peel, and core firm, ripe apples. Slice them ¼-inch thick. Steam-blanch the slices over boiling water for 3 minutes, then plunge them into cold water and drain. Mix together 2 parts water to 1 part lemon juice; soak the slices in the solution for 3 minutes, then drain. Place slices on drying trays. Dry until firm and leathery.

Bananas

Peel ripe bananas. Cut them into ¼-inch-thick slices. Soak the slices for 3 minutes in a solution of 2 parts water to 1 part lemon juice. Drain the slices, then place them on drying trays. Dry until firm and leathery.

Blueberries

Wash and drain the berries in a sieve. Bring a saucepan full of water to a boil. Dip the sieve full of berries into the boiling water for 2 minutes, then plunge into cold water. Drain the berries. Place them on drying trays and dry until berries rattle when trays are shaken.

Figs

Wash, dry, and slice tree-ripened figs in half. Place them on drying trays and dry until pliable.

Grapes

Wash and remove stems from seedless grapes. Bring a saucepan full of water to a boil. Place grapes in a sieve, then dip the grapes into the boiling water for 1 minute. Plunge them into cold water. Drain the grapes, then place them on drying trays. Dry until raisins rattle when tray is shaken.

Peaches

Wash and remove fuzz. Steam-blanch whole peaches over boiling water for 5 minutes, then plunge them into cold water and drain. Slice peaches ¼-inch to ½-inch thick. Mix together 2 parts water to 1 part lemon juice; soak the peach slices in the solution for 3 minutes, then drain. Place slices on drying trays. Dry until firm and leathery.

Pears

Wash, peel, and core ripe pears. Cut them into ¼-inch-thick slices. Steam-blanch the slices over boiling water for 5 minutes, then plunge into cold water and drain. Mix together 2 parts water to 1 part lemon juice; soak the slices in the solution for 3 minutes, then drain. Place slices on drying trays. Dry until firm and leathery.

Plums

Wash and pit ripe plums. Cut them into ¼-inch-thick slices. Steam-blanch the slices over boiling water for 5 minutes, then plunge into cold water and drain. Place slices on drying trays, and dry until pliable and leathery.

Trail Mix

◆ ◆ ◆

Choose your favorite ingredients, mix them together in zip-top plastic bags, and enjoy.

Nuts
Unsalted peanuts, walnuts, pecans, pine nuts, macadamias, hickories, cashews, filberts, and/or almonds

Dried Fruit
Dates, raisins, currants, bananas, apples, pineapple, prunes, peaches, nectarines, apricots, figs, and/or coarsely shredded coconut

Seeds
Shelled sunflower or pumpkin

Candy
Chocolate, carob, or butterscotch chips

Miscellaneous
Popcorn or any cereal

◆ ◆ ◆

CHAPTER SIX

Car-Camping and Trailhead Cookery

*Prepare these recipes in camp when you have the lux-
ury of fresh ingredients—butter, eggs, cheeses, fruits,
vegetables, tofu, meats, and fish. A cooler (and a car or
boat to haul it in) makes these delicious treats possible.
They're great for meals at home, too.*

Wheat Griddlecakes

◆ ◆ ◆

4 dozen 3-inch cakes

No eggs, salt, or fats are added.

1. Mix together:

   2½ cups whole wheat flour
   ½ cup unbleached white flour
   ¼ cup dry milk
   2 tablespoons brown sugar
   2½ teaspoons baking powder

   Add:

   3½ cups water

   Beat the batter thoroughly.

2. Preheat griddle slowly to medium and spread it with:

   Few drops corn or soy oil

   Fry the cakes until bubbling has stopped and cakes are
   starting to steam, then turn them and fry for a few minutes more; the cakes are done on the second side when
   they begin to steam. Serve hot with any of the following, if desired:

   Butter or margarine
   Yogurt
   Maple syrup

Serve griddlecakes
while they're hot.

Griddlecake Variations

◆ ◆ ◆

4 dozen 3-inch cakes

Follow the recipe for Wheat Griddlecakes, increasing water to 4 cups.

For **Oatmeal Griddlecakes**, add:
  1 cup rolled oats
  2 tablespoons oat bran
  ½ teaspoon ground cinnamon
  ½ cup raisins (optional)

For **Cornmeal**, add:
  ¾ cup cornmeal

For **Buckwheat**, add:
  ½ cup buckwheat flour

For **Coconut**, add:
  2 tablespoons oat or wheat bran
  ½ cup shredded unsweetened coconut
  ½ cup any variety nuts, chopped

For **Apple**, add:
  2 apples, cored and grated, but not peeled
  ¼ cup wheat germ
  ½ teaspoon ground cinnamon

For **Peach or Apricot**, add:
  2 peaches or apricots, washed, pitted, and sliced, but not peeled
  ¼ cup wheat germ
  ¼ teaspoon ground cinnamon

For **Banana**, add:
  ¼ cup wheat germ, or oat or wheat bran
  2 ripe bananas, thinly sliced

For **Berry**, add:
  ¼ cup wheat germ
  ½ cup berries

Three-Egg Omelette

◆ ◆ ◆

1 or 2 servings

1. Prepare filling if desired, and set aside.

   For **Mushroom Filling**, sauté:

   6 fresh mushrooms, sliced

   1 teaspoon olive oil

   Cook until soft.

   For **Herb Filling**, combine:

   4 sprigs fresh parsley, minced

   3 green onions, minced

   2 teaspoons any fresh herbs, minced, or 1 teaspoon dried

   For **Cheese Filling**, add:

   ¾ cup any variety grated cheese

2. Break into a bowl:

   3 eggs

   Add:

   1 tablespoon water

   ¼ teaspoon freshly ground black pepper

   ⅛ teaspoon sea salt

   Beat the eggs very lightly until just blended.

3. Heat an omelette pan, slowly, until it's very hot. Add to the pan:

   1 tablespoon olive oil

   When the oil is hot, quickly pour in the egg mixture. Keep the pan moving with one hand, while you stir the eggs with the other. Keep lifting the cooked portion of the egg to allow the uncooked portion to run into the bottom of pan. When the eggs are half cooked, quickly place the filling on top of them.

4. Fold the omelette in half, and cover the pan. Move the pan to the edge of the fire and allow the omelette to cook over very low heat for 1 minute. Serve immediately.

Bruschetta

◆ ◆ ◆

4 servings

ory tomato-garlic toast.

1. M.. gether in a medium bowl:

    2 fresh tomatoes, chopped
    3 cloves garlic, minced
    1 bunch fresh basil, chopped
    3 tablespoons olive oil
    ⅛ teaspoon sea salt
    ¼ teaspoon freshly ground black pepper

2. Toast on grill or griddle until brown on outside but still soft inside:

    8 thick slices of bread

3. Spread tomato mixture on toast and serve immediately.

Use fresh basil.

Healthy Sandwiches

◆ ◆ ◆

Salad Sandwiches

8 sandwiches

1. Mix together in a bowl:

   2 large tomatoes, chopped
   10 pitted ripe olives, minced
   4 green onions, minced
   2 tablespoons light olive oil
   2 teaspoons red wine vinegar
   ½ teaspoon freshly ground black pepper
   ¼ teaspoon sea salt

2. Split:

   4 large crusty sandwich rolls
   Spread the tomato mixture on the rolls.

3. Slice thin:

   ½ pound mild cheese
   Place the cheese slices on top of the filling. Serve with:
   Lettuce (optional)

Tofu "Egg" Salad

4 servings

1. Rinse and drain:

   1 pound raw firm tofu
   Wrap the tofu in a towel and gently press out as much moisture as possible.

2. Put the tofu in a bowl with:

   1 teaspoon ground turmeric
   5 green onions, minced
   3 tablespoons mayonnaise
   2 stalks celery, minced
   Few grains sea salt
   Pinch of cayenne pepper

3. Mix well, mashing the tofu into fairly small pieces. Serve on any bread or crackers.

Grilled Carrot Sandwiches
16 sandwiches

1. Heat grill over medium fire or flame.

2. Mix together in a large bowl:

    8 small tender carrots, scrubbed but not peeled, grated

    4 green onions, minced

    2 tablespoons Dijon Mustard (see Chapter Three) or use commercial mustard

    5 tablespoons plain yogurt or mayonnaise

    ½ teaspoon Salt-Free Vegetable Seasoning (see Chapter Seven) or use commercial seasoning

    Few grains sea salt

3. Grill until light brown on one side:

    16 slices bread

4. Turn the bread, spread with carrot mixture, and place on top of sandwiches:

    16 thin slices of cheese

5. Grill until cheese is melted and filling is very hot.

Cream Cheese Sandwich Spread
8 sandwiches

1. Bring to room temperature:

    1 pound cream cheese

2. Mix cream cheese with:

    ⅓ cup fresh herbs (thyme, parsley, cilantro, chives, or marjoram, singly or in combination), minced

    ¼ cup milk

3. Spread on:

    8 slices bread

184

Omelette Sandwiches

4 sandwiches

1. Heat a cast-iron skillet over high heat, then add:
   2 tablespoons olive oil
   Add:
   2 onions, chopped
   When onions start to brown, reduce heat to low and add:
   2 green bell peppers, chopped
   4 whole tomatoes, chopped
   2 cloves garlic, minced
   2 tablespoons dried Italian seasoning
   ½ teaspoon sea salt
   Simmer for 20 minutes.

2. Beat lightly in a bowl:
   2 whole eggs plus 6 egg whites
   2 tablespoons water
   2 tablespoons Salt-Free Vegetable Seasoning (see Chapter Seven) or use commercial seasoning

3. In a separate omelette pan, heat over high flame:
   1 tablespoon olive oil
   When the oil is hot, add the eggs. Keep the pan moving, and gently lift the eggs to allow the runny parts to cook. Fold the omelette in half, reduce heat to very low, cover, and cook for 3 minutes.

4. Pour the cooked vegetables onto:
   4 lightly toasted sandwich rolls, split
   Sprinkle with:
   10 sprigs fresh parsley, minced

5. Divide omelette in four, and place the divided pieces in the sandwiches, on top of the vegetables.

Spicy Vegetable Salad

◆ ◆ ◆

4 servings

1. Heat in a cast-iron skillet over medium-low heat:

    2 tablespoons olive oil

    When the oil is hot, add and sauté briefly until browned:

    1 cup walnut pieces

    3/4 teaspoon cayenne pepper

    Remove from heat; set aside.

2. Steam or boil for 5 minutes, or until just tender:

    1 pound green beans, cut in thirds

    1 pound broccoli flowerettes, sliced

3. Combine in a large bowl:

    1 clove garlic, minced

    4 tablespoons cider vinegar

    3/4 teaspoon sea salt

    Add the walnuts and drained vegetables, toss, and serve.

Vegetable Sushi

◆ ◆ ◆

50 pieces

1. Mix together in a large bowl:
   1¼ cups rice vinegar or cider vinegar
   3 tablespoons honey or sugar
   1½ teaspoons sea salt

2. Cook:
   4 servings Brown Rice (see Chapter Seven)
   Cook the rice thoroughly until it is very dry and fluffy.

3. While the rice is hot, add it to the vinegar mixture. Stir thoroughly, then let it stand.

4. Cook:
   4 servings Stir-Fried Vegetables (see Chapter Seven)
   Sauté the vegetables until very browned, then add soy sauce, cover, and let cook until well done, about 10 minutes.

5. Add the cooked vegetables to the marinated rice, along with:
   10 green onions, minced
   20 sprigs fresh parsley, minced
   Mix together thoroughly.

6. Toast over an open flame:
   5 sheets nori sea vegetable, 7-by-8-inch size
   The nori is toasted when its color changes from black to greenish brown.

7. Lay the toasted nori on a board. Divide the rice into 5 portions, and lay the rice on one edge of each nori sheet.

8. Dampen your hands with cold water, and squeeze the rice into a roll that covers the full length of the nori. Roll up the rice-filled nori sheets. Seal the edges with a little cold water.

9. Place the nori rolls on a plate. Seal them in a plastic bag and chill for several hours, or overnight.

10. Cut the nori rolls crosswise, 10 pieces per roll, for a total of 50 pieces.

11. Stand rolls on end and arrange them on a serving platter. Cover the top of each roll with:
    Prepared horseradish (optional)

Tabbouleh (Bulgur Wheat Salad)

◆ ◆ ◆

4 servings

1. Cook:

    4 servings Bulgur Wheat (see Chapter Seven)

2. Place the bulgur in a sieve, rinse it with cold water, and let it drain. Put the bulgur in a cloth towel and squeeze out as much moisture as possible.

3. Mix together in a large bowl:

    Juice of 4 fresh lemons (about 1 cup juice)
    ⅔ cup light olive oil
    3 whole fresh tomatoes, chopped
    2 cups fresh parsley leaves, chopped
    1 cup fresh mint leaves, chopped
    2 cloves garlic, minced
    5 green onions, minced
    3 teaspoons sea salt
    1 teaspoon freshly ground black pepper
    Pinch of cayenne pepper

4. Marinate the bulgur in the dressing for 30 minutes, then serve the salad with:

    Lettuce or spinach leaves

Rice and Tuna Salad

9 cups

1. Cook:

   4 servings Brown Rice (see Chapter Seven)

2. Mix together in a large bowl:

   1 cup cider or red wine vinegar

   ⅓ cup olive oil

   1 teaspoon honey

   1 teaspoon Salt-Free Vegetable Seasoning (see
   Chapter Seven) or use commercial seasoning

   1 teaspoon sea salt

   1 teaspoon minced fresh thyme, or 2 teaspoons dried

   1 clove garlic, minced

   Pinch of cayenne pepper

3. Marinate the hot, cooked brown rice in the dressing
   and allow it to cool slightly.

4. Add to the rice:

   5 stalks celery, chopped

   1 green bell pepper, chopped

   1 sweet onion, minced

   10 sprigs fresh parsley, minced

   10 sprigs cilantro, minced (optional)

   1 12½-ounce can water-packed albacore tuna, drained
   and flaked

5. Serve immediately on a bed of:

   Lettuce or spinach leaves (optional)

Marinated Tofu Salad

◆ ◆ ◆

4 servings

This may be used as a sandwich spread.

1. Rinse and drain:

   1 pound firm tofu

2. Mix together in a large bowl:

   ½ cup red wine vinegar
   ¼ cup light olive oil
   2½ tablespoons tamari soy sauce
   2 cloves garlic, minced
   Hot sauce to taste

3. Slice or crumble the tofu into the above dressing. Stir in:

   2 carrots, grated
   2 stalks celery, chopped
   2 cups bean sprouts
   ¾ cup any variety unsalted nuts, chopped

4. Chill briefly in ice chest or refrigerator. Serve with:

   Lettuce or spinach leaves

Macadamia Chicken Salad

◆ ◆ ◆

8 cups

1. Remove skin from:
   4 chicken breasts
   Place them on:
   4 large pieces aluminum foil, dull side out
   Sprinkle with:
   ⅓ cup dry white wine
   Freshly ground black pepper
   Seal the foil tightly. Cook the chicken over a hot camp-fire for 15 minutes, then turn the chicken and cook 15 minutes longer. Cool the meat, then dice it.

2. Mix together in a large bowl:
   ⅔ cup olive oil
   ½ cup red wine vinegar
   1 teaspoon Salt-Free Vegetable Seasoning (see Chapter Seven) or use commercial seasoning
   1 teaspoon fresh thyme, minced, or ½ teaspoon dried
   1 teaspoon paprika
   Sea salt to taste

3. Add the diced chicken, along with:
   2 carrots, grated
   1 onion, grated
   4 stalks celery, finely chopped
   1 cup macadamia nuts, coarsely chopped
   Mayonnaise to taste

4. Serve the salad immediately, or chill it.

5. Serve with:
   Lettuce or spinach leaves (optional)

Chef's Special Salad

◆ ◆ ◆

4 servings

This makes a complete meal in itself.

1. Mix together in a 2½-quart bowl:

    ¾ cup any type vinegar

    ½ cup olive oil

    1 teaspoon dried mustard

    1 teaspoon any fresh herb, minced, or ½ teaspoon dried

    1 teaspoon sea salt

2. Add any of the following:

    1 15-ounce can any beans, drained and rinsed

    Cucumbers, thinly sliced

    Bean spouts

    Carrots, scrubbed but not peeled, grated

    Celery, chopped

    Also add any of the following vegetables, cooked until just tender, then drained:

    Green beans

    Peas

    Potatoes

    Cauliflower

    Beets

3. Place the salad in an ice chest or refrigerator, and marinate for 1 hour or longer.

4. Add to the salad any of the following:

    Any variety nuts

    Sunflower seeds, shelled

    Chives, minced

    Green onions, minced

    Parsley, minced

    Tomatoes, cut into chunks

    Green bell peppers, sliced

    Pitted olives

    Seedless grapes

    Raisins

    Hard-boiled eggs, sliced

    Cooked shrimp

    Any cheese, grated

    Cabbage, finely chopped

    Spinach, torn by hand

    Any lettuce, torn by hand

5. Toss well, then serve.

Ultimate Lentil Burgers

◆ ◆ ◆

4 burgers

1. Wash:

   1½ cups lentils

   Cover with:

   4½ cups cold water

   Boil, then reduce heat and simmer for 30 minutes.
   Do not overcook. Pour into a colander and drain for 30
   minutes.

2. Place lentils in a cloth towel, squeeze out as much
   moisture as possible, and put them in a large bowl with:

   ½ cup raw wheat germ

   1 teaspoon sea salt

   2 tablespoons chili powder

   ½ teaspoon freshly ground black pepper

   1 small green bell pepper, minced

   2 green onions, minced

   2 cloves garlic, minced

3. Mix well and form into patties. Dust with:

   Whole wheat flour

   Heat in a large heavy skillet:

   4 tablespoons olive oil

   Fry burgers over medium-high heat until dark brown,
   then turn the burgers and place on top:

   4 thin slices cheese, any type

   Cook until cheese is melted.

4. Serve with:

   4 hamburger buns

   Lettuce

   Catsup

Vegetable Burgers

◆ ◆ ◆

4 burgers

1. Heat in a heavy skillet over medium-low heat:
   2 tablespoons olive oil
   When the oil is hot, add and sauté until light brown:
   1 onion, chopped
   3 potatoes, scrubbed but not peeled, diced
   1 carrot, diced

2. Add to the skillet and blend well:
   ½ pound firm tofu, crumbled
   4 cloves garlic, minced
   1 tablespoon tamari soy sauce
   2 tablespoons peanut butter
   1 tablespoon chili powder
   1 teaspoon sea salt
   ¼ teaspoon cayenne pepper

Cover and simmer for 20 minutes.

3. Let cool briefly, then turn out onto a heavily floured board. Form into four burgers and fry them in a heavy skillet in:
   2 tablespoons olive oil
   Turn the burgers and place on top:
   4 thin slices any cheese (optional)
   Cook until cheese is melted.

4. Serve on:
   4 hamburger buns

Gazpacho

◆ ◆ ◆

4 servings

This is a refreshing chilled soup.

1. Mix together in a large bowl:

    ⅔ cup red or green salsa
    6 cups tomato juice
    3 stalks celery, chopped
    1 cucumber, peeled and diced
    2 green onions, minced
    1 green bell pepper, chopped
    5 cloves garlic, minced
    ½ cup fresh parsley, minced
    Juice of 2 fresh lemons
    ¾ cup bread crumbs

2. Chill for several hours. Serve cold.

Brunch Rolls

4 servings

1. Heat in a skillet over medium-low heat:

   2 tablespoons olive oil

   When the oil is hot, add and sauté until lightly browned:

   1 onion, minced

   20 whole fresh mushrooms, chopped

   Remove from heat and add:

   ²/₃ cup salsa

   1 cup any variety nuts, chopped

   ¹/₄ cup fresh parsley, chopped

   1 green bell pepper, chopped

   2 cups grated sharp cheddar cheese

   ¹/₂ teaspoon sea salt

2. Split partway through:

   4 sandwich rolls

   Place rolls on squares of heavy aluminum foil. Stuff rolls with mushroom mixture. Fold foil over sandwiches, sealing edges tightly.

3. Grill rolls over hot coals or stove for 20 minutes.

Quesadillas

◆ ◆ ◆

4 servings

These are Mexican grilled cheese sandwiches.

1. Grate and set aside:

   3–4 cups any variety white cheese

2. Chop and set aside:

   6 jalapeño peppers, fresh or canned, seeded and minced

   6 green onions, chopped, or 1 sweet onion, minced

3. Prepare:

   12 Gloria's Flour Tortillas or 16 Corn Tortillas (see Chapter Seven)

   Keep the tortillas warm in a folded towel placed inside a tightly closed plastic bag.

4. Sprinkle the grated cheese, chilies, and onion on the tortillas. Reheat them, a few at a time, over medium heat on a griddle, just until the cheese melts.

5. Fold the quesadillas in half and eat them out of hand.

Soft Tacos

◆ ◆ ◆

4 servings

1. For **Bean Tacos**, prepare:
   4 servings Black Bean Chili (see Chapter Four) or use
   4 cups canned refried beans
   For **Vegetable Tacos**, prepare:
   4 servings Stir-Fried Vegetables (see Chapter Seven)

2. Grate and set aside:
   1 cup any variety cheese

3. Finely chop and set aside:
   2 cups lettuce, spinach, or cabbage

4. Prepare:
   12 flour tortillas (see Chapter Seven) or use commer-cial tortillas
   As each tortilla is cooked, place in folded cloth towel inside a large plastic bag. Keep bag tightly closed.

5. To assemble tacos, fill tortillas with cooked beans or vegetables; grated cheese; lettuce, spinach, or cabbage; and:
   Hot sauce to taste
   Fold each taco up from the bottom, then roll from one side to the other. Eat out of hand.

Soft Chicken Tacos

◆ ◆ ◆

4 servings

1. Heat in a large cast-iron skillet over medium heat:

   3 tablespoons canola oil

   When the oil is hot, add and sauté for 3 minutes:

   1 onion, chopped

   Add:

   4 boneless, skinless chicken breasts, cut into thin strips

2. Sauté for 5 minutes, then add:

   1½ cups salsa

   Cover and simmer for 10 minutes.

3. Prepare:

   Gloria's Flour Tortillas (see Chapter Seven), commercial flour tortillas

4. Spoon chicken onto middle of tortillas. Sprinkle with (optional):

   Shredded lettuce
   Plain nonfat yogurt
   Grated cheese

   Fold tortillas and serve immediately.

Tempura

◆ ◆ ◆

4 servings

1. Cook:

    4 servings Brown Rice (see Chapter Seven)

2. Prepare tempura sauce. Stir together in a saucepan and heat gently:

    ½ cup bean liquid, any variety stock, or water
    ¼ cup soy sauce
    2 tablespoons sweet rice wine or sherry
    1 tablespoon honey or sugar
    Pinch of powdered ginger

3. Scrub and slice any of the following vegetables, shrimp, or meat for a total of 3 cups:

    Mushrooms, halved
    Onion, sliced and separated into rings
    Zucchini, thinly sliced
    Green beans, ends trimmed
    Green bell pepper, cut into squares
    Carrots, thinly sliced
    Potato, unpeeled, thinly sliced
    Sweet potato, unpeeled, thinly sliced
    Eggplant, thinly sliced
    Green onions, trimmed
    Nori sea vegetable, cut into squares (dip only one side of nori into batter)
    Whole peeled shrimp, tails left on
    Any variety lean meat, chunked

4. Prepare tempura batter. Mix together in a bowl:

    2 cups whole wheat flour
    1 teaspoon sea salt
    1 teaspoon baking powder

    Add and mix gently; do not beat:

    2¼ cups very cold water

5. Heat a wok or cast-iron Dutch oven over high heat. Add to the pot:

    2½ inches of corn or soy oil

6. When the oil is very hot, dip the prepared vegetables, shrimp, or meat, a few pieces at a time, into the tempura batter, and slide them into the hot oil. Cook until browned, turning them once. Remove pieces with tongs and drain them on clean paper bags and keep them warm near the fire.

7. Pour tempura sauce into four separate bowls. Dip tempura pieces into sauce and eat along with brown rice.

Miso Soup

◆ ◆ ◆

4 servings

This is a quick, delicious soup.

1. Soak in 9 cups of cold water:

   1 sheet nori sea vegetable, 7-by-8-inch size, cut into 1-inch squares

2. Heat a cast-iron Dutch oven over high heat. Add:

   1 tablespoon soy oil

   When the oil is hot, add:

   1 large onion, sliced thinly longitudinally

   Stir-fry the onion for 1 minute, then add:

   1 carrot, sliced thinly diagonally

   Sauté for 5 minutes, stirring occasionally, then add:

   4 cabbage leaves, shredded

   Sauté for 5 minutes, then add the nori and water. Bring to a boil, then simmer until vegetables are tender.

3. Mix together:

   3 tablespoons miso (fermented soybean paste)

   2 tablespoons tahini (sesame seed butter)

   ½ cup water

   Add to the soup. Cook the soup for 10 minutes longer.

Quick Stew with Dumplings

◆ ◆ ◆

4 servings

1. Heat a cast-iron Dutch oven over high heat. Add:
   2 tablespoons canola oil
   When oil is hot, add:
   1 onion, sliced
   1 green bell pepper, diced
   Sauté for 5 minutes.

2. Add and simmer briefly:
   2 cloves garlic, minced
   2 tablespoons chili powder
   1 28-ounce can tomatoes
   1 16-ounce can beans (red, white, brown, or black)
   1 16-ounce can corn
   1 cup water

3. Mix together in a medium bowl:
   ⅔ cup whole wheat flour
   1⅓ cups unbleached white flour
   4 teaspoons baking powder
   4 teaspoons nonfat dry milk
   2 teaspoons brown sugar
   ¼ teaspoon sea salt
   Cut in:
   2 tablespoons butter or margarine
   Add and stir briefly:
   1¼ cups water

4. Using tablespoons, drop dumplings into simmering stew. Cook, uncovered, for 10 minutes. Cover the pot and cook 10 minutes longer. Serve immediately.

Griddle Biscuits

◆ ◆ ◆

1 dozen biscuits

1. Preheat a cast-iron griddle over medium-low flame.

2. Mix together:
   - 1¼ cups whole wheat flour
   - ½ cup unbleached white flour
   - 1 tablespoon wheat germ
   - 2½ teaspoons baking powder
   - Few grains sea salt

3. Cut in:
   - 3 tablespoons unsalted butter or margarine

Add:
   - ⅔ cup milk

4. Stir very briefly and turn onto a lightly floured board. Knead for a few seconds, then roll out ¼-inch to ½-inch thick. Cut dough into 12 pieces. Separate biscuits.

5. Lightly sprinkle griddle with:
   - ½ teaspoon cornmeal
   Bake the biscuits for 5 minutes on one side, then turn and cook 5 minutes more.

Skillet Corn Bread

◆ ◆ ◆

4 large slices

1. Heat a cast-iron skillet over a medium flame.

2. Mix together in a large bowl or pot:

   1 cup polenta (coarse-grained cornmeal)
   3/4 cup whole wheat flour
   1/4 cup unbleached white flour
   3 tablespoons instant dry milk
   2 1/2 teaspoons baking powder
   1 tablespoon brown sugar
   Few grains sea salt

3. Beat together in a separate bowl:

   7/8 cup water
   1 egg
   2 tablespoons corn or soy oil

4. Add to skillet and heat:

   1 teaspoon oil

5. Combine liquid ingredients with dry ones and stir until just blended. Pour into skillet and bake, covered, for about 30 minutes, or until toothpick inserted in center comes out clean. Check periodically and reduce heat if necessary.

Griddle Oatcakes

8 cakes

These crackerlike cakes are excellent either cooked over a campfire or prepared at home and carried in your backpack.

1. Mix together:

    1½ cups oat flour (rolled oats ground fine in a blender)
    ½ teaspoon sea salt
    ¼ teaspoon baking soda

2. Cut in:

    2 tablespoons margarine

3. Add:

    8 tablespoons hot water

4. Preheat griddle to medium heat.

5. Mix the oatcakes, then turn them out onto a board that has been liberally sprinkled with more oat flour.

6. Divide dough into 8 pieces and roll out each piece as thin as possible.

7. Cook the cakes on the ungreased griddle, turning them frequently, until light brown.

Vanilla or Chocolate Pudding

◆ ◆ ◆

4 servings

No eggs or fresh milk are needed to make this instant dessert.

1. Mix together in a bowl:

   4 cups water

   1 cup instant dry milk

2. Mix together in a cast-iron Dutch oven:

   ½ cup honey, white sugar, or brown sugar

   6 tablespoons cornstarch

   ¼ teaspoon sea salt

3. For chocolate pudding, add:

   4 tablespoons unsweetened cocoa powder

4. Very gradually, add the milk to the ingredients in the Dutch oven.

5. Cook the pudding over low heat, stirring constantly. When it boils, allow it to simmer for 2 minutes while stirring vigorously.

6. Remove the pudding from the heat and stir in:

   2 tablespoons butter or margarine

   1 teaspoon vanilla extract

7. Serve warm or chilled. May be served plain or with:

   Shredded coconut

   Chopped nuts

   Any fresh fruit

Indian Pudding

◆ ◆ ◆

4 servings

This is an old-fashioned hasty pudding.

1. Mix together in the top half of a double boiler and bring to a boil over direct heat:

   4 cups water

   1 cup dry milk

2. Add very gradually, stirring constantly:

   ½ cup cornmeal

3. Place the top half of double boiler over the bottom half and steam the pudding for 10 minutes. Then add:

¾ cup raisins

½ cup honey

¼ cup dark molasses

4 tablespoons butter or margarine

½ teaspoon ground cinnamon

¼ teaspoon sea salt

¼ teaspoon powdered ginger

4. Steam the pudding, stirring occasionally, for 20 minutes.

5. Serve the pudding warm with:

   Milk or yogurt (optional)

Fruit Desserts

◆ ◆ ◆

Fresh Fruit

4 servings

1. Wash and slice into four bowls:
   5 cups ripe fruit, various types
2. Sprinkle with any of the following:
   Shredded coconut
   Chopped nuts
   Raisins
   Shelled sunflower seeds
3. Serve with:
   Yogurt (optional)

Campfire Baked Apples

4 servings

1. Wash and core:
   4 large cooking apples
   Fill the cores with a mixture of:
   4 tablespoons butter or margarine
   4 tablespoons honey or brown sugar
   1 teaspoon ground cinnamon
   ½ teaspoon ground allspice
2. Wrap the apples individually in aluminum foil, dull side out.
3. Place apples in the hot campfire coals and bake for 45 minutes.

CHAPTER SEVEN

◆ ◆ ◆

Basic Recipes

Grains

◆ ◆ ◆

Brown Rice

1. Wash thoroughly and drain:
   1³/₄ cups raw brown rice
   Place the rice in the top half of a double boiler with:
   2¹/₄ cups cold water
   ¹/₄ teaspoon sea salt
   1 whole bay leaf (optional)
   Bring to a boil, then simmer for 50 minutes, or until water level falls below level of rice. Remove bay leaf. Stir the rice.

2. Place 1 inch of water in the bottom half of double boiler, and bring to a boil. Place top half of double boiler over bottom. Reduce heat to low, then steam the rice for 20 minutes. Turn off the heat and allow rice to stand for 5 minutes before serving.

Bulgur Wheat

1. Place in the top half of a double boiler:
   3¹/₂ cups bulgur
   4¹/₂ cups cold water
   Bring to a boil.

2. Place 1 inch of water in the bottom half of double boiler, and bring to a boil. Place top half of double boiler over bottom. Reduce heat, then steam the bulgur until it is fluffy, about 20 minutes.

3. Stir in:
   ¹/₂ teaspoon sea salt
   Fluff with a fork and serve.

Couscous

1. Bring to a boil:
   2⅓ cups water
   1 tablespoon margarine
   Few grains sea salt

2. Add to boiling water:
   2 cups couscous
   Stir, then turn off heat. Cover tightly and let stand 6 minutes. Fluff with fork when done.

Steam grain in a double boiler.

Kasha (Buckwheat Groats)

1. Brown in a cast-iron skillet over medium heat:
   1½ cups raw (unroasted) kasha
   When the kasha begins to brown, turn off the heat and continue to stir.

2. Bring to a boil in the top half of a double boiler:
   3 cups water
   ½ teaspoon sea salt
   ½ teaspoon freshly ground black pepper

3. Add the toasted kasha to the water and bring to a boil. Put 1 inch of water in the bottom half of the double boiler and bring to a boil. Place top of double boiler over bottom. Reduce heat and steam the kasha for 20 minutes, or until tender.

Millet

4 servings

1. Wash, and drain in a sieve:

   1½ cups raw millet

2. Bring to a boil in the top half of a double boiler:

   3½ cups water

   1 teaspoon Salt-Free Vegetable Seasoning (see recipe this chapter) or use commercial seasoning

   1 teaspoon sea salt

   Add the millet to the boiling water.

3. Put 1 inch of water in the bottom half of the double boiler and bring to a boil. Place top of double boiler over bottom. Reduce heat and steam the millet for 25 minutes, or until tender.

Polenta (Coarse-Grained Cornmeal)

4 servings

1. Place in the top half of a double boiler and bring to a boil, stirring frequently:

   3 cups milk

   1 tablespoon margarine

   ½ teaspoon Salt-Free Vegetable Seasoning (see recipe this chapter) or use commercial seasoning

   ½ teaspoon sea salt

2. Add slowly, stirring constantly:

   ¾ cup polenta

   Cook over direct heat for a few minutes. Place 1 inch of water in the bottom half of a double boiler, and bring to a boil. Place top half of double boiler over bottom. Reduce heat to very low, then steam the polenta for 10 minutes, or until it is very thick and smooth.

Cooking Dried Beans and Lentils

◆ ◆ ◆

Dried Beans

1 cup dried beans yields
2–3 cups cooked beans

1. Measure beans.
2. Wash and sort beans, removing any small rocks or other material. Drain in a colander.
3. Boil water in a large pot; use at least three times as much water as volume of dried beans.
4. When water is at a full boil, add the beans and boil them for 2 minutes.
5. Turn off heat and let beans stand, covered, for 2 hours.
6. Drain beans into a colander and rinse them thoroughly.
7. Replace beans in pot and cover with fresh water.
8. Bring to a boil, then simmer until beans are soft.

Lentils

4 servings

1. Wash, pick over, and drain:
   1 cup lentils
   Put the lentils in a saucepan with:
   2¼ cups cold water
2. Bring to a boil, then simmer for 35 minutes, or until just tender.
3. Season with:
   ½ teaspoon sea salt
   ½ teaspoon freshly ground black pepper

Stir-Fried Vegetables

◆ ◆ ◆

4 servings

1. Scrub, then chop or slice any of the vegetables listed in Step Three, keeping each variety separate. You need a total of:

   4 cups vegetables, cleaned and chopped

2. Heat in a cast-iron Dutch oven or wok over high heat:

   2 tablespoons oil (olive, soy, corn, or safflower)

3. When a haze just begins to form above the oil, add any of the following vegetables, one variety at a time, in the order listed. Cook and stir each vegetable addition for a few minutes before adding the next:

   Onions, chopped or sliced
   Carrots, chopped or thinly sliced
   Broccoli stalk, chopped
   Zucchini, thinly sliced
   Eggplant, chopped
   Broccoli flowerettes, separated
   Mushrooms, quartered
   Green beans, sliced
   Green bell peppers, sliced
   Cabbage leaves, chopped
   Peas
   Celery stalks, thinly sliced

4. Turn heat to low and add, stirring well:

   Soy sauce to taste
   Chopped green onions
   Chopped fresh parsley

5. Cover and cook very briefly, until vegetables are barely tender.

6. If desired, serve with cooked grain, chapatis, or tortillas (see chapters Three and Seven).

Thick Tomato Sauce

6 CUPS

This simple sauce will keep at least one week in refrigerator, 18 months in freezer. It improves with age.

1. Heat in cast-iron skillet over high flame:

   1 tablespoon olive oil

   Add and sauté until transparent:

   2 onions, minced

   Reduce heat to very low, and cook slowly until very brown.

2. Place in blender, a small portion at a time:

   10 pounds very ripe tomatoes (about 30 tomatoes), washed and cored, but not peeled

   3 green bell peppers, washed and cored

   3 cloves garlic, halved and peeled

   2 chile peppers, washed and seeded

   ½ cup fresh oregano, chopped, or 4 tablespoons dried

   The juice from the ripe tomatoes will serve as liquid to grind the other vegetables, so include some tomatoes in each portion of vegetables ground. As you grind each portion of vegetables, put them in a large stockpot.

When all the vegetables have been ground, bring them to a boil.

3. Add the sautéed onions to the tomato mixture, along with:

   1 6-ounce can tomato paste

   Reduce the heat to very low and simmer, partially covered, until thick, about 5 hours.

Grind vegetables in a blender.

Fresh Pasta

4 servings

A pasta machine speeds the kneading, rolling, and cutting, but it is not essential. Pasta can be easily rolled and cut by hand.

1. Mix together on board or countertop:

   1 cup whole wheat flour
   1 cup unbleached white flour

2. Mix together lightly in a small bowl:

   2 eggs
   3 tablespoons olive oil
   3 tablespoons water
   ½ teaspoon sea salt

3. Make a well in the flour, and pour in the egg mixture. Knead well, then seal dough in a plastic bag and let it stand for 1 hour.

4. Divide the dough into 8 pieces, and roll out each piece as thin as possible. Dry the pasta for about 30 minutes by draping the sheets of dough over wire coat hangers that have been covered with wax paper.

5. Roll up the sheets of pasta and cut them into noodles with a sharp knife. Separate the individual strands.

6. In a large saucepan, boil 2 quarts of water. Drop the pasta into the boiling water and cook it very briefly, about 3 minutes. Drain the pasta in a colander. Serve immediately.

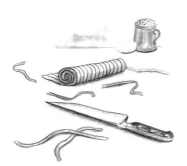

Cut pasta by hand.

drying pasta

Gloria's Flour Tortillas

◆ ◆ ◆

1 dozen tortillas

1. Mix together:

   3 cups La Piña tortilla flour
   1 cup whole wheat flour
   ½ teaspoon sea salt
   2 teaspoons baking powder

2. Cut in, using your hands:

   ¼ cup *manteca* (lard), or solid vegetable shortening

3. Add:

   1½ cups very hot water

4. Mix and knead briefly until smooth. Cover and let stand at room temperature for 2 hours. Chill in refrigerator or ice chest for 6 hours, or overnight.

5. Bring dough out of cooler or refrigerator for 1 hour and allow to warm slightly.

6. Preheat griddle to medium. Divide dough into 12 pieces and roll out on lightly floured board, making the tortillas as thin as possible.

7. Cook tortillas on ungreased griddle, turning them frequently, until very light brown. As each tortilla is done, place in folded cloth towel inside a large plastic bag. Keep bag tightly closed. Serve as soon as all tortillas are cooked.

8. To store tortillas for backpack trips, allow them to cool completely. Wrap in aluminum foil, then double-bag in plastic. Reheat tortillas in foil over fire or stove.

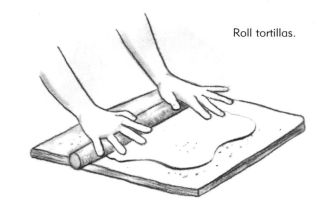

Roll tortillas.

Corn Tortillas

◆ ◆ ◆

1. Mix together:

   2 cups masa harina de maiz (corn tortilla flour)
   ½ teaspoon sea salt
   2 cups boiling water

2. Cover dough and let stand for 30 minutes to 1 hour.

3. Heat a cast-iron griddle over medium heat.

4. Divide dough into 16 balls and roll out each ball between two pieces of waxed paper, or press in a tortilla press that has been lined with waxed paper.

5. Cook tortillas one at a time, turning them frequently, until they are light brown.

6. As each tortilla is done, place it in a folded cloth towel inside a plastic bag. Keep the bag tightly closed. Serve as soon as all the tortillas are cooked.

Salt-Free Vegetable Seasoning

◆ ◆ ◆

3 c u p s

1. Spread directly on drying trays:

   3 cups fresh rosemary leaves

   3 cups fresh basil leaves

   3 cups fresh mint leaves

   2 cups fresh parsley sprigs

   4 medium carrots, grated

   2 fresh lemon rinds, finely grated

   3 green bell peppers, finely chopped

   1 jalapeño pepper, fresh or canned, seeded and minced

   2 large onions, thinly sliced and separated

   4 cloves garlic, thinly sliced

   ³/₄ cup sesame seeds

   ¹/₄ cup celery seed

2. Dehydrate for 5 hours at 145°F.

3. Pour the dried vegetables into a dry blender. Grind to a coarse powder.

4. Store in opaque glass or ceramic jars.

5. Keep some handy in a shaker for table and cooking use.

Bibliography

◆ ◆ ◆

Beard, James A. *Beard on Bread*. New York: Alfred A. Knopf, 1995.

DeLong, Deanna. *How to Dry Foods*. Tucson, Arizona: H.P. Books, 1992.

Elliot, Rose. *Vegetarian Fast Food*. New York: Random House, Inc., 1994.

Ewald, Ellen Buchman. *Recipes for a Small Planet*. New York: Ballantine Books, 1985.

Fletcher, Colin. *The Complete Walker III*. New York: Alfred A. Knopf, 1984.

MacManiman, Gen. *Dry It—You'll Like It!* Fall City, Washington: Living Foods Dehydrators, 1983.

McCartney, Linda. *Linda's Kitchen*. Boston: Little, Brown & Co., 1995.

Raichlen, Steven. *High-Flavor, Low-Fat Vegetarian Cooking*. New York: Penguin Books USA Inc., 1995.

Rombauer, Irma S. and Marion R. Becker. *Joy of Cooking*. New York: Macmillan, 1985.

Index

◆ ◆ ◆

About the Author

◆ ◆ ◆

Linda Frederick Yaffe is a backpacker, distance runner, weight trainer, and terrific cook. She lives in Auburn, California.

Une collection dirigée par
André Ouzoulias

comment faire **?**

FAVORISER LA RÉUSSITE EN LECTURE : LES MACLÉ

Modules d'Approfondissement des Compétences en Lecture-Écriture

André Ouzoulias
Professeur à l'IUFM de Versailles

Éditions RETZ
www.editions-retz.com
1, rue du Départ
75014 Paris

CRDP de l'Académie de Versailles
www.crdp.ac-versailles.fr
584, rue Fourny
78533 Buc Cedex

Sommaire

© RETZ/SEJER & CRDP de l'Académie de Versailles, Paris, 2004.

Les Maclé, qu'est-ce que c'est ?
Il y a des groupes de travail pour faire de la lecture et de l'écriture.
Il y a des groupes de besoin et des groupes de projets.

Les Maclé, pour quoi faire ?
C'est pour mieux travailler, nous aider et faire des progrès.

Les Maclé, qu'est-ce qu'on y fait ?
Dans les groupes de besoin, on travaille sur des choses différentes : des livres, des contes. On lit, on comprend, on écrit des textes.
Dans les groupes de projets, on a parlé du tableau de Miró et on a fait des choses différentes : de la poésie, une BD, des questions pour faire un jeu, une histoire.

Les CE2 de la classe de CE1-CE2
pour le journal de l'école Jean-Zay (Les Mureaux, Yvelines)
Janvier 2004

Remerciements

Je tiens à remercier René Macron, IEN de la circonscription de Sarcelles-Sud jusqu'en 2002, Catherine Crépon, conseillère pédagogique, Bernard Grémion, directeur de l'école Henri-Dunant 2 (Sarcelles) et coordonnateur Rep et Zep jusqu'en 2002, d'avoir cru à l'idée de Maclé et de l'avoir si complètement soutenue. Merci également à l'ensemble des enseignants de l'école Henri-Dunant et du Rased qui ont mis en place le premier Maclé avec tant de compétence et d'engagement : Virginie Célérier, Corinne Chabot, Judith Kalfon, Sophie Lopez, Céline Lurier, enseignantes de l'école Henri-Dunant 2, Daniel Panquin, poste G, Danièle Sénot, psychologue scolaire, Jeanne Taboni, poste E, tous trois enseignants du Rased. Et merci encore à eux tous pour avoir collaboré à une première version de ce texte qui concernait principalement cette première expérience.

Je suis également reconnaissant à Jean-Paul Fischer, maître de conférences à l'IUFM de Lorraine (Grapco Nancy 2), qui a bien voulu m'aider pour les analyses statistiques.

Mes remerciements vont aussi aux personnes avec qui j'ai eu le plaisir de travailler lors de la mise en place d'autres Maclé :
• les personnels de l'école Paul-Éluard 2 d'Argenteuil : Stella Boucheny, la directrice, Sylvie Forestier, Marielle Hubert, Jean-Marc Kragen, Isabelle Perrin, Anne-Claude Silatsa, Myriam Vacher, Christiane Zéghlache, enseignants, Éliane Jean, enseignante à la retraite, Brice Poussier et Rachid Khadi, aide-éducateurs. Les membres de l'équipe de circonscription d'Argenteuil-Nord qui ont encouragé, soutenu et suivi le projet de cette équipe d'école : Marie-Claude Monsérié, IEN, Françoise Vigneau, conseillère pédagogique, Loïc Martin, PEMF, coordonnateur Zep, Magali Eveno, PEMF ;
• les membres de l'équipe de la circonscription des Mureaux et notamment Sylvie Amador, IEN, et Joëlle Mbow, conseillère pédagogique ;
• les professeurs de français du collège Chantereine de Sarcelles, Antoine Ferrari, Olivier Rony, Joëlle Salabi, Raphaëlle Schacher, le principal, Bernard Magri, son adjoint, Philippe Galienne, la CPE, Béatrice Perache, ainsi que Catherine Savadoux et Patrick Joole, professeurs à l'IUFM de Versailles qui ont été, avec Catherine Crépon, conseillère pédagogique, et Sylvie Bascou, PEMF, les « maîtres d'ouvrage » du premier Maclé-6e. Merci aussi à Michèle Fontaine, IEN de la circonscription, d'avoir activement soutenu ce projet.

Je voudrais aussi dire ma reconnaissance à mon ami Rémi Brissiaud, avec qui j'entretiens depuis longtemps, sur l'apprentissage de la lecture-écriture, des échanges féconds. De nombreuses idées pédagogiques, dont plusieurs de celles qui sont développées dans cet ouvrage, sont nées de ces discussions.

Elle va aussi à Danièle De Keyzer qui m'a fait découvrir comment on pouvait faire écrire abondamment des enfants (et des adultes) non-lecteurs ou très petits lecteurs ; à Patrick Joole pour les discussions passionnantes, mais toujours trop courtes, que nous avons eues sur les enjeux de la pédagogie du lire-écrire à l'école, pour la rigueur de sa réflexion, sa patience et sa gentillesse ; et, encore, à Catherine Crépon, qui est devenue pour moi, au fil de plusieurs années de collaboration, une coéquipière infatigable, une amie et une complice.

Introduction
Les Maclé : un dispositif
polyvalent pour la réussite

Au moment où cet ouvrage est écrit, un nombre significatif d'écoles organisent déjà des Maclé (modules d'approfondissement des compétences en lecture-écriture) et certaines le font depuis plusieurs années. Tantôt ce dispositif concerne les seuls élèves de CE2, tantôt les maîtres l'utilisent aussi pour consolider les apprentissages à l'entrée du CE1. Dans quelques écoles, des Maclé fonctionnent également au CP vers le mois de mars et/ou en GS (grande section de maternelle) en mai ou juin. Dans la deuxième partie de cet ouvrage, nous serons aussi conduits à évoquer l'organisation d'un Maclé pour des élèves de 6e de collège.

Or, à l'origine, ce dispositif a été conçu pour aider certains élèves de CE2 bien « ciblés » à réduire, de façon accélérée, leurs difficultés en lecture et à aborder ainsi, mieux armés, la suite de leurs apprentissages dès le début du cycle 3. Il ne s'agissait évidemment pas de mettre au point une réponse unique pour régler toutes les difficultés d'apprentissage de la lecture-écriture au CE2, et encore moins aux autres niveaux de la scolarité élémentaire (CP, CE1 ou CM), en amont de celle-ci (GS) ou en aval (6e de collège). Pourtant, les résultats obtenus lors des premières expérimentations en CE2, notamment pour les élèves les moins avancés, furent tels que les équipes de maîtres ont aussitôt conclu que ce dispositif pouvait être étendu à ces autres niveaux de la scolarité et constituer un moyen supplémentaire dans la prévention de l'échec scolaire.

Des expériences de Maclé pour ces autres niveaux ont donc eu lieu çà et là. Le plus souvent, les progrès des élèves les moins expérimentés ont été importants, parfois même, pour quelques enfants, surprenants, voire spectaculaires. Il s'avère donc qu'effectivement, les Maclé peuvent constituer une stratégie d'intervention utilisable aux différents niveaux de la scolarité pour prévenir les difficultés en lecture ou y remédier.

Il est même raisonnable de penser que cette stratégie peut aussi s'étendre à d'autres domaines que l'apprentissage du lire-écrire. C'est ainsi, par exemple, que l'école Jules-Ferry des Mureaux a organisé, à l'automne 2003, un module similaire en mathématiques pour des élèves de CE2, avec, à la clé, des résultats remarquables. Nous pensons aussi à l'appropriation de la langue orale en maternelle (il est vraisemblable que de nombreux enfants pourraient bénéficier de modules d'approfondissement des compétences en langue orale ou « Maclo » dès la fin de la moyenne section), ou à l'entrée dans la culture scientifique à la charnière école collège, qui pourrait donner lieu à des modules d'approfondissement des connaissances scientifiques et techniques.

Pour autant, les Maclé ne sont pas une recette miracle! Ils ne peuvent jamais être autre chose qu'un temps fort dans une action multiforme et quotidienne pour prévenir les difficultés en lecture ou y remédier. Ils ne rendent pas caduques les autres stratégies pédagogiques de lutte contre l'échec scolaire. Ils permettent encore moins de faire l'économie d'une politique globale et continue, dans l'école et autour d'elle, visant l'appropriation des usages sociaux de l'écrit par tous les enfants. Ils sont seulement un outil de plus dans la panoplie dont disposent les enseignants pour travailler à cela, un outil efficace, mais certainement pas l'arme absolue.

C'est donc à bien cerner ce qu'on peut attendre réellement d'un tel dispositif que nous allons nous employer ici. Nous nous efforcerons de répondre aux questions les plus importantes pour les praticiens qui seraient intéressés par la mise en œuvre d'un Maclé à tel ou tel niveau de la scolarité primaire ou en 6e de collège:

- quand et comment le concevoir pour qu'il atteigne une efficacité optimale?
- quels objectifs viser, en fonction de quelle évaluation?
- quelle organisation envisager selon les moyens dont l'équipe d'école dispose?

– comment répartir les élèves dans les différents groupes ?
– quelles activités pratiquer au cours de ces modules ?
– comment mobiliser l'équipe d'enseignants, les enfants, les parents ?
– comment évaluer les effets de ces modules ? etc.

Dans la première partie de cet ouvrage, nous dessinons à grands traits ce que sont les Maclé. Nous exposons les raisons qui ont conduit à envisager, à concevoir, puis à expérimenter ce dispositif en novembre 1999 avec toute l'équipe d'enseignants d'une école de Sarcelles, pour les trois classes de CE2 de cette école. Dès ce moment, les caractéristiques essentielles de ce dispositif ayant été déterminées et les bienfaits pour les élèves ayant pu être mesurés, particulièrement pour les élèves les moins avancés en lecture, il est apparu que ce dispositif pouvait fonctionner de façon efficace à d'autres niveaux de la scolarité, notamment au CE1. Nous indiquons comment s'est mise en place cette extension à ces autres niveaux, avec quels objectifs et avec quelle évaluation.

Dans la deuxième partie, nous décrivons assez précisément les activités susceptibles d'être mises en œuvre dans les groupes de besoin. Nous présentons aussi un exemple de Maclé pour des élèves de CE2, puis un exemple pour des élèves de CE1, à partir des expériences de deux écoles, l'une à Sarcelles (pour des CE2), l'autre à Argenteuil (pour des CE1). Nous évoquons également d'autres expériences qui concernent tantôt ces deux niveaux (aux Mureaux), tantôt des élèves de 6e d'un collège (là encore, à Sarcelles). Bref, cette partie contient tout un outillage qui peut être utile aux équipes d'enseignants pour concevoir de tels modules : justification et description d'activités, exemples de mise en œuvre, réflexions critiques, références à des outils et à des ouvrages pédagogiques, etc.

Dans la troisième partie, nous essayons de formuler les principes généraux qu'il semble nécessaire de suivre pour garantir une certaine efficacité du dispositif. La formulation de ces principes vise à permettre une transposition des Maclé dans des conditions diverses d'enseignement et à des niveaux divers de la scolarité.

Dans la quatrième et dernière partie, nous mobilisons quelques éclairages théoriques nécessaires à une bonne compréhension et à une relative maîtrise de ce type de dispositif. Plus particulièrement, nous nous efforçons de relier les principales activités proposées aux élèves à ce que nous ont appris les travaux des psychologues, au cours de ces vingt dernières années, sur la lecture habile et sur l'apprentissage du lire-écrire. Nous en tirons quelques conclusions pour l'évaluation diagnostique des difficultés, problème difficile mais crucial si l'on veut déterminer les besoins des enfants et leur apporter des réponses adaptées. Nous serons également conduits à développer la distinction que nous croyons fondamentale entre groupes de niveau et groupes de besoin. Nous chercherons enfin à inscrire le dispositif des Maclé dans une perspective d'évolution des pratiques d'enseignement, plus particulièrement dans les écoles situées en Rep ou accueillant une forte proportion d'élèves issus des milieux populaires.

Notre objectif serait atteint si, en s'aidant de ce livre, un plus grand nombre d'équipes d'écoles, spécialement en Rep, s'emparait de ce dispositif pour favoriser le progrès de leurs élèves et si, après quelques années, elles finissaient même par le considérer comme un moyen normal, presque banal, de travailler à ce progrès.

Notre objectif serait pleinement atteint si de nombreux maîtres, où qu'ils travaillent, « piochaient » aussi dans ce livre de quoi compléter et perfectionner leurs pratiques quotidiennes d'enseignement de la lecture, pour qu'un plus grand nombre de leurs élèves devienne des lecteurs compétents, ou le deviennent plus aisément et plus vite.

LE PROBLÈME ET LES CLÉS

1 Qu'est-ce qu'un « Maclé » ?

Les Maclé, avons-nous dit, sont un moyen de plus dans la panoplie des modes d'intervention utilisables par les équipes d'enseignants pour aider les élèves qui rencontrent des difficultés dans leurs apprentissages du lire-écrire. Derrière un sigle d'apparence hermétique, il s'agit d'un dispositif qui, dans son principe, n'a rien de révolutionnaire. Organiser un Maclé, c'est en effet mettre en place une forme de décloisonnement pour permettre aux élèves, notamment aux élèves les moins avancés dans l'acquisition de la lecture, de travailler au sein de l'école, dans des groupes à effectifs très réduits.

Une intervention massive et concentrée...

Mais il s'agit d'un *décloisonnement massif et concentré* dans le temps. C'est au minimum une période de trois semaines successives pendant lesquelles, à raison d'une heure et demie au moins chaque jour (et si possible, toute une demi-journée), tous les élèves d'un même niveau d'enseignement (les CE2 par exemple) bénéficient d'un encadrement significativement plus important que celui de leur classe habituelle. L'école a réussi à réunir sur ces plages horaires, pour les élèves de ce niveau, tous les personnels et toutes les ressources humaines (et matérielles) qu'il lui était possible de mobiliser, en vue d'un travail intensif sur l'écrit, en lecture et en écriture.

Ainsi, dans plusieurs écoles ayant mis en œuvre des Maclé, dans les cas les plus favorables, outre les maîtres qui encadrent habituellement ces élèves, on a pu s'appuyer sur la participation à tout le module d'un ou deux maîtres du Rased, celle d'un ou deux maîtres nommés sur des postes supplémentaires (c'est surtout le cas en Rep[1]), celle d'un ou deux assistants d'éducation (ou, avant 2003, des aides-éducateurs). Souvent, notamment dans des écoles comportant un nombre important de classes, le directeur (la directrice) a pu se libérer, sur une part du temps de sa décharge, pour prêter main forte pour quelques séances à l'équipe permanente. Ici ou là, on a pu bénéficier, pour certaines plages, de l'appoint de maîtres affectés sur des postes Zil quand ils ne remplaçaient pas un collègue malade ou, à tel ou tel moment du module, d'un(e) PEMF (professeur des écoles maître formateur) déchargé(e), mais qui n'avait pas alors de mission de formation. Ailleurs, on a pu associer au projet, dès le départ, un enseignant retraité ayant conservé le contact avec l'école et désireux de « donner un coup de main ». Enfin, il ne faut pas écarter la possibilité que des animateurs culturels de la commune (par exemple, des animateurs de bibliothèque), des intervenants associatifs travaillant habituellement avec l'école dans le domaine de l'accès à la culture écrite (l'heure du conte, recherche documentaire sur internet, ateliers d'écriture, etc.), voire des parents ou personnes bénévoles déjà impliqués dans l'aide aux apprentissages scolaires (ce qu'on appelle l'accompagnement scolaire), puissent apporter leur concours à un Maclé, pour tel ou tel moment, sur des séances aux objectifs et aux modalités bien définis.

Dans ces cas les plus favorables, on peut alors constituer des *groupes de besoin* dont la taille est bien adaptée aux caractéristiques des divers élèves : d'une part des tout petits groupes de quatre à six élèves très faibles lecteurs, d'autre part des groupes de dix à quinze élèves plus avancés dans leurs apprentissages.

On peut même organiser alors le Maclé sur une matinée complète (ou un après-midi) en alternant groupes homogènes de besoin pendant une heure et demie et groupes hétérogènes « de projet » pendant le reste de la matinée. Le plus souvent, ces projets amènent les élèves à produire des textes et à le faire en s'appuyant sur des lectures. Voici des exemples de tels projets :
– concevoir et réaliser des « pubs » pour des albums qui ont plu ;
– concevoir, écrire, illustrer, imprimer et relier un album ;

---

1. Dans le Val-d'Oise, ces maîtres s'appellent « postes mission Rep », ailleurs « maîtres de soutien », « enseignants de zone », etc.

– mettre en scène des sketches à partir de textes écrits ;
– lire, écrire et présenter des poèmes ;
– réaliser une BD en partant d'un récit ou inversement ;
– préparer une exposition sur les droits de l'enfant ;
– enquêter sur l'origine du nom des rues du quartier ;
– réaliser des interviews de personnes remarquables de la ville ;
– réaliser et afficher une revue de presse quotidienne ;
– réaliser un dossier documentaire sur tel ou tel sujet d'actualité ;
– écrire plusieurs sortes de textes à partir d'une peinture ;
– produire un journal hebdomadaire ;
– lancer ou mettre à jour le site internet de l'école.

... visant prioritairement une accélération de l'apprentissage pour les élèves les moins expérimentés

Mais la plupart des écoles (même des écoles situées en Rep !) ne bénéficient pas de moyens supplémentaires ou n'ont pas la possibilité d'étoffer autant que cela l'encadrement pédagogique des élèves. Elles ne peuvent guère compter que sur l'apport d'un maître de Rased. Souvent, elles n'ont pas d'assistant d'éducation à leur disposition. Dans de tels cas, il faut viser, malgré tout et prioritairement, la formation d'au moins un ou deux groupes de besoin à petite taille (de quatre à six élèves) pour les élèves les moins avancés, les autres élèves étant alors encadrés dans des groupes bien plus grands.

Imaginons par exemple une école avec deux classes de CE2, pour lesquelles l'équipe d'enseignants envisage l'organisation d'un Maclé et supposons que ces deux classes scolarisent un effectif total de cinquante-deux élèves. Si les deux maîtres de CE2 encadrent quatorze élèves en tout (par exemple, l'un encadre un groupe de six élèves très faibles lecteurs, l'autre un groupe de huit faibles lecteurs), il faut trouver au moins deux adultes capables d'encadrer les trente-huit élèves restant. Une organisation possible est alors la suivante : le maître de Rased encadre un groupe de douze élèves moyens lecteurs et un quatrième enseignant encadre le groupe des vingt-six autres élèves, considérés comme bons lecteurs. Et si, pour l'ensemble des élèves de CE2, on ne dispose de ces moyens humains que pendant une heure et demie chaque jour, le Maclé se limite alors à des groupes de besoin.

Certes, avec quatre intervenants, l'organisation peut alors paraître déséquilibrée. Mais il faut se rappeler que *l'objectif principal d'un Maclé est de « booster » les élèves les moins avancés*. D'où la priorité absolue accordée à la formation d'au moins un tout petit groupe de six élèves très faibles lecteurs, soit environ 10 % de l'effectif total.

> **Exemple de fonctionnement a minima
> pour 2 classes de CE2 (52 élèves)**
>
> **4 groupes d'enfants :**
>
> | | | |
> |---|---|---|
> | 6 très faibles lecteurs | encadrés par | 1 maître de CE2 |
> | 8 faibles lecteurs | " | 1 maître de CE2 |
> | 12 moyens lecteurs | " | 1 Poste E du Rased[2] |
> | 26 bons lecteurs | " | 1 maître supplémentaire |

Qui est ce quatrième intervenant, indispensable à un fonctionnement minimal d'un module pour deux classes ? Dans l'idéal, c'est un enseignant supplémentaire mis à la disposition de plusieurs écoles de la circonscription par l'IEN, pour des interventions ponctuelles dans le cadre de projets de ce type.

Mais certaines écoles ont quand même pu mener à bien un Maclé en recourant à diverses « astuces » :

– si le Maclé a lieu au début de l'après-midi, le quatrième intervenant peut être, pour partie au moins, une enseignante de l'école maternelle voisine que son équipe a libérée sur le temps de la sieste des petits. Habituellement, cette enseignante participe à l'animation d'ateliers décloisonnés pour les enfants de moyenne section ou de grande section. Durant le Maclé, elle intervient toujours dans le cadre d'un décloisonnement, mais auprès d'un grand groupe

---

2. Nous expliquons dans la troisième partie pourquoi il nous semble préférable de confier les groupes des plus faibles lecteurs aux maîtres des classes concernées plutôt qu'aux maîtres de Rased.

d'élèves de l'école élémentaire ;

– la même modalité (coopération d'une école maternelle avec une école élémentaire) peut être mise en œuvre aussi sur toute la matinée du samedi si, comme on le constate souvent, l'assiduité des petits et des moyens diminue alors fortement ces matins-là ;

– quand le directeur de l'école bénéficie d'une décharge (ce qui est souvent le cas dans les écoles où il y a deux CE2), sa participation peut être envisagée, au moins sur certaines plages ;

– enfin, certaines équipes d'école ont réussi à utiliser les compétences de telle collègue récemment partie à la retraite, de tel animateur de bibliothèque municipale, ou de tel intervenant de l'accompagnement scolaire.

C'est ainsi qu'en «bricolant» avec plusieurs possibilités, on peut organiser l'encadrement d'un grand groupe (de vingt à trente élèves) à raison d'une heure et demie chaque jour, sous forme d'ateliers tournants (soit deux ou trois intervenants se relaient par exemple auprès de ce groupe durant la semaine, soit chacun prend la responsabilité du groupe pendant cette heure et demie pendant toute une semaine ou pendant une semaine et demie). Cela rend possible alors la formation de deux plus petits groupes, dont un tout petit groupe de très faibles lecteurs. Mais alors, le programme de travail du grand groupe doit être conçu collectivement de façon suffisamment précise pour que ces élèves, qui sont déjà performants en lecture, ne soient pas pour autant les «laissés pour compte» du Maclé.

Au total, quoi qu'il en soit, *l'organisation d'un Maclé nécessite des moyens humains supplémentaires*. On ne peut pas laisser croire qu'il est possible d'organiser de tels modules avec les seules ressources banales habituellement dévolues aux écoles[3].

---

3. L'organisation des Maclé nécessite donc «plus de maîtres que de classes», principe formulé et défendu depuis plusieurs années par le principal syndicat d'enseignants du premier degré, le SnuiPP-FSU. La possibilité, pour des circonscriptions, de mettre à la disposition des écoles deux ou trois maîtres supplémentaires «tournants» sur des projets de travail en décloisonnement est une façon minimale d'incarner ce principe.

Un diagnostic bien conçu, des activités adaptées aux besoins

Nous avons parlé jusqu'à présent de groupes de besoin. Mais nous avons indiqué par exemple que les plus petits groupes (de six à huit élèves) devaient concerner les très faibles ou faibles lecteurs, ce qui est une terminologie plus appropriée habituellement pour parler de groupes de niveaux. Ce n'est pas le lieu, dans cette première partie, de creuser la distinction, capitale selon nous, entre groupes de niveaux et groupes de besoin. Nous y reviendrons de façon plus approfondie dans la quatrième partie où nous aborderons le problème de l'évaluation diagnostique préalable et où nous verrons aussi comment concevoir, selon nous, la répartition des élèves dans les groupes de besoin à partir d'un diagnostic précis de leurs difficultés. Mais, dès maintenant, il nous faut montrer que cette distinction entre groupe de niveau et groupe de besoin a un sens pédagogique précis.

Aux divers moments de la scolarité, les plus faibles lecteurs ont le plus souvent besoin de développer leurs compétences dans les deux principaux « compartiments du jeu » en lecture : d'une part, la reconnaissance et le traitement syntaxique des unités linguistiques écrites et, d'autre part, la compréhension du langage écrit. Il se trouve qu'en fait, c'est la faiblesse de leurs compétences dans ces deux domaines à la fois qui est la source de leurs très grandes difficultés d'apprentissage. Dans ce cas, pour ces élèves, « niveau » et « besoin » se confondent. Il en va de même à l'autre extrémité, pour la plupart des bons lecteurs, parce qu'ils ont développé de façon équilibrée leurs habiletés dans ces deux domaines à la fois.

Mais ce n'est pas toujours le cas des élèves situés entre ces deux extrémités. Ainsi, certains enfants parviennent à un niveau moyen de lecture grâce à une forte familiarité avec le langage utilisé dans les textes, en dépit de difficultés réelles dans le traitement et la reconnaissance des mots écrits. On trouve aussi, même s'il est bien plus rare, le profil inverse : des élèves comprennent mal le langage écrit, mais ont développé de réelles habiletés dans la reconnaissance des mots écrits, ce qui leur permet de traiter assez aisément le sens des écrits les plus faciles à saisir (légende d'une illustration, courte consigne, texte fonctionnel dans un domaine familier, correspondance...). Ces élèves parviennent, au moins à un moment de leur apprentissage, à compenser une faiblesse dans un des deux compartiments du jeu par leur relative habileté dans l'autre compartiment.

Et, en droit donc, sinon en fait, des élèves qui ont des niveaux de performance équivalents en lecture peuvent se retrouver dans des groupes de besoin différents. À l'inverse, des élèves ayant des niveaux de lecture différents pourraient se retrouver dans un même groupe de besoin (par exemple, un groupe de besoin centré sur la lecture orthographique pourrait concerner aussi bien des élèves bons «compreneurs» que des élèves très faibles lecteurs qui ont à la fois des difficultés pour comprendre le langage écrit et pour reconnaître les mots écrits).

Les trois étapes de la préparation d'un Maclé

Étape 1 : Cerner les besoins de chaque élève.

L'efficacité du module dépend en effet de la capacité des enseignants de répondre à ces besoins par un programme d'activités approprié. Cerner les besoins, c'est ce qu'on appelle aussi l'évaluation diagnostique. Celle-ci pourrait bien sûr être réalisée avec des instruments spécialement conçus dans la perspective d'un Maclé. Mais on peut effectuer une évaluation diagnostique pertinente avec des instruments plus ordinaires (observation continue des élèves, utilisation de telle ou telle épreuve issue des outils nationaux ou de dispositifs d'évaluation conçus par des praticiens, etc.).

Quels que soient les moyens utilisés, ce qui est toujours essentiel, c'est la réponse à la question décisive : quelles sont les conditions de la réussite dans l'apprentissage de la lecture ? En effet, toute l'information que l'enseignant peut réunir sur les compétences d'un élève – et cette information peut être abondante, voire surabondante – ne lui servira guère s'il ne dispose pas de clés pour interpréter ce qu'il observe. Nous renvoyons le lecteur à la quatrième partie de cet ouvrage, où il trouvera la présentation synthétique d'un cadre théorique sur l'apprentissage de la lecture et ses difficultés et des conseils pour l'évaluation diagnostique.

Étape 2 : Répartir les élèves dans des groupes de besoin.

Pour cela, il faut construire des « profils » typiques : tel ensemble d'élèves a plutôt tel type de besoins. Dans un idéal impossible à atteindre, on devrait former autant de groupes qu'il y a de types et on devrait même faire évoluer cette organisation d'une semaine à l'autre au cours du module en fonction des apprentissages réalisés, certains groupes disparaissant, d'autres s'étoffant, d'autres se réorganisant.

En fait, on partira toujours du nombre de groupes qu'il est possible d'encadrer, c'est-à-dire du nombre d'intervenants impliqués dans le Maclé, ce qui conduira à dessiner *n* groupes permanents pendant le module. Du coup, on fera passer la frontière d'un groupe à l'autre quelque part entre les besoins réels des élèves et les contraintes organisationnelles du module. Si l'on peut organiser aussi, comme nous le recommandons, des groupes de projet, ceux-ci sont hétérogènes et la répartition y est faite sur de tout autres critères, éventuellement négociés avec les élèves.

Étape 3 : Concevoir un programme d'activités pour chaque groupe.

C'est ce qui est le plus difficile. À l'expérience, un bon programme, notamment pour les élèves les plus en difficulté, réalise toujours un équilibre entre trois sortes d'activités : des activités centrées sur la compréhension des textes, des activités centrées sur l'appropriation du pluri-système orthographique[4] et sur le traitement des groupes de mots et des phrases, des activités centrées sur la production de textes.

---

4. Nous reprenons ici l'expression utilisée par la grande spécialiste de l'orthographe du français, Nina Catach (*cf.*, par exemple, Catach, 1980). Le système orthographique du français fonctionne à partir de trois principes (d'où le préfixe « pluri ») : la graphophonologie, la morphologie lexicale (qui permet par exemple de distinguer les homophones comme « saut », « sot » et « seau »), la morphosyntaxe (marqueurs du genre et du nombre sur le groupe nominal et du nombre sur le verbe).

1. Des activités centrées sur la compréhension des textes.

Il s'agit notamment de :
– revoir que les divers types de textes exigent des postures de lecture différentes (on ne lit pas avec les mêmes «expectations» une recette de cuisine, un conte, un documentaire, un poème ou un fait divers) ;
– prendre conscience qu'on peut avoir des difficultés à comprendre un texte, d'identifier les difficultés qu'on peut rencontrer (traitement des substituts et notamment des pronoms, identification des personnages dans le dialogue, reconstruction de la chaîne des événements, etc.) ;
– saisir que ces difficultés peuvent souvent être surmontées en revenant sur le passage problématique une fois, deux fois, trois fois...
Pour tous les élèves, mais spécialement pour les plus faibles en lecture, une grande part de ces activités peut avoir lieu à partir de textes ou d'extraits lus oralement par l'adulte.

2. Des activités centrées sur l'appropriation du pluri-système orthographique et sur le traitement des groupes de mots et des phrases.

Pour des élèves de CE2 faibles lecteurs, on pense bien sûr à l'entraînement au décodage, c'est-à-dire à l'automatisation des conversions graphèmes-phonèmes, à l'usage automatique des règles de voisinage les plus fréquentes (les lettres G et C ne se prononcent pas de la même façon devant les voyelles E, I et Y d'une part, devant les voyelles A, O et U d'autre part), à la découverte de relations graphophonologiques restées dans l'ombre jusque-là (ain, œu, gn, ill, etc.).

On doit surtout, pour tous les élèves de CE2, entraîner à la lecture orthographique et ses implications sur le plan du décodage (analogies orthographiques, lecture directe de syllabes fréquentes) et de la découverte de la morphologie lexicale. Les graphèmes, les syllabes et analogies orthographiques et les mots (radicaux et affixes) sont ce qu'on peut appeler les microstructures.

Mais, entre ces microstructures (mots, affixes, analogies, syllabes, graphèmes, etc.) et les macrostructures textuelles[5], il y a ce qu'on pourrait appeler des « mésostructures » : groupes de mots, phrases et paragraphes. En effet, il peut être nécessaire, pour de faibles ou moyens lecteurs, d'entraîner à la lecture par groupes de mots, car les groupes de mots sont les premières unités de sens. Ainsi, dans « Deux petites souris grises narguaient le gros matou », la première « molécule de sens » possible est « Deux petites souris » et, en fait, ce sont les quatre mots « Deux petites souris grises » qu'il faut lire ensemble.

De même, la compréhension de phrases, le traitement de la ponctuation en lecture et l'approfondissement du rôle sémantique des marques syntaxiques (et notamment des terminaisons en ENT) ont une vraie utilité pour des faibles lecteurs de CE2.

3. Des activités centrées sur la production de textes.

Comme l'indique la dernière lettre de l'acronyme Maclé, celui-ci est un module où l'on écrit. De fait, plus les difficultés des élèves sont profondes et plus la production de textes est essentielle à leurs progrès[6]. Or, pour de faibles ou très faibles lecteurs, lors du Maclé, le tout petit groupe offre des conditions pédagogiques idéales pour produire des textes. Il serait dommage de ne pas les mettre à profit pour faire écrire abondamment ces élèves.

D'une manière générale, on peut tout à fait envisager que, pour les faibles ou très faibles lecteurs, 40 à 50 % du temps du Maclé soit consacré à la production de textes.

---

5. La terminologie employée ici (« macrostructures », « microstructures ») est également utilisée par divers auteurs comme le Groupe d'Écouen : Jolibert, 1984 ou Giasson, 1990.
6. Voir par exemple Ouzoulias André, 2004.

2

À l'origine des Maclé : faire face au danger de marginalisation scolaire au cycle 3

Le premier Maclé a été conçu avec l'équipe de circonscription de Sarcelles et expérimenté en novembre 1999 pour les trois classes de CE2 d'une grosse école de cette ville[7] (l'école Henri-Dunant). L'idée de ce *dispositif d'apprentissage accéléré* s'est imposée à la suite d'évaluations réalisées auprès des élèves de cycle 2 (en fin de GS, en fin de CP et en fin de CE1), évaluations réalisées à partir de supports présentés en annexe pour la fin du CE1 (annexe 2).

Quatre sortes d'élèves à l'entrée du cycle 3

L'analyse de ces évaluations a conduit à constituer une typologie des élèves à la fin du cycle 2, selon les performances constatées dans les différentes épreuves, typologie que nous présentons ci-dessous, parce qu'à notre sens elle reflète assez bien ce qu'on peut observer dans de nombreuses écoles à sociologie comparable. Nous distinguions alors les quatre sortes d'élèves suivantes.

1- Élèves bons lecteurs

Ils sont environ 40 % de l'effectif total. Ces enfants atteignent un bon niveau, voire un très bon niveau de performance en lecture. Ils accèdent aux informations contenues explicitement dans le texte, ils construisent son sens global, mais sont aussi capables de faire quelques inférences et parviennent souvent à ce qu'on appelle une « compréhension fine ». Ces élèves réussissent

---

7. Voir en annexe quelques données concernant la Zep de Sarcelles (annexe 1).

à traiter et à relier les différents niveaux de l'information écrite :

a) ils prennent en compte les macrostructures textuelles (types de supports, d'écrits et de texte et leurs fonctions, organisation spatiale et typographique, etc.) ;

b) dans le domaine des microstructures linguistiques (en gros, les mots et leurs significations), ils manifestent des habiletés qui mêlent une assez bonne maîtrise du décodage à des connaissances orthographiques déjà affirmées ;

c) ils savent également s'appuyer sur l'organisation syntaxique des phrases et les indices morphosyntaxiques, sur les informations apportées par les compléments et les adjectifs, sur la ponctuation (niveau de traitement que nous pourrions appeler « mésostructures ») ; ils lisent « par groupes de mots ».

2. Lecteurs moyens

Constituant 20 % des élèves, ils ont des performances moyennes dans les deux grands domaines impliqués dans la réussite en lecture (compréhension du langage écrit des textes et identification des mots écrits). Ces performances leur suffisent pour extraire les principales informations explicites d'un texte et, le plus souvent, en reconstruire le sens global.

Mais certains d'entre eux pourraient vraisemblablement progresser en compréhension s'ils parvenaient à identifier plus rapidement et plus aisément les mots écrits, à opérer une lecture plus orthographique, à mieux tenir compte des indices morphosyntaxiques et de la ponctuation, à lire plus systématiquement par groupes de mots.

D'autres ont manifestement besoin d'améliorer le « traitement sémantique » des textes pour accéder à une compréhension plus fine.

D'autres encore ont besoin de progresser dans ces deux domaines.

3. Faibles et très faibles lecteurs

Cette catégorie regroupe 20 % des élèves. Il s'agit d'enfants qui ont des performances très faibles quand il s'agit de reconnaître des mots isolés ou de décoder des pseudo-mots[8]. Souvent, ils ne peuvent décoder ceux-ci que lorsqu'ils sont « d'orthographe simple » (sur le modèle de café, vélo, caméra, taxi...) et ont plus de difficultés avec des unités comportant des graphèmes complexes. Leur lecture orale est ânonnante et très hésitante (ils butent sur de nombreux mots) ; elle est quelquefois erronée.

Cette difficulté portant sur les microstructures (et conséquemment les mésostructures) les amène à une lecture reposant en grande partie sur le « devinement », à partir de quelques mots fréquents reconnus plus ou moins globalement, à partir des macrostructures (reconnaissance du type d'écrit, par exemple) ou à partir des indices sémantiques fournis par les illustrations. De la sorte, ils peuvent réussir, « en bricolant », à construire un sens acceptable s'il s'agit de textes évoquant des univers très familiers. Mais, devant un texte portant sur un sujet moins connu, s'il contient plusieurs mots difficiles à reconnaître pour eux, ils ne parviennent pas à établir toutes les informations explicites. Cela peut même les conduire à des contresens.

4. Non-lecteurs

Ces élèves (20 % de l'effectif) ont des performances très faibles dans les deux domaines envisagés. Ils atteignent un niveau comparable ou inférieur aux élèves précédents dans les tâches de reconnaissance de mots isolés et de décodage de pseudo-mots. Mais ils ne compensent pas cette difficulté, comme le font les élèves précédents, par des appuis sur d'autres indices (macrostructures, illustrations, etc.). Ils ne parviennent pas à construire le sens global des textes.

On peut illustrer cette typologie en reprenant la métaphore du peloton cycliste. L'image ci-après résume alors la situation.

---

8. Un pseudo-mot est une forme lexicale inventée : cela ressemble à un mot mais ce n'est pas un mot. Exemple de phrase écrite avec des pseudo-mots : « Des prognons murdrants glimaient sur la poince. »

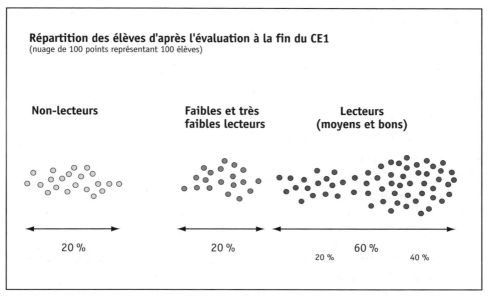

Répartition des élèves d'après l'évaluation à la fin du CE1
(nuage de 100 points représentant 100 élèves)

Non-lecteurs **Faibles et très faibles lecteurs** **Lecteurs (moyens et bons)**

20 % 20 % 20 % 60 % 40 %

Une représentation des quatre sortes d'élèves sous forme de peloton cycliste

Notons d'abord que la tête du peloton regroupe 60 % des élèves, parmi lesquels le plus fort contingent (40 %) sont de bons lecteurs. Cette réalité a surpris un grand nombre d'enseignants de Sarcelles qui voyaient leurs élèves entrant au CE2 de façon globalement plus sombre. Ce phénomène de « noircissement » est considéré comme normal en psychologie sociale (les 40 % de non-lecteurs et faibles ou très faibles lecteurs attirent davantage l'attention que les 60 % de bons et moyens lecteurs). Mais il est renforcé par les résultats des élèves aux évaluations nationales CE2, car celles-ci, notamment parce qu'elles « testent », à cette époque, des « compétences remarquables », font ressortir davantage les erreurs ou échecs que les réussites. Ces évaluations nationales, soyons-en conscients, peuvent institutionnaliser chez les maîtres le sentiment d'avoir à faire à une difficulté globale, indifférenciée et résistante de toute une population d'enfants.

On observe ensuite qu'à la sortie du cycle 2, en queue de peloton, il y a 20 % d'élèves qui, fort heureusement, n'ont pas encore « été décrochés » : certes, ces élèves sont très faibles lecteurs, mais ils semblent avoir bien progressé grâce à l'enseignement prodigué au CE1 et, sous certaines conditions, il est possible de leur proposer de nombreuses tâches similaires à celles qui sont données aux bons et moyens lecteurs. Il leur suffirait seulement d'un peu de temps pour achever les apprentissages de base du cycle 2 et rejoindre le gros du peloton.

On remarque enfin un groupe de 20 % d'enfants qui sont déjà « lâchés ». Il leur faudrait, semble-t-il, davantage de temps pour terminer les apprentissages du cycle 2 (du moins, c'est ce que nous croyions alors).

Pour l'instant, ces élèves sont encore en fin de CE1. Mais qu'adviendra-t-il lorsqu'ils aborderont les exigences d'une lecture autonome au cycle 3 ? Que deviendront les faibles lecteurs ? Que deviendront les non-lecteurs ?

La prise en compte des difficultés en lecture au cycle 3 : des réponses insatisfaisantes

S'agissant des deux premières catégories (bons et moyens lecteurs, soit 60 % des élèves), on peut penser que les activités proposées par les enseignants du cycle 3, tant en lecture qu'en production d'écrit, seront autant de moyens de consolider les apprentissages initiaux. Ces enfants paraissent avoir atteint les seuils de compétence à partir desquels *toute nouvelle occasion de lire ou d'écrire constitue, presque nécessairement, un moment de perfectionnement des différentes habiletés impliquées dans la lecture.* Ces perfectionnements, à leur tour, rendent possibles des rencontres plus nombreuses et plus enrichissantes avec les textes, qui aboutiront à de nouveaux perfectionnements de leurs compétences... On peut dire que ces élèves – ou la plupart d'entre eux – sont entrés dans une « spirale de réussite », ou encore dans une dynamique d'auto-apprentissage.

En revanche, s'agissant de la catégorie des élèves faibles lecteurs et de celle des non-lecteurs, les enseignants expriment fréquemment leur désarroi devant *des difficultés qui relèvent des apprentissages de base de la lecture.* Ils se sentent désarmés pour aider ces élèves à les surmonter.

En outre, ils font souvent part de leur difficulté à conduire un même groupe-classe dans lequel il y a, suivant les situations, entre 20 et 40 % d'enfants qui ne sont pas vraiment autonomes en lecture. Ils se disent souvent « submergés » par la multiplicité des exigences posées par l'institution : conduire les apprentissages définis par les programmes du cycle 3 avec tous les élèves, approfondir les compétences en lecture des élèves les plus avancés, aider les élèves faibles ou très faibles lecteurs à dépasser leurs difficultés, poursuivre et achever les apprentissages de base pour les non-lecteurs.

Certes, pour ces élèves, les maîtres de cycle 3 proposent parfois des activités différenciées en lecture, par exemple en formant des groupes de niveau, voire des groupes de besoin. Souvent, ils leur donnent plus de temps pour certaines tâches, ils leur apportent des aides diverses (par exemple en oralisant eux-mêmes des textes ou parties de textes, en accordant à ces élèves plus d'attention et de présence...).

Certes encore, pendant le premier trimestre du CE2, des maîtres de Rased poursuivent le travail engagé au cycle 2 avec certains enfants en accompagnant leur entrée au cycle 3 et, dans quelques cas, en maintenant une aide tout au long de l'année.

Certes enfin, quelques élèves, parmi les plus fragiles, bénéficient d'une aide spécialisée mise en œuvre par les postes G tout au long du cycle 3.

Mais on peut se demander si, pour la plupart d'entre eux, ces efforts conjugués seront suffisants pour les faire entrer dans cette dynamique de réussite. L'impression dominante est en fait que, pour beaucoup d'élèves faibles lecteurs et la plupart des non-lecteurs, cela ne suffit pas à engendrer les progrès nécessaires au rythme souhaitable. Il semble que ces actions ne réussissent pas à réduire suffisamment l'hétérogénéité initiale entre les bons ou moyens lecteurs d'une part et les faibles lecteurs ou non-lecteurs d'autre part.

Du cycle 2 au cycle 3, l'amorçage d'un « effet Matthieu »

De surcroît, la lecture change de statut à partir du CE2 : au cycle 2, l'enjeu principal est d'apprendre à lire ; au cycle 3, il s'agit d'*apprendre en lisant*. Du coup, les difficultés en lecture menacent de se métamorphoser en handicap durable, car elles entravent aussi l'acquisition des connaissances véhiculées par l'utilisation de plus en plus habile de l'écrit impliquée par la majeure partie des activités du cycle 3 : lecture de documents scientifiques, enrichissement des connaissances sur le monde et du vocabulaire qui leur est lié, accès à des raisonnements de plus en plus complexes à travers des textes de plus en plus riches, notamment sur le plan syntaxique, résolution de problèmes énoncés par écrit, etc.

Cela signifie qu'à terme, *l'écart entre ces élèves et les bons et moyens lecteurs est susceptible de s'accentuer*. C'est ce que constataient déjà, dans des recherches des années 1980, des chercheurs américains qui avaient conduit des études longitudinales au cours desquelles ils avaient suivi des cohortes d'élèves sur plusieurs années de scolarité. Non seulement les performances des élèves en milieu de deuxième année de primaire permettent de prévoir de façon très fiable ce qu'elles seront à l'âge de treize ans, mais durant ces cinq années, l'écart entre les élèves les plus habiles et les moins habiles en lecture augmente fortement. Keith Stanovich a d'ailleurs désigné ce phénomène par l'expression « effet Matthieu » (1986), du nom de l'un des auteurs des Évangiles, qui a écrit que « les riches s'enrichissent et les pauvres s'appauvrissent ».

Concernant les plus faibles lecteurs du cycle 3, on a même le sentiment que dès le CM1, certains enfants, les plus « décrochés », entrent dans la spirale de l'illettrisme : dès ce moment en effet, on peut observer des conduites caractéristiques d'évitement de la lecture et de l'écrit (quel que soit, par ailleurs, l'intérêt des situations aménagées par les maîtres).

Pour résumer, à l'entrée du cycle 3, de nombreux élèves, entre 20 et 40 % dans la Zep de Sarcelles, sont en danger de marginalisation scolaire et les actions habituellement conduites par les maîtres ne semblent pas suffire à prévenir ce risque ou à y remédier.

Toutefois, l'analyse des résultats des élèves à l'évaluation à la fin du cycle 2 laisse supposer qu'une action forte et intensive auprès de la catégorie des élèves faibles ou très faibles lecteurs (20 % environ des élèves), dès le début du CE2, permettrait à beaucoup d'entre eux d'atteindre un seuil suffisant de compétences pour bénéficier plus pleinement de l'enseignement prodigué au cycle 3. Plus globalement, cette action serait de nature à remobiliser, sur les apprentissages de base, la plupart des élèves en difficulté en lecture et leur serait donc également utile. C'est dans cette perspective qu'a été élaboré le « concept » de Maclé.

Mais cette même analyse laisse penser aussi que la résorption des difficultés des non-lecteurs (20 % environ des élèves) doit être envisagée par une action continue tout au long du cycle 3, action dont il resterait en grande partie à imaginer les contours. De toute façon, on sait d'avance qu'une telle prise en charge durable au cycle 3 est difficile à mettre en place, compte tenu des objectifs qui sont fixés pour ce cycle par les programmes nationaux et auxquels il n'est pas question de se soustraire. On est alors conduit à penser qu'à terme, seule une action résolue et continue, en amont, aux cycles 1 et 2, permettra à l'école d'affronter le problème de ces 20 % d'enfants, les plus fragiles, de manière vraiment efficace.

Nous allons voir que ce sont en fait les élèves les plus en difficulté qui progressent le plus au cours d'un Maclé et que l'on aboutit ainsi à une homogénéisation inespérée, mais bienvenue !

3 Apprentissage « massé » et apprentissage « distribué »

Concernant un grand nombre d'élèves faibles ou très faibles lecteurs, on peut présumer qu'une intervention intense au début du cycle 3 peut être opérante. En effet, ces élèves ont acquis certaines des compétences de base et s'en servent pour «faire du sens». Nombre d'entre eux semblent donc avoir principalement besoin de consolider, d'automatiser et d'étendre ces compétences.

Ce type d'action ne s'opposerait évidemment pas à la mise en place d'autres modalités de différenciation dans les classes de CE2 et de CM tout au long du cycle 3. Et, si cette intervention intense et concentrée dans le temps réduisait un tant soit peu l'écart entre ces élèves faibles ou très faibles lecteurs et les lecteurs moyens, cela pourrait aussi avoir des conséquences positives pour les non-lecteurs : les maîtres de cycle 3 pourraient alors se concentrer davantage sur les difficultés de ceux-ci.

Or, cette idée de l'efficacité possible d'une intervention intense et concentrée dans le temps pour certains apprentissages et à certains moments n'est pas sans fondement dans l'expérience.

– On sait que, dans le domaine de la lecture-écriture, des projets bien conçus, réalisés sur une courte durée, comme les classes lecture de l'AFL ou celles expérimentées à Cherbourg[9], peuvent déclencher chez certains enfants en difficulté initiale en lecture des progrès spectaculaires et l'entrée dans une dynamique de réussite.

---

9. AFL, 1988 (ce numéro des *Actes de lecture* porte sur les classes lecture). Sur l'expérience des classes lecture de Cherbourg, voir Ouzoulias R., 1995a et 1995b.

– On connaît l'efficacité de dispositifs caractérisés eux aussi par une action intense, quoique plus soutenue dans la durée : les clubs « Coup de pouce » (Chauveau, Rogovas, 1995) ou les expériences que des pédagogues américains ont appelés « école accélérée ». On pense aussi à l'extraordinaire investissement scolaire des quatre cents élèves dans l'école pour enfants pauvres Edisca de Dora Andrade à Fortaleza au Brésil[10].

– Beaucoup d'enseignants ont mesuré eux-mêmes, en tant qu'apprentis, l'efficacité de stages intensifs dans d'autres domaines, qu'il s'agisse des langues étrangères (lors de stages « en immersion complète ») ou de stages intenses centrés sur la pratique d'un sport, celle d'un instrument en musique, l'expression théâtrale, l'utilisation de l'informatique, etc.

La lecture : comme le ski ou comme les tables de multiplication ?

Par ailleurs, ces observations (mettant en évidence l'efficacité possible, du point de vue des apprentissages, d'un dispositif intensif) méritent d'être rapprochées d'une problématique de recherche connue par les spécialistes sous la terminologie « apprentissage massé/apprentissage distribué » ou des études qui s'intéressent au rôle du temps dans la consolidation et l'automatisation des connaissances[11]. Diverses expériences rapportées par ces chercheurs montrent en effet que, dans certains apprentissages, pour une même durée totale, c'est un « apprentissage distribué » (des séquences réparties sur une longue période) qui est le plus efficace, tandis que pour d'autres apprentissages, on obtient une plus grande efficacité si ceux-ci sont « massés » (des séquences concentrées sur une courte période).

Pour certains apprentissages, il paraît aisé de concevoir *a priori* lesquels peuvent être plus ou moins efficaces s'ils sont distribués plutôt que massés ou massés plutôt que distribués. Ainsi, on peut penser que si l'on dispose

---

10. Site internet : www.edisca.org.br
11. *Cf.* par exemple : Baddeley, 1993 ; Bahrick, 1994 ; Challis, Sidhu, 1993 ; Anderson, Fincham, Douglass, 1999 ; Fischer, 2001.

de sept jours pleins (ou quarante-deux heures) pour apprendre à skier, il vaut mieux masser les séquences sur les sept jours d'une même semaine plutôt que de les distribuer à raison d'un jour par mois pendant sept mois. Inversement, on peut supposer assez raisonnablement que s'il s'agit de mémoriser des tables de multiplication et qu'on dispose de quarante-deux heures en tout (soit 2 520 minutes), il vaut mieux distribuer les séquences à raison de dix minutes par jour pendant deux cent cinquante-deux jours que d'y passer sept jours à raison de six heures par jour.

L'efficacité plus grande attendue d'un apprentissage distribué des tables de multiplication ne tiendrait pas seulement au fait que passer une semaine complète sur cette unique tâche est lassant et démotivant. Elle tiendrait sans doute aussi aux caractéristiques mêmes du contenu d'apprentissage et à ses relations avec le fonctionnement de la mémoire humaine (*cf.*, par exemple, la problématique «apprentissages déclaratifs/apprentissages procéduraux»). Le même raisonnement portant sur les relations entre l'apprentissage du ski et le fonctionnement de la mémoire humaine peut être tenu (pour justifier, bien entendu, la conclusion inverse).

Et en lecture, faut-il masser ou distribuer ?

Cette problématique psychologique a certainement des implications pédagogiques dans de nombreux domaines, plus particulièrement dans celui de la lecture-écriture, qui mériteraient d'être étudiées sérieusement[12]. Par exemple, a priori, on peut penser que l'acquisition de procédures comme le décodage ou de stratégies comme celles qui sont mises en œuvre pour résoudre des problèmes de compréhension, puisse bénéficier davantage d'un apprentissage massé. En revanche, il est vraisemblable que la mémorisation à long terme de connaissances telles que l'orthographe lexicale (quand aucune procédure ne permet d'en décider avec certitude) exige un apprentissage distribué.

En tout cas, dans le cas des élèves en difficulté en lecture (ceux que nous avons classés dans la troisième catégorie), on peut penser qu'un apprentissage massé à l'entrée au cycle 3 serait susceptible de produire une accélération. Compte tenu des compétences qu'ils ont déjà acquises dans les principaux domaines en lecture, ils sont dans une « période sensible » à des séquences massées qui viseraient à consolider, étendre et automatiser ces compétences. D'un point de vue développemental, ils font penser à ces élèves de CE1 qui sont passés, parfois en quelques semaines au premier trimestre, du « bricolage » à une lecture plus systématique et plus rapide et qu'on retrouve pour la plupart, lors de l'évaluation de fin de CE1, dans la catégorie des lecteurs moyens. Ce qui est arrivé « spontanément » pour les uns au milieu du CE1 ne pourrait-il se produire pour les autres au début du CE2, certes en un temps plus court, mais dans un environnement pédagogique délibérément conçu pour cela ?

De toute façon, l'urgence de la situation pour ces enfants à l'orée du cycle 3 ne laisse guère le choix et on est tenté de parier sur le fait qu'un apprentissage massé pourrait constituer une stratégie à « haut rendement » (qui

---

12. Nous ne voulons surtout pas dire que les compétences en lecture-écriture bénéficieraient plus d'un apprentissage massé que d'un apprentissage distribué ou l'inverse. Selon nous, il faudrait plutôt chercher, pour chaque compétence, quelle modalité pourrait être la plus efficace à tel moment de l'apprentissage.

doit, bien entendu, être conçue comme un complément aux modalités plus classiques de différenciation sur le long terme, non comme une stratégie de substitution).

Au total, l'idée des Maclé résulte donc de la convergence de trois sortes de réflexions.

1°) L'analyse des évaluations diagnostiques conduit à mieux cerner la nature des difficultés des élèves les plus fragiles entrant au CE2 et le caractère plus ou moins «résistant» de ces difficultés.

2°) Dans le fonctionnement actuel du système scolaire et malgré les efforts des maîtres, la plupart de ces élèves ne parviennent pas à surmonter leurs difficultés au cours des trois années du cycle 3. Beaucoup de ces élèves, dans ces conditions, sont exposés à un risque de marginalisation scolaire, qu'on pourrait certainement limiter en intervenant fortement au début du CE2, avant que ces difficultés ne se figent.

3°) La réflexion sur les modalités d'aide ou de différenciation, plus généralement sur leur caractère «massé» ou «distribué», amène à soupçonner qu'un dispositif d'intervention intense, concentré dans le temps au début du CE2, est susceptible de produire des effets proportionnellement plus importants que les actions différenciées habituelles plus «distribuées», sans pour autant s'y substituer, au moins pour les élèves faibles lecteurs.

On nous permettra de noter qu'une telle stratégie «radicalise» la logique de certaines recommandations officielles, comme la circulaire du 18 novembre 1998 (*BO* du 26 novembre 1998) sur les «programmes personnalisés d'aide et de progrès» (en abrégé, PPAP). Ainsi, cette circulaire énonçait, à propos de l'exploitation des évaluations nationales CE2 :

« Les maîtres de cycle 3 se livrent à une analyse fine des réponses aux épreuves d'évaluation de chacun des élèves ne maîtrisant pas les compétences de base (…). C'est cette réflexion commune qui doit déboucher sur la mise en place d'un programme personnalisé d'aide et de progrès pour chaque élève concerné.

Le maître met en œuvre dans sa classe ce programme individuel pour les quelques élèves concernés. *Dans certaines écoles, notamment en réseau d'éducation prioritaire, le nombre d'élèves concernés en CE2 peut être plus important. Les équipes pédagogiques peuvent alors mettre en place des groupes de besoins décloisonnés, par niveau de classe ou inter niveaux, mobilisant les maîtres spécialisés option E et maîtres de soutien, notamment pour des séquences dont la fréquence et la durée sont adaptées aux besoins*[13]… »

Ultérieurement, la circulaire du 16 novembre 2000 (*BO* du 23 novembre 2000) a repris l'idée d'action intense et concentrée : « …les interventions gagnent à avoir une forte densité (caractère fréquent sur une période courte) dans le premier trimestre de l'année scolaire pour les élèves de CE2 » et celle de décloisonnement : « Quand plusieurs classes de CE2 existent dans une école, les travaux peuvent être menés de manière décloisonnée. »

---

13. Souligné par nous.

4 Une première expérimentation au CE2 : des résultats très convaincants

Le premier Maclé s'est déroulé pendant trois semaines au mois de novembre 1999 pour les trois classes de CE2 de l'école Henri-Dunant à Sarcelles. L'équipe des maîtres du cycle 3 a aussitôt décidé de prolonger l'action jusqu'aux congés d'hiver pour l'ensemble des élèves, à raison d'une heure et demie par semaine, le mardi matin.

Ce premier Maclé étant terminé, nous voulions apprécier, sinon mesurer, les effets de ce dispositif. Pour cela, les trois enseignantes de CE2 de l'école ont bien voulu faire repasser à leurs élèves les évaluations nationales CE2 en français. Cela paraissait un procédé simple et probant, même s'il reste contraignant pour les maîtres et pour les élèves (cette évaluation les mobilise durant quatre séquences d'une demi-heure environ). Pour vérifier si on obtient des effets durables, il a été décidé d'organiser cette passation au début de janvier 2000 plutôt qu'aussitôt après la fin du Maclé en semaines complètes (fin novembre). Les élèves se sont prêtés d'autant mieux à cette passation qu'ils étaient curieux, eux aussi (tout comme leurs parents), de savoir dans quelle mesure ils avaient progressé[14].

On pourrait reprocher à ce procédé d'être peu rigoureux : le fait de proposer les mêmes épreuves en octobre et en janvier ne constitue-t-il pas un biais qui affecte cette mesure ? On est en effet en droit de considérer qu'en reconnaissant en janvier une tâche à laquelle ils ont déjà été confrontés début octobre, les élèves sont avantagés lors de la seconde passation. Il était

---

14. Après cette seconde passation, les élèves ont été informés individuellement de leurs résultats item par item et de leur évolution d'octobre à janvier. Cela a eu un effet de redynamisation pour plusieurs d'entre eux.

possible de faire passer les évaluations CE2 de l'année scolaire précédente (septembre 1998). Mais il aurait été plus difficile de comparer les résultats, car les tâches et les supports varient d'une année à l'autre.

En fait, selon les enseignantes de CE2, les élèves n'ont pas reconnu les tâches demandées. De plus, ils ne savaient pas quels items ils avaient réussis ou manqués en octobre et aucune correction collective n'avait été organisée. De ce fait, la tendance à maintenir la réponse au cours du temps dans la même tâche pouvait conduire les élèves à reproduire leurs erreurs d'octobre, tout autant que leurs productions correctes.

Évaluations chiffrées

Les résultats à cette évaluation, comparés à ceux de ces mêmes élèves au début octobre 1999, sont présentés dans le tableau page suivante[15].

Nous livrons en annexe une analyse statistique de ces résultats. Nous nous limiterons ici à noter les phénomènes essentiels.

1. Le score moyen des élèves progresse fortement

Cette progression fait par exemple passer le score global moyen des 62 élèves de 52 % en octobre à 72,5 % en janvier, soit une progression de plus de 20 points de pourcentage en trois mois. L'écart avec la moyenne nationale (laquelle était de 66,6 %) passe de − 14,6 % à + 5,6 %. La plupart des élèves progressent sensiblement.

Bien évidemment, il n'est pas question d'attribuer cette amélioration globale aux seules actions conduites durant le Maclé. Il est certain que, sans lui, les résultats des élèves auraient progressé très sensiblement entre octobre et janvier. Pour mieux connaître la contribution spécifique du module, il aurait fallu comparer l'évolution des résultats des élèves de ces trois classes avec ceux d'un groupe témoin. Malheureusement, il ne nous a pas été possible de

---

15. Exemple de lecture de ce tableau : l'élève M2, de la classe n° 2, a réussi 39,6 % des items en octobre 1999 et 78 % des items en janvier 2000 ; il réussissait 45,8 % des items représentant des compétences de base en octobre et 95,8 % en janvier.

Résultats des 62 élèves de CE2 de l'école Henri-Dunant (de A1 à S3)
aux évaluations nationales en français début octobre 1999 et début janvier 2000

	Oct. 1999		Janv. 2000			Oct. 1999		Janv. 2000			Oct. 1999		Janv. 2000	
Cl. 1	SR1	SR2	SR1	SR2	Cl. 2	SR1	SR2	SR1	SR2	Cl. 3	SR1	SR2	SR1	SR2
A1	67,0	87,5	74,7	87,5	A2	42,9	62,5	70,3	83,3	A3	58,2	79,2	79,1	100
B1	70,3	87,5	79,1	87,5	B2	33,9	30,0	62,6	87,5	B3	53,8	62,5	71,4	83,3
C1	37,4	58,3	77,8	83,3	C2	63,6	79,2	79,1	87,5	C3	61,5	79,2	68,1	87,5
D1	58,2	79,2	83,3	83,3	D2	47,3	62,5	72,5	87,5	D3	24,2	16,7	63,7	79,2
E1	70,3	79,2	76,9	75,0	E2	50,5	62,5	70,3	83,3	E3	18,7	29,2	56,3	75,0
F1	48,4	70,8	57,1	66,7	F2	87,9	91,7	98,9	100	F3	37,4	70,8	67,0	83,3
G1	37,4	50,0	57,1	66,7	G2	27,5	50,0	69,2	83,3	G3	18,7	20,8	50,5	70,8
H1	24,2	20,8	65,9	75,0	H2	70,3	87,5	94,5	100	H3	61,5	79,2	80,2	83,3
I1	56,0	70,8	67,0	58,3	I2	51,6	62,5	68,1	91,7	I3	54,9	66,7	76,9	91,7
J1	86,8	87,5	89,0	87,5	J2	44,0	54,2	56,0	66,7	J3	52,7	62,5	72,5	75,0
K1	54,9	79,2	85,7	87,5	K2	40,7	50,0	67,2	87,5	K3	24,2	33,3	46,2	50,0
L1	49,5	79,2	70,3	79,2	L2	17,6	12,5	53,8	62,5	L3	62,6	70,8	83,5	95,8
M1	80,2	75,0	96,7	91,7	M2	39,6	45,8	78,0	95,8	M3	71,4	79,2	86,8	87,5
N1	52,7	66,7	69,2	70,8	N2	56,0	79,2	70,3	83,3	N3	61,5	87,5	89,0	91,7
O1	39,6	45,8	57,1	66,7	O2	68,1	83,3	81,3	91,7	O3	37,4	58,3	59,3	91,7
P1	74,7	87,5	87,9	95,8	P2	27,5	29,2	41,8	70,8	P3	17,6	25,0	48,4	66,7
Q1	72,5	79,2	83,5	95,8	Q2	75,8	75,0	94,5	95,8	Q3	34,1	54,2	52,7	79,2
R1	63,7	62,5	74,7	75,0	R2	59,3	87,5	78,0	95,8	R3	72,5	91,7	83,5	79,2
S1	39,6	54,2	59,3	62,5	S2	80,2	91,7	98,9	100	S3	33,5	45,8	44,0	58,3
T1	62,6	79,2	68,1	66,7	T2	73,6	91,7	94,5	95,8					
U1	84,6	100	97,8	100	U2	42,9	66,7	82,4	100					
					V2	38,5	50,0	54,9	62,5					
Moy.	58,6	71,4	75,2	79,2		51,8	63,9	74,4	86,9		45,1	58,6	67,3	80,5

SR1 : score global de réussite en % (calculé sur l'ensemble des 91 items de français).
SR2 : score de réussite en % aux seuls items considérés comme représentatifs des compétences de base.
Moy. : score de réussite moyen de la classe.
Chaque élève est dénommé ici par une lettre suivie du numéro de sa classe.

mettre en place une telle évaluation à titre de contrôle dans d'autres écoles en janvier. Mais, outre les observations des enseignants, divers arguments statistiques – que nous développons en annexe – permettent d'affirmer que la contribution du Maclé à ce progrès général a été décisive.

2. Les élèves les plus faibles contribuent le plus à cette progression générale

Ainsi, par exemple, les neuf élèves ayant obtenu un score (SR1) inférieur à 30 % en octobre (ils avaient obtenu 22 % en moyenne) obtiennent un score de 55 % en janvier, soit un progrès de trente points de pourcentage, et ne sont plus qu'à onze points de la moyenne nationale de début d'année. Ils font plus que doubler leur score moyen.

Si l'on s'intéresse aux vingt élèves qui avaient obtenu des scores inférieurs à 40 %, leur score moyen était de 30,4 % en octobre, soit trente-six points en dessous de la moyenne nationale. Il passe en janvier à 58,3 %, soit un progrès moyen de vingt-huit points. Ils doublent quasiment leur score d'octobre et ne sont plus qu'à huit points de la moyenne nationale. La plupart de ces élèves progressent fortement, certains de manière spectaculaire : H1 et G2 (+ 42 %), C1 et D3 (+ 40 %), E3 et M2 (+ 38 %), L2 (+ 36 %).

Trente-cinq élèves, soit 56 % de l'effectif, ne réussissaient pas 75 % des items représentatifs des compétences de base en octobre. Ce nombre passe à quinze en janvier, soit 24 % de l'effectif, ce qui est inférieur à la moyenne nationale de début de CE2. Mais, si l'on met la barre à 66 % des items, ce nombre passe de vingt-huit à six (soit moins de 10 % de l'effectif). En outre, dans ce domaine des compétences de base, certains progrès paraissent encore plus spectaculaires : D3 (+ 63 %), B2 (+ 58 %), H1 (+ 54 %), L2, M2 et G3 (+ 50 %), E3 (+ 46 %). Pour ces enfants (11 % de l'effectif), on peut parler d'un véritable « bond en avant ».

Là aussi, on est tenté de relier ces progrès des élèves les plus faibles au travail effectué lors du Maclé, plus particulièrement dans les groupes de besoin, animés par les enseignantes de CE2 et par les maîtres spécialisés du Rased.

3. Conséquemment, une homogénéisation des scores globaux

Si l'on observe l'écart entre la moyenne des sept élèves les plus faibles et celle des sept les plus avancés, il passe de soixante et un points de pourcentage en octobre à quarante-huit points en janvier (ce ne sont pas nécessairement les mêmes élèves dans chaque groupe). Cet écart est, en janvier, inférieur à celui de l'échantillon national de début d'année (l'écart entre les 10 % d'élèves les plus faibles et les 10 % les plus forts y était de 54,6 points de pourcentage).

Si l'on ne considère que les compétences de base, la réduction de la dispersion est encore plus nette, puisque ce même écart passe de soixante-dix points de pourcentage à trente-neuf points (on compare à nouveau les écarts entre la moyenne des scores des sept élèves les plus faibles et celle des sept élèves les plus performants en octobre et en janvier). Même si cette réduction est en soi normale compte tenu d'un effet plafond pour les élèves les plus avancés (dont la moyenne était déjà de 91,7 % en octobre), l'ampleur de cette réduction est frappante. Les résultats, analysés item par item, confirment cette donnée globale : c'est généralement sur les items où il existait en octobre la plus forte dispersion que le progrès moyen est le plus important.

Le resserrement des écarts est général et s'accompagne d'une translation de l'ensemble des performances vers les scores élevés. Il est illustré par les histogrammes suivants où sont représentés, en ordonnée, les pourcentages d'élèves de CE2 ayant obtenu un score global de réussite donné (lui-même en pourcentage d'items réussis) représenté en abscisse. Nous y comparons la répartition des valeurs des scores des élèves de Henri-Dunant en octobre puis en janvier avec celle de l'échantillon national.

Répartition des valeurs des scores de réussite globale (SR1)
Sarcelles octobre 1999 comparée à France rentrée 1999

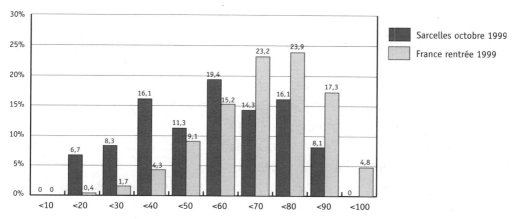

Répartition des valeurs des scores de réussite globale (SR1)
Sarcelles janvier 2000 comparée à France rentrée 1999

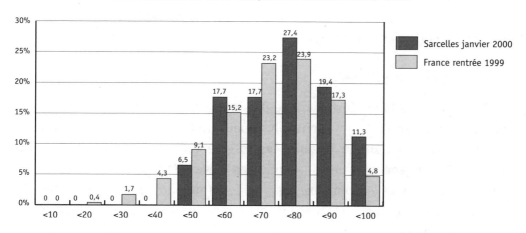

Exemples de lecture des graphiques : 23,9 % des élèves de France à la rentrée 1999, 16,1 % à Sarcelles début octobre et 27,4 % début janvier ont réussi entre 70 et 80 % des items.

Là encore, on est tenté de voir un des effets du Maclé, dont c'était un objectif central, en particulier avec les groupes de besoin : en janvier, le profil des soixante-deux élèves de l'école Henri-Dunant est globalement similaire à celui de l'échantillon national, avec une sous-représentation des scores les plus faibles (6,5 % des élèves obtiennent un score de réussite globale inférieur à 50 %, contre 15,5 % dans l'échantillon national).

En résumé, on peut dire qu'en janvier, ces trois classes de CE2 présentent un profil légèrement supérieur à celui de l'ensemble des élèves de CE2 de France au début de l'année (et donc assez proche des résultats des élèves hors Zep) :

- score moyen de réussite globale comparable à la moyenne nationale (en réalité, légèrement supérieur) ;
- pourcentage similaire d'élèves ne réussissant pas 75 % des items représentatifs des compétences de base ;
- écarts voisins entre les plus faibles et les plus avancés, répartition meilleure des valeurs des scores.

Tous comptes faits, quelle que soit la contribution réelle du Maclé à cette évolution, nous voulons souligner que *la différence entre les élèves des CE2 de cette école et ceux de l'échantillon national se ramène finalement à trois ou quatre mois d'expérience scolaire.*

Évaluation qualitative

Nous n'avons donné jusqu'ici que des indications chiffrées. Mais si on les croise avec d'autres informations, plus qualitatives, on aboutit à des conclusions voisines. Durant le module, les intervenants ont été frappés par le sérieux de l'engagement de l'ensemble des élèves. Ainsi, malgré une organisation inhabituelle et complexe, les incidents de parcours ont été rares. La motivation des enfants n'a pas fléchi durant les trois semaines. Dans un bilan « à chaud » (fin novembre), les enseignants disaient avoir vu émerger un collectif d'enfants de CE2 qui a « investi » le groupe scolaire. Concernant les élèves les plus fragiles, ils affirmaient, dans ce même bilan :

« Les enfants en difficulté n'ont pas été marginalisés. Certains d'entre eux, mis dans une nouvelle situation, ont fait émerger des compétences qui n'avaient pas pu, jusqu'alors, être identifiées. »

Des élèves qui semblaient s'installer dans la difficulté se sont remotivés durablement à cette occasion.

Plus globalement, les enseignantes de CE2 disent aussi avoir nettement perçu un changement de climat dans leur classe et ajoutent que ce changement a persisté bien au-delà du module. Ainsi, lors de la restitution des résultats des élèves aux évaluations CE2 de janvier, ceux qui avaient le plus progressé se sont sentis gratifiés du travail fourni et ont parfois exprimé leur joie de façon visible, joie redoublée quand les parents ont eux-mêmes été informés de ces résultats.

Un bénéfice plus important que prévu pour les élèves les plus faibles : pourquoi ?

On aura noté, en analysant les données du tableau et en prenant en compte celles que nous en avons extraites, que ce sont les élèves les plus faibles qui progressent le plus. Or, rappelons que, dans la genèse des Maclé, nos analyses des évaluations diagnostiques nous laissaient penser que les non-lecteurs ne seraient pas les premiers bénéficiaires de ce type de dispositif. Nous envisagions un bénéfice important pour les faibles lecteurs, mais nous pensions que les difficultés des très faibles lecteurs et non-lecteurs étaient trop résistantes pour être surmontées rapidement à travers un tel dispositif. Cette analyse était erronée. En fait, nous avions surestimé le degré de résistance des difficultés de ces élèves les plus inexpérimentés.

Il reste à expliquer ce phénomène de progrès importants et rapides, voire de « bond en avant » pour la plupart des élèves dont les résultats à l'évaluation nationale CE2 apparaissaient très mauvais et qui, le plus souvent, avaient été considérés comme non-lecteurs à l'issue de l'évaluation diagnostique en fin de CE1.

Un « bond en avant » banal ?

Une première raison tient vraisemblablement à l'efficacité même des activités pratiquées lors du Maclé, à leur concentration (aspect massé de l'apprentissage) et à la possibilité donnée par le dispositif d'aménager de tout petits groupes, permettant d'individualiser les interventions. L'objectif principal, pour ces élèves, était de «débloquer» l'accès au contenu linguistique des textes par un travail adapté, souvent individualisé, mais intense et continu, sur la reconnaissance des mots écrits (décodage et reconnaissance orthographique). Dans un environnement (pas seulement durant le module) où l'enjeu de la lecture est clairement situé du côté de la construction du sens et où une place importante est donnée à la production écrite, ces élèves progressent «dans tous les compartiments du jeu» en lecture, développent des capacités d'auto-apprentissage et entrent dans une dynamique de réussite qui se propage, à son rythme, au-delà du module lui-même. Le fait de pouvoir lire (ou de pouvoir lire avec beaucoup plus d'aisance) des textes divers les fait progresser aussi dans la compréhension du langage écrit.

Ce phénomène de «bond en avant» ne paraît pas spécifique aux élèves en difficulté en lecture au CE2. Les enseignants spécialisés des Rased l'observent souvent avec des élèves de CP ou de CE1 qu'ils aident dans l'apprentissage de la lecture : quand ces élèves progressent dans l'accès à la langue écrite, il arrive un moment où «ça bascule», où le «rendement sémantique» de leur lecture s'améliore brusquement et où s'enclenche alors une dynamique de progrès continu.

Ce «bond en avant» reflète probablement un changement dans le fonctionnement cognitif de l'élève, consécutif à ses progrès dans le traitement de la langue écrite. Avant ces progrès, devant un texte écrit, il se comportait souvent comme un néophyte devant des hiéroglyphes. Il en était souvent réduit à chercher «de quoi ça parle» en glanant çà et là quelques indices, et finalement, à inventer ce que dit le texte. Dès lors qu'il est devenu capable de traiter la plupart des mots écrits, son activité intellectuelle change de nature. Ce n'est plus, sachant (mais pas toujours) de quoi parle le texte, imaginer ce qu'il pourrait dire. C'est, sachant ce que dit le texte, comprendre ce qu'il veut dire. *Auparavant, il cherchait à compenser des difficultés de lecture, maintenant, il cherche à résoudre des problèmes de compréhension.*

Autrement dit, le déblocage de l'accès au contenu linguistique des textes ne donne pas seulement un bien meilleur accès à leur contenu sémantique. C'est à la fois la compréhension des textes et la compréhension et le pilotage de l'activité de lecture qui s'en trouvent globalement améliorés.

Mais, du coup, ce même élève accède ainsi plus massivement à une expérience de la langue des textes et cela l'aide à développer sa compétence dans la compréhension et la production du français : il renforce et enrichit des structures syntaxiques, il acquiert du vocabulaire, il développe les distinctions entre phonèmes, etc.

La mobilisation, la concentration dans le temps

Une deuxième explication, complémentaire, relève du facteur affectif : ces enfants se sont fortement mobilisés sur leur apprentissage. Ils faisaient ainsi écho à la mobilisation des enseignants, des autres élèves de CE2 et des parents dans la préparation et la mise en œuvre d'un dispositif essentiellement destiné à les aider et qui prenait un caractère tout à fait inhabituel. Le regard de ces enfants sur eux-mêmes et sur les adultes a changé et, corrélativement, c'est aussi le regard des adultes sur ces enfants qui a changé. De plus, ceux-ci ont objectivement progressé et, du fait que ces progrès se sont déroulés dans un temps relativement bref, ils se sont sentis « bouger ». C'est certainement une autre raison pour laquelle la mobilisation de ces élèves ne s'est pas arrêtée à l'issue du module et a persisté ensuite. Les observations des trois enseignantes de CE2, évoquées ci-dessus, vont dans ce sens.

Les échanges métacognitifs

Troisièmement, les enseignants avaient décidé de favoriser les échanges métacognitifs, lors du Maclé et au sein de la classe. Les enfants de 8-9 ans sont plus sensibles à ce type d'interaction que les élèves plus jeunes et ceci a conduit plusieurs d'entre eux à entrer de manière plus consciente dans l'apprentissage de la lecture, à mieux cerner la nature de leurs difficultés personnelles et à y faire face de manière plus adaptée.

Y a-t-il vraiment un effet spécifique du Maclé ?

Mais, en l'absence d'un groupe témoin, nous ne pouvons pas écarter le fait que ces enfants avaient tout simplement besoin de plus de temps pour achever leurs apprentissages de base et qu'ils atteignent plus tôt, du fait du module, des niveaux de réussite qu'ils eussent atteint avec une même durée d'apprentissage, quelque temps plus tard. Quoi qu'il en soit, le progrès apparaît alors plus rapidement et il y a lieu d'y voir un effet positif minimal du dispositif.

Notre conviction d'un effet spécifique (et très positif) des Maclé a été confortée par la généralisation du dispositif à d'autres écoles. Là où des évaluations des compétences des élèves ont été réalisées avant et après un Maclé, les résultats obtenus sont du même ordre que ceux qui viennent d'être présentés pour l'école Henri-Dunant de Sarcelles. Il convient aussi de prendre en considération le fait que, jusqu'ici, la plupart des écoles qui ont organisé une première fois un Maclé l'ont reconduit les années suivantes, alors que cela demande un temps supplémentaire de préparation et modifie temporairement les habitudes de fonctionnement. Ces équipes d'enseignants, elles aussi semble-t-il, ont constaté un effet positif minimal du Maclé.

5 Des Maclé à d'autres niveaux (GS, CP, CE1)

C'est en grande partie ce constat d'un effet bénéfique au CE2 qui a conduit les enseignants de l'école Henri-Dunant de Sarcelles à mettre en place, dès l'année suivante, autant de Maclé que de niveaux, de la GS au CE2, en les répartissant de la façon suivante dans le temps:
a) en septembre pour les élèves des CE1;
b) en novembre pour les élèves des CE2;
c) en février-mars pour les élèves des CP;
d) en fin d'année (mai-juin) pour les enfants de grande section.
Ces périodes sont choisies en fonction d'une analyse des dynamiques d'apprentissage à chaque niveau d'enseignement.

Des Maclé au CE1?

Le but principal d'un module en tout début d'année scolaire (septembre ou octobre) est «d'homogénéiser» la classe et notamment de s'assurer que tous les élèves peuvent utiliser les stratégies de base de lecture travaillées au CP: utilisation conjointe et coordonnée des hypothèses sémantiques et lexicales issues du contexte («Ça parle de...») et des informations procurées par la graphophonologie.
Pour de nombreux élèves, on visera évidemment la mémorisation de l'orthographe des mots les plus courants et leur reconnaissance directe en lecture, l'automatisation du décodage sur les graphèmes déjà connus, la découverte de graphèmes fréquents qui n'auraient pas encore été repérés (ain, œu, ill, gn, etc.).
Il se peut aussi que des élèves ne puissent décoder les mots que lorsque les

syllabes s'écrivent avec deux lettres, comme «café», «vélo», «taxi», «cinéma», etc., qu'ils soient submergés dès que la complexité augmente un tant soit peu (par exemple, le début de «maintenant» est lu «ma...» ou «mani...»), qu'ils cherchent à décoder des mots comme «dans», «pour», «avec», «grand», pourtant déjà rencontrés des dizaines de fois.

Il arrive aussi, hélas plus souvent qu'on ne croit, que des élèves n'aient pas compris le principe alphabétique au CP.

Des Maclé au CP ?

Avec un module en février (ou en mars), les enseignants viseraient plutôt la compréhension du principe alphabétique par les élèves qui n'en seraient pas encore là et une première automatisation des conversions graphèmes-phonèmes (CGP) les plus fréquentes (et pas forcément les plus «simples»).

Le repérage par les enseignants des zones de fragilité de tel ou tel groupe d'enfants conduit généralement à travailler aussi avec eux des compétences qui se situent en amont des CGP (voir ci-après ce que nous appelons la «graphophonologie supra-phonémique») ou encore à favoriser les progrès stratégiques, comme dans un Maclé de début de CE1.

Là encore, dans un Maclé-CP, le rôle dévolu aux situations d'écriture semble être décisif.

Des Maclé en grande section ?

En grande section, l'objectif principal est de permettre aux enfants de compléter ou de consolider leurs représentations de la lecture et du système écrit :

- fonctions des divers supports écrits (album, journal, livre de recette, imagier, documentaire, invitation, etc.) ;
- compréhension du fait que l'écriture note le langage et, concomitamment, de la notion de mot ;
- découverte du principe syllabique (quand un mot contient deux ou trois

syllabes orales, on peut retrouver, dans le mot écrit, les syllabes graphiques correspondantes ; chacune peut être notée par une, deux, trois, quatre... lettres) ;

– apprentissage des lettres dans les trois alphabets (majuscule d'imprimerie, minuscule et cursive) ;

– entraînement des premiers apprentissages de la cursive,

– approfondissement des compétences en métaphonologie (découpage des mots en syllabes orales, suppression de syllabes, repérage des rimes).

Là encore, la possibilité de former des petits groupes d'enfants facilite l'organisation d'ateliers d'écriture (dictée à l'adulte et autres procédés).

Généraliser les Maclé ? Pas si simple !

Cependant, dans le groupe scolaire Henri-Dunant de Sarcelles, cette généralisation n'a pas été sans inconvénient. L'expérience a montré qu'elle ne peut pas consister en une simple «transposition» du mode d'organisation mis en œuvre au CE2. Ainsi, si les enseignants du Rased sont mobilisés dans tous les Maclé, cela peut perturber l'organisation des prises en charge «au long court», qui demeurent un volet nécessaire de l'action du réseau d'aides.

Une solution prudente peut consister à limiter ces autres Maclé à des groupes de besoin, ou, plus simplement, à limiter la participation des maîtres de Rased à ces modules. On peut même juger que, quand le maître de Rased travaille sur trois groupes scolaires, il peut lui être difficile de participer à tous ces modules et qu'il est alors plus sage de limiter son intervention directe à un ou deux Maclé, par exemple celui du CE1 et celui du CE2. Cela ne signifie évidemment pas que les enseignants spécialisés des Rased se désintéressent des autres Maclé. Leur rôle dans la conception, la préparation et la régulation de ces modules reste toujours déterminant.

De plus, au CP, il faut être très attentif à ce que l'action s'inscrive dans la continuité avec la démarche engagée par le(s) maître(s) depuis le début de l'année, ce qui rend l'intervention des autres enseignants plus délicate et la préparation du module plus exigeante en temps de concertation. Une bonne tactique peut alors consister à confier l'encadrement du groupe des enfants les moins avancés à leur maître habituel et à privilégier les situations d'écriture.

Enfin, en grande section, il est clair que, pour certains enfants, ce sont des progrès dans la langue orale qui doivent être prioritairement visés, même en fin d'année.

D'autres Maclé dans d'autres écoles de Sarcelles

Les écoles de la circonscription de Sarcelles-Sud avaient engagé dès 1997 des actions en réponse à la difficulté scolaire, principalement dans le domaine de la lecture-écriture, actions liées à la mise en place de l'évaluation cycle 2 (*cf.* annexes 1 et 2) et à celle des PPAP (circulaire du 16 novembre 2000). La proposition de Maclé a donc suscité un intérêt immédiat dans les écoles de la circonscription. Certaines équipes ont recherché des modalités adaptées aux conditions locales respectant les principes généraux des Maclé.

Les résultats d'une enquête auprès des écoles de Sarcelles-Sud

Une enquête conduite en mai 2001 auprès des écoles a permis de dresser un tableau de situations assez précis, montrant l'engagement des équipes et la diversité des réponses. Seize écoles sur dix-sept ont mis en place des « modules de remédiation » organisés en équipe de cycle et associant les enseignants des classes, ceux des réseaux d'aide et ceux affectés aux postes supplémentaires « mission Zep ». Dans toutes les écoles, les familles ont été tenues informées des dispositifs mis en place et des résultats obtenus par les enfants. Les enfants eux-mêmes ont été informés par le biais du conseil d'enfants (dans neuf écoles) ou directement dans leur classe. Dans la grande majorité des cas, une feuille de route a été utilisée dès la première information comme support matériel à la communication entre élèves, maîtres et parents. La durée de chaque module s'établit en moyenne à environ cinq semaines avec un minimum de trois et un maximum de dix, à raison de deux à sept heures et demie hebdomadaires.

Dans toutes les écoles concernées, la pratique de Maclé au CE2 a provoqué la mise en place de décloisonnements centrés sur des apprentissages fondamentaux à d'autres niveaux de classes (maths au CM, lecture en fin de CP, production écrite...). Des effets bénéfiques sur la dynamique des équipes, l'ambiance de l'école, la mobilisation des maîtres, des enfants et des familles ont été constatés partout.

Enfin, toutes les écoles ont relevé la difficulté d'organisation de ces dispositifs, principalement en terme de rigueur d'organisation (notamment respect des horaires), et ont regretté le manque de temps pour la concertation des maîtres. Pour certaines écoles manquant de moyens humains (écoles situées en Rep mais ne bénéficiant pas de «postes mission Rep» ou pas assez), il a été envisagé de mettre en place une mutualisation des moyens de deux écoles pendant la durée de chaque Maclé.

Il est donc clair que l'effet des modules sur les apprentissages est positif dans tous les cas, comme il l'est sur les équipes d'enseignants en termes de mobilisation et de co-formation. Ils ne peuvent cependant se réaliser qu'à la condition que la concertation entre les enseignants soit organisée comme un principe de fonctionnement professionnel et que l'organisation matérielle soit prévue et respectée avec la plus grande rigueur. Sous ces deux conditions, la pratique des modules est un moyen efficace de mobiliser les élèves sur leurs apprentissages et devient une fierté professionnelle pour les enseignants, comme le montre leur satisfaction devant les effets visibles de leur travail.

Nous terminerons cette partie en rappelant qu'à la fin de la suivante, nous présentons aussi une expérience de Maclé en 6e de collège, dans un établissement de Sarcelles.

LES PRATIQUES ET LEUR MISE EN ŒUVRE

Quelles activités dans un Maclé ?

Nous présentons ci-dessous quelques exemples d'activités possibles dans un Maclé. Certaines sont programmables avec des élèves non lecteurs ou très faibles lecteurs du CE1 et sont donc encore utiles au début du CE2 à des élèves en grande difficulté en lecture. D'autres activités sont plus adaptées à des élèves moyens ou bons lecteurs de début de CE2.

Pour cette présentation, nous avons classé les activités dans les trois champs qui nous semblent devoir organiser le travail dans les différents groupes de besoin (voir aussi la quatrième partie). Ce qui change d'un groupe de besoin à l'autre (et du CE1 au CE2), c'est le dosage entre ces trois champs et le choix des activités dans chaque champ. C'est pourquoi, après avoir présenté ces activités, nous nous efforcerons aussi d'apporter des précisions sur ces dosages et sur ces choix, suivant qu'il s'agit de non-lecteurs, de très faibles ou faibles lecteurs, de lecteurs moyens ou de bons lecteurs, suivant que le Maclé concerne le CE2 ou le CE1.

Un premier champ d'activités : la compréhension de textes

1. Écouter, imaginer, dire, lire, raconter

Les enfants sont mis en situation de réception d'un texte lu par un adulte. Cette situation est prévue chaque jour, et même deux fois par jour, par exemple au début et en conclusion d'un groupe de besoin. Il s'agit notamment de favoriser une familiarisation, par imprégnation, avec «la langue dans l'écrit» (syntaxe, vocabulaire, modes d'énonciation). On vise évidemment aussi à (re)mettre les enfants en confiance avec le monde de l'écrit, à nourrir leur imaginaire et à les initier au plaisir des «beaux textes». Ces textes ou ouvrages doivent donc être choisis pour leurs résonances émotionnelles et leurs qualités linguistiques et plastiques.

«L'exploitation» de ces moments peut aussi être envisagée, mais avec prudence : il faut éviter de «tuer» le plaisir de l'histoire ou du texte. En voici quelques exemples.

A. Qui a raison ?

L'enseignant a choisi un album dont l'illustration est redondante avec le récit écrit (voir remarque ci-après). Il dit l'histoire écrite mais ne montre pas les illustrations. Il demande aux élèves d'écouter l'histoire et de «se faire le film de l'histoire dans leur tête». Après avoir demandé aux élèves de la reformuler, il leur demande de décrire «ce qu'ils ont vu dans leur tête» pour tel ou tel épisode. On remarque qu'entre plusieurs enfants, des éléments peuvent différer. Par exemple, dans un texte donné, il est question d'une sorcière. Or, celle-ci n'est pas décrite et un des élèves imagine une vieille dame édentée, au visage tout crevassé et au menton poilu ; un autre élève imagine une belle femme aux cheveux roux ébouriffés et aux lèvres violettes ; un troisième imagine une femme sans âge dans une robe noire, coiffée d'un chapeau pointu, etc. Qui a raison ?

On compare ensuite avec la vision proposée par l'illustrateur : il y a des points communs (on voit bien une sorcière), il y a des différences – la sorcière apparaît sous les traits d'une très jeune femme aux yeux rouges et aux cheveux corbeau et elle est habillée d'une robe noire décorée d'un dragon rouge et or ! Qui a raison ?

Les élèves sont conduits à comprendre que le texte autorise toutes ces interprétations personnelles ; il n'oblige qu'à imaginer une sorcière. Ainsi, un Martien qui lirait cette histoire pourrait imaginer une sorcière martienne... et c'est souvent grâce à cela que la même histoire peut être aimée par des personnes très différentes. Quand plusieurs personnes lisent un même texte, elles se représentent bien la même histoire (par exemple, il y a bien, dans

outils

cette histoire, une sorcière qui jette des sorts à une jeune princesse) ; mais chaque lecteur « voit dans sa tête » un décor et des personnages différents et il en a le droit, dès lors que le texte ne donne pas ces précisions. Si l'auteur avait voulu que nous nous représentions la sorcière comme tel ou tel élève l'a imaginée, il aurait pris soin de la décrire. Et s'il nous dit que la sorcière est jeune, on ne peut plus guère se la représenter comme une vieille ridée, édentée et poilue !

Remarque sur le rapport texte illustration

Ce rapport varie selon les albums. Dans certains albums se rapprochant de la BD, le texte n'a pas de sens par lui-même et ne peut fonctionner qu'avec l'illustration.

Dans quelques albums, l'illustration épure l'histoire, en en ôtant tous les détails inessentiels. Pratiquement, elle livre un résumé du récit en images.

Dans d'autres, l'illustrateur propose sa vision de l'histoire, qui est particulière, mais le texte continue à « fonctionner » seul.

Dans d'autres enfin, l'illustrateur a exploité toutes les marges interprétatives et propose une vision de l'histoire délibérément non conventionnelle, surprenante ou provocatrice, bien qu'elle reste en cohérence avec le texte.

Pour chaque album utilisé, l'enseignant doit préalablement faire cette analyse du rapport texte illustration pour déterminer son degré de liberté dans l'usage de l'illustration. En effet, si l'on prend en compte ce rapport, tantôt on pourra dire le texte d'abord et montrer les images ensuite, tantôt on pourra montrer les images d'abord et dire le texte ensuite, tantôt on devra présenter simultanément l'histoire et les images.

B. Récit en images, images en récit

On choisit un album que tous les enfants connaissent parfaitement pour avoir entendu plusieurs fois un adulte le raconter. On choisit les illustrations les plus représentatives des principales phases de l'histoire et on les photocopie. La tâche de l'enfant est de reconstruire la séquence narrative en remettant en ordre les illustrations et en disant le récit avec ses propres mots, image par image (il ne s'agit pas de l'activité connue sous le nom de « reconstitution de texte »). On peut, pour cela, utiliser par exemple un porte-photos, un lutin ou un petit classeur. Un ou deux élèves sont ensuite invités à raconter oralement l'histoire au reste du groupe, en s'appuyant sur cette série d'images. Soit celles-ci servent d'aide-mémoire personnel, soit on les montre à l'assistance pour illustrer le récit oral. Cette activité est particulièrement utile aux élèves qui ont besoin de développer leurs compétences dans le maniement de la langue orale. Elle peut également servir de point de départ à des ateliers d'écriture : soit on cherche simplement à réécrire la même histoire, soit on décide de lui donner une suite (« Barbe bleue : le retour »), de la transformer, de changer de point de vue, de la transposer dans un autre temps ou dans un autre lieu, etc.

C. Dire/lire

Sur plusieurs jours, l'enseignant raconte plusieurs fois une même histoire sous une forme qui puise aux ressources de l'oralité. Il ne se sert donc pas directement du texte écrit. D'une fois à l'autre, les élèves peuvent sentir que la forme varie. Puis, cette histoire est dite deux ou trois autres fois en oralisant le texte écrit d'origine (la forme est alors toujours identique). Les élèves sont conduits à expérimenter ainsi, mais d'une manière qui reste implicite, les différences entre « la langue dans l'oral » et « la langue pour l'écrit ». Il est bon aussi de parcourir le chemin inverse sur une autre histoire : du texte écrit lu à haute voix au récit raconté de mémoire.

Le même exercice est ensuite demandé aux élèves : dire une histoire de mémoire, puis la lire à haute voix ; lire une (autre) histoire à haute voix, puis la dire de mémoire.

Cette alternance des manières de communiquer un récit archiconnu aide les élèves à comprendre en quoi consiste la lecture à haute voix et, plus généralement, en quoi consiste la lecture. Elle favorise également le progrès dans l'accès au langage (oral et écrit).

De même, il est facile d'organiser, une fois par semaine par exemple, un « club poésie » où les élèves viennent dire et écouter des poèmes. La préparation des prestations individuelles peut se faire dans le groupe de besoin. Pour les élèves les moins avancés, on peut chercher à ce qu'ils connaissent le poème par cœur (celui-ci est alors assez court) et qu'ils le mémorisent en s'appuyant sur le texte écrit (au moment de le dire, ils peuvent disposer du

outils

support écrit, s'ils en ont besoin). Évidemment, les élèves sont amenés à prendre conscience que l'important n'est pas la performance mnésique mais la « poétisation de la parole » que celle-ci permet.

Dans certaines écoles, les maîtres organisent également chaque jour un « lu pour vous » : un élève présente au groupe un article de journal ou un documentaire en relation avec l'actualité, les centres d'intérêt du groupe ou un débat entre enfants, et lit un extrait à haute voix. Là encore, la lecture alimente le développement du langage oral.

D. Des histoires pour les petits

Dans le prolongement des entraînements de la lecture à haute voix (voir aussi, ci-après, la lecture par groupes de mots), les élèves sont invités à présenter des histoires à des enfants plus jeunes (de GS ou de CP).

2. Utiliser des supports écrits divers et comprendre leurs fonctionnements propres

L'école vise à ce que les élèves deviennent des utilisateurs d'écrits sociaux « banals » : catalogues, journaux et magazines, documentaires, notices, cédéroms, sites internet, etc., et des ressources locales : BCD, bibliothèque municipale, maison de la presse, librairie, rayon livres du supermarché, etc. Il convient donc de favoriser une familiarité avec ces supports écrits (et pas seulement avec les albums !), ces lieux et leurs spécificités. Les objectifs d'apprentissages concernent le développement du comportement du lecteur « savant » : savoir se repérer dans un journal ou un magazine, utiliser un sommaire, explorer une BCD, une bibliothèque..., savoir y rechercher tel ou tel type de texte, savoir « se mouvoir » sur un site internet pour rechercher des réponses à une (des) questions, etc.

La seule utilisation des supports ne permet qu'un apprentissage par imprégnation. Dans ce domaine, il convient donc de prévoir, au sein de ces situations – même lorsqu'elles sont ponctuelles, comme la visite d'une librairie – des moments de réflexion guidée qui permettent aux enfants de prendre conscience des différents genres d'objets écrits, des différents types de textes, des structures de ces objets (une, 4e de couverture, sommaire, rubriques, codes de couleur de typographie, titres courants, systèmes de cotation, etc.), et de s'en servir pour se documenter sur un sujet donné, choisir un livre ou un magazine, se faire une opinion sur un support écrit, feuilleter un journal, etc.

Exemples d'activités régulières

Chaque jour, les élèves peuvent feuilleter et lire un journal d'enfants (*Mon quotidien* paraît bien adapté aux intérêts et aux compétences des enfants de début de CE2, qu'ils soient faibles ou moyens lecteurs ; au CE1, on pourra en rester à *Le Petit Quotidien*, et utiliser *Quoti* de la fin de la GS au début du CE1). Un moment est alors prévu en fin de séance, pour échanger sur les lectures des uns et des autres.

Quoti, Le Petit Quotidien et *Mon Quotidien,* seuls quotidiens d'actualité pour les enfants : www.playbac-presse.com

outils

Voici un jeu possible pour favoriser les apprentissages « méthodologiques » en documentation : les élèves doivent repérer le plus rapidement possible la page et le paragraphe d'un livre où l'on trouvera la réponse à une question donnée. Dans un premier temps, l'élève doit chercher dans un seul ouvrage ; dans un second temps, on lui donne la même tâche alors qu'il dispose de plusieurs ouvrages (mais un seul porte sur le thème concerné par la question). Progressivement, on fait croître le nombre de ces ouvrages.

Dans des écoles, des enfants ont pu aussi participer à des ateliers « techno », où ils ont été effectivement amenés à utiliser une notice de montage ou un mode d'emploi. Et pourquoi considérer que les ateliers « cuisine » seraient réservés à la maternelle ? Ce peut être le point de départ de projets de rédaction de recettes, par exemple pour écrire et réaliser des menus des quatre coins de la planète (expérience avec des CE2 d'Argenteuil).

Exemples de situations ponctuelles

On peut préparer une visite de la librairie maison de la presse et/ou du rayon livres du supermarché par petits groupes. L'objectif est de faire prendre conscience aux enfants du fait que la diversité des objets écrits répond à la très grande diversité des centres d'intérêts ou besoins des lecteurs. Par exemple, on pourra observer, dans la maison de la presse, qu'il y a des centaines de magazines différents, mais que quelques-uns seulement peuvent répondre aux centres d'intérêt (et aux compétences langagières) d'un enfant ou d'un lecteur donnés.

On visera des objectifs méthodologiques différents selon les groupes, depuis la compréhension du système de rangement des romans par collection et par nom d'auteur en librairie (par exemple, retrouver rapidement un livre de tel auteur qu'on connaît déjà, dans telle collection), jusqu'à la compréhension des classements thématiques des magazines (les élèves doivent par exemple retrouver un magazine dont le nom leur est donné ou trouver deux ou trois magazines traitant d'un domaine donné qui les intéresse).

Cela ne peut se faire qu'en petits groupes, avec la complicité du libraire ou du chef de rayon (pas forcément désintéressée) et dans un horaire adapté :

à ce moment-là, les clients sont très peu nombreux.

De même, si cela n'a pas été fait auparavant, on peut préparer une visite de la bibliothèque municipale ou de quartier en petits groupes, en poursuivant là aussi des objectifs méthodologiques adaptés au degré d'expérience des élèves et à leurs intérêts.

3. Identifier et résoudre des problèmes de compréhension

Dans ces activités, il s'agit d'amener les élèves à prendre conscience des sources possibles de difficultés de compréhension en lecture et à chercher les solutions pour y remédier. Voici quelques exemples.

- Au départ, on n'a aucune idée de ce que peut vouloir dire ce texte (on ne connaît pas l'auteur, on ne sait pas quel genre de texte c'est, on ne sait pas sur quoi il porte, etc.).
- On ne sait pas bien où et quand se passe l'histoire.
- On a du mal à savoir combien il y a de personnages.
- On n'identifie pas bien les interlocuteurs dans le dialogue.
- On ne repère pas qui ou ce qui est désigné par un pronom ou par un groupe de mots.
- On ne comprend pas une phrase parce qu'elle est trop longue.
- On ne connaît pas le sens d'un mot.
- Etc.

Il convient aussi de développer l'autocontrôle.

- À la fin de chaque paragraphe, est-ce qu'on arrive à résumer ce qu'on a lu ou à se faire «le bout de film» dans la tête?
- À la fin de la lecture, est-ce qu'on arrive à donner un titre au texte et à le résumer avec ses mots ou à se faire un film de toute l'histoire dans la tête?

En outre (et peut-être surtout), il convient de favoriser la compréhension du rôle des inférences en lecture. De nombreux élèves qui ont des difficultés en compréhension croient en effet que la lecture consiste à «faire passer le texte du papier dans la tête» et sous-estiment les apports que doit faire le lecteur au texte pour en construire le sens (apports qu'on appelle

outils

outils

« inférences »). Il est possible de les amener à prendre conscience de la nécessité d'ajouter des informations à celles qui sont explicitement données, que lire c'est « lire entre les lignes ». Par exemple, ils peuvent saisir qu'en lisant la phrase suivante : « Mistigri, prudemment s'approchait du bol de lait encore fumant », on se représente un chat qui s'approche d'un bol de lait chaud, pour le boire, et on devine que s'il s'en approche « prudemment », c'est parce qu'il a pu se brûler la langue antérieurement dans une situation similaire. Pourtant, la phrase ne nous dit pas que :

1°) Mistigri est un chat ;

2°) ce chat veut boire du lait ;

3°) le lait est chaud ;

4°) ce chat a déjà eu une expérience malheureuse avec du lait chaud.

Ces activités pour améliorer le rendement sémantique de la lecture peuvent prendre la forme d'un enchaînement de séquences « scolaires » sur des objectifs bien ciblés, avec, pour chacune :

a) une situation de départ pour poser le problème (on aura choisi un court texte qui présente seulement la difficulté qu'on veut aborder) ;

b) la formulation du problème par les enfants (dans leur langage) ;

c) la recherche collective d'une solution ;

d) des exercices systématiques pour entraîner la nouvelle compétence sur des textes similaires à celui qui a servi de point de départ.

On peut s'inspirer, pour cela, des séances décrites par Jocelyne Giasson (1990), ou de celles qui sont décrites à la fin de cette partie, dans la présentation d'un Maclé 6e.

Un deuxième champ d'activités : travail sur les micro- et mésostructures (graphèmes, syllabes, mots, groupes de mots, phrases)

Nous présentons ci-dessous quatre ensembles d'activités centrées sur ces structures :

– compréhension de phrases, ponctuation, morphosyntaxe ;

– lecture par groupes de mots ;
– entraînement au décodage ;
– mémorisation du lexique orthographique.

Une des activités concourant à la mémorisation du lexique orthographique, la dictée sans erreur, demande des développements assez longs, tant pour permettre sa mise en œuvre pratique que pour en comprendre les fondements psycho-pédagogiques. Cette activité sera présentée de manière spécifique à la fin de cette section, bien qu'en réalité, elle entre dans le quatrième ensemble d'activités (mémorisation du lexique orthographique).

1°) Compréhension de phrases, ponctuation et morphosyntaxe

Si on définit la capacité à lire comme la capacité à construire le sens d'un texte, cela conduit à considérer que la reconnaissance de mots ou le décodage de syllabes ne sont que des composantes de cette capacité plus générale. Mais, du coup, si on considère qu'un texte minimal est une phrase en contexte, cela conduit à considérer que la lecture de phrases peut constituer un entraînement possible et utile à la lecture, notamment pour de très faibles lecteurs. Nous ne disons pas qu'il faut limiter ces élèves à la lecture de phrases, mais qu'on les aidera à progresser dans la lecture de textes plus conséquents en leur permettant aussi de s'entraîner sur des textes très courts et spécialement pensés pour l'apprentissage.

C'est bien sûr dans les activités d'écriture que l'on peut le mieux amener les élèves à prendre en compte explicitement la ponctuation et la morphosyntaxe (accords en genre et en nombre). Mais, en prolongement, il est possible de prévoir quelques activités de systématisation dont l'objectif principal doit rester, soulignons-le, l'amélioration des compétences en lecture.

A. Compréhension de phrases : les fichiers Lire

Ce matériel, édité par PEMF[1], comporte quatre séries de quarante-huit fiches.

---

1. PEMF, 06376 Mouans-Sartoux Cedex. Site internet : pemf.fr

Chaque série correspond pratiquement à un niveau de lecture. Voici un exemple de fiche de la première série :

Recto   *Fichier Lire 1 © PEMF*   Verso

Au recto, sous une illustration (en général, une photo), sont imprimées trois phrases de sens différents mais employant souvent les mêmes mots ou des mots orthographiquement proches ; une seule de ces phrases correspond à l'illustration. La tâche de l'élève est évidemment de choisir une de ces phrases, celle qui correspond à l'illustration (et d'éliminer les autres). Le verso de la fiche sert d'autocorrection : soit l'enfant peut y observer la même illustration qu'au recto et, en dessous, celle des trois phrases qui convient ; soit le verso comporte une quatrième phrase illustrée ou un mot illustré qui permettent de décider, par comparaison entre le recto et le verso, quelle est la phrase qui convient au recto et pourquoi.

Avec des élèves de CE1 en grande difficulté, le matériel de niveau 1 est tout à fait adapté. Pour des élèves très faibles lecteurs de CE2, les séries de niveau 2 et 3 sont encore utiles. Nous renvoyons l'enseignant au livret d'accompagnement, dans lequel il trouvera une présentation détaillée des objectifs de chaque type de fiche.

Il est possible d'utiliser ces fiches pour un travail individuel (les fiches étant autocorrectives, les élèves peuvent être rapidement autonomes). On peut aussi organiser un atelier tournant pour deux élèves, voire un jeu (sur le modèle des *Incollables*) à deux contre deux avec une série de fiches choisies par l'enseignant. Cette formule est, selon nous, très intéressante parce qu'elle oblige les deux élèves d'une même équipe à se mettre d'accord sur le choix d'une réponse et à échanger sur les raisons de ce choix.

B. Ponctuation

Les élèves ont déjà rencontré le problème de la ponctuation dans des situations d'écriture, au moins avec les points pour séparer les phrases. Une activité classique consiste à demander aux élèves de rétablir la ponctuation dans un texte d'où on l'a fait disparaître (on a supprimé les points, les majuscules de début de phrase et les virgules). Remarquons d'abord que la tâche n'est pas si facile, même pour un lettré. Voici par exemple un texte de journal dont on a ôté la ponctuation :

> sur les autoroutes franciliennes il y a eu hier du matin très tôt jusqu'au soir très tard d'interminables bouchons annoncées depuis trois semaines la grève des cheminots celle du métro et celle des bus de la RATP n'ont pas découragé les Parisiens d'aller à leur travail pour aggraver les choses les mauvaises conditions météo ont provoqué de nombreux accidents vers 8 h 15 la Sécurité Routière annonçait 510 km d'embouteillages en Île-de-France le soir certaines personnes auraient mis plus de quatre heures pour rentrer de leur travail

Il n'est pas d'emblée évident que ce même texte peut être ponctué ainsi :

> Sur les autoroutes franciliennes, il y a eu hier, du matin très tôt jusqu'au soir très tard, d'interminables bouchons. Annoncées depuis trois semaines, la grève des cheminots, celle du métro et celle des bus de la RATP n'ont pas découragé les Parisiens d'aller à leur travail. Pour aggraver les choses, les mauvaises conditions météo ont provoqué de nombreux accidents : vers 8 h 15, la Sécurité Routière annonçait 510 km d'embouteillages en Île-de-France. Le soir, certaines personnes auraient mis plus de quatre heures pour rentrer de leur travail !

On peut rendre cette tâche plus facile :
- en partant d'un texte écrit par un autre élève et dont on a ôté la ponctuation (il arrive souvent que l'enseignant n'ait même pas besoin de l'enlever !) ;
- en lui permettant de faire des essais successifs sur un ordinateur ;
- en lui indiquant à l'avance le nombre de points qu'il faut rétablir (de phrases qu'il faut faire apparaître) et de virgules qu'il faut ajouter.

Il convient toutefois de s'assurer que les élèves ont compris ce qu'est une phrase. On aura par exemple formulé que ce sont « tous les mots qui vont ensemble parce qu'ils parlent de la même chose ». On aura travaillé cette notion d'abord collectivement, puis individuellement sur plusieurs exemples de courts textes comportant un nombre de phrases donné à l'avance par l'enseignant (la tâche de l'élève est de retrouver ces n phrases).

La virgule est moins impérieuse, sauf pour signaler des appositions. On pourra se limiter à faire remarquer que, dans la phrase, elle sépare des groupes de mots (voir, plus loin, les activités sur la lecture par groupes de mots).

Quant aux guillemets et au point d'interrogation, leur signification est plus facile à comprendre pour les élèves parce qu'ils représentent une forme de parole (le discours rapporté direct) ou une forme d'émotion (l'interrogation), plus faciles à appréhender. Pour ces deux signes, on peut plus facilement s'appuyer sur l'expérience des élèves : les guillemets, c'est comme la bulle de la BD et ça a la forme des touches du magnétophone... ; une interrogation, ça commence souvent par « est-ce que », « combien », « pourquoi », « comment », « qui »...

Toutes ces activités sont utiles, mais le sujet n'a pas à prendre en compte la ponctuation en lecture. Il peut les concevoir comme des activités liées à la seule situation d'écriture de textes, sans relation avec ce que doit faire ensuite le destinataire. Or, la ponctuation est une aide à la compréhension et c'est cela qu'il faudrait faire remarquer.

Une première solution consiste à faire comparer aux élèves les deux situations : un même texte est présenté d'abord sans la ponctuation, puis avec.

La compréhension est-elle aussi facile dans les deux cas ? Et il ne faut pas hésiter à reprendre cette situation plusieurs fois.

Une deuxième solution envisageable avec des CE2 (et à expérimenter) consisterait à travailler sur des documents retraçant l'histoire des écritures alphabétiques et du français écrit :

- au début, le texte (grec ou latin) n'est pas du tout segmenté ; il n'y a même pas de ponctuation pour délimiter les phrases ;
- on invente la phrase, mais les mots ne sont pas encore séparés ;
- on invente la séparation entre les mots ;
- on invente progressivement les autres signes de ponctuation et les marques orthographiques.

Remarque sur la notion de phrase :
La vache est un quadrupède qui porte une cloche !

La majuscule et le point ne définissent pas la phrase ; ils la délimitent sur la surface du texte. Et cela ne dit pas pourquoi ces signes sont une aide à la lecture ni où les placer lorsqu'on écrit : le concept de phrase est ce qu'il faut maîtriser pour pouvoir « ponctuer » un texte. Et nous disons « ponctuer » en deux sens : au sens propre en situation d'écriture (mettre les points et les virgules) et au sens figuré en situation de lecture (scander la lecture en utilisant la segmentation en phrases pour planifier les étapes de la construction du sens).

Souvent, l'école procède à l'inverse et fait comme s'il fallait maîtriser la ponctuation pour savoir ce qu'est une phrase. En fait, on enseigne le plus souvent la tautologie selon laquelle « une phrase commence par une majuscule et se termine par un point ». On confond alors la chose et le signe de la chose.

Que dirait-on de définitions similaires de quelques animaux : « le cheval est un animal qui a un fer à chaque sabot », « le chien est un quadrupède qu'on tient en laisse », « la vache est un quadrupède qui porte une cloche »...

La définition que, très souvent, l'école donne de la phrase « cloche » presque autant !

C. Morphosyntaxe

Il y a deux sortes d'exercices possibles pour travailler ces marques, des exercices classiques de correction de phrases, des exercices moins classiques, mais indispensables d'interprétation de phrases. Les exercices classiques consistent à déterminer s'il faut marquer un accord et de quelle manière. Par

outils

exemple :

	chats		voisin	mangent		croquettent.
Les	chat	**de la**	voisine	mange	**des**	croquette.
	chatte		voisines	manges		croquettes.

Il faut souligner les mots correctement orthographiés et barrer les autres

Dans les exercices d'interprétation de phrases, l'élève doit sélectionner l'image, parmi deux ou trois, qui correspond à ce qui est écrit. Exemple :

Julie va au restaurant avec ses deux amies.

Pour le dessert, elles mangent une pomme.

Il convient évidemment d'amener les élèves à saisir que ces marques peuvent jouer un rôle décisif dans des situations banales de lecture. Ainsi, les deux phrases ci-dessous n'ont pas le même sens :
C'est le chien des voisins qui hurle. C'est le chien des voisins qui hurlent.

2°) Lecture par groupes de mots

Cet ensemble d'activités centrées sur la lecture par groupes de mots est utile à la grande majorité des élèves à tous les niveaux de la scolarité élémentaire. Mais elles sont particulièrement appropriées pour des élèves très faibles en lecture en fin de cycle 2 et qui ont aussi besoin de développer leur familiarité avec la langue française.

Il convient tout d'abord de souligner qu'un des problèmes cruciaux que rencontrent les lecteurs débutants est le suivant: à l'écrit, les mots se succèdent sur les lignes du texte par simple juxtaposition, sans hiérarchisation; ces mots sont bien sûr porteurs de significations, mais le sens d'un texte minimal n'est nullement la somme de ces significations; la condition sine qua non de toute compréhension est le «calcul syntaxique», qui vise au regroupement des mots en syntagmes, c'est-à-dire à la constitution, au cours même de la lecture, de groupes de mots porteurs de sens. Lire, c'est lier.

> **Remarque sur la lecture «*par groupes de mots*»**
> **10 mots = 3 unités de sens = 1 représentation mentale**
>
> Dans «Un grand cheval blanc galopait le long de la rivière», la première «molécule de sens» possible est «un grand cheval» et, en fait, ce sont les quatre mots «un grand cheval blanc» qu'il faut lire ensemble, parce qu'ils constituent la première entité sémantique qu'on peut se représenter (on peut imaginer un cheval de grande taille et de couleur blanche). Le mot suivant «galopait» peut être considéré comme la deuxième «molécule de sens» (le lecteur sait alors ce que fait le cheval et, «dans sa tête», il peut animer l'image initiale du cheval d'un certain mouvement, celui du galop). La troisième et dernière «molécule de sens» dérive du regroupement des cinq derniers mots de cette phrase, «le long de la rivière». «Dans sa tête», le lecteur peut ajouter à la scène du cheval au galop un cadre spatial (il y a un paysage avec une rivière) et se représenter concomitamment le déplacement du cheval à vive allure selon l'axe dessiné par la rivière.
>
> Dans la formation du tableau mental que peut engendrer la lecture de cette simple phrase, il y a, pour ainsi dire, trois étapes ou trois touches successives: le cheval, son mouvement et le décor.
>
> De plus, la représentation mentale provenant de la lecture réorganise les informations dans un ordre qui peut être différent de celui dans lequel elles ont été reçues lors du parcours visuel du texte. C'est ainsi que, dans notre exemple, cette représentation mentale est finalement celle d'un tableau animé: sur fond de paysage avec rivière, on voit se déplacer un cheval de couleur claire.

Au fond, lire, c'est reconstituer un langage, c'est-à-dire une parole potentielle, porteuse de sens. Mais cette reconstitution doit s'effectuer par-delà la simple succession des mots. Et ce sont les groupes de mots qui constituent l'interface entre le texte et le sens[2].

Même dans la lecture dite «silencieuse», le lecteur organise cette mise en voix potentielle du texte. Il s'appuie pour cela sur la ponctuation et sur l'architecture syntaxique ou prosodique du texte. Ainsi, en français, les déterminants, les pronoms, les conjonctions, les prépositions, les groupes verbaux..., sont rapidement repérés et dessinent pour le lecteur une ossature de la phrase qui l'aide à constituer ces groupes de mots pertinents pour accéder, «touche après touche», au sens du texte.

Dans les activités décrites ci-dessous, il s'agit d'amener les élèves à prendre conscience de cette nécessité, dans la lecture «silencieuse» elle-même, de lire par groupes de mots.

Trois activités sont adaptées à ces objectifs.

A. Rétablir la segmentation prosodique d'un texte après que l'adulte en a fait une oralisation absurde.

B. Suivre du doigt, sur un texte écrit, la lecture orale faite par l'adulte (celui-ci exagère la segmentation prosodique en augmentant un peu les silences entre les groupes de mots).

C. Préparer une lecture à haute voix d'un texte en faisant ressortir, par exemple par des traits verticaux, les groupes des mots qui seront «dits ensemble».

A. Rétablir la segmentation prosodique...

L'adulte choisit un texte dont le sens a déjà été travaillé préalablement, dans un autre contexte de tâche. Il annonce aux élèves qu'il va leur lire de différentes façons qu'ils auront à juger. Imaginons qu'on utilise par exemple le texte suivant avec des élèves de CE2:

---

2. Quand un sujet écoute un récit ou un discours, il effectue le calcul syntaxique (la constitution des groupes de mots) de façon automatique et implicite, en s'aidant notamment de la prosodie.

Amounak entendit soudain des bruits de galop. Tournant la tête, il vit un grand pur sang blanc qui courait vers lui le long de la rivière. Ce n'était pas un cheval sauvage, puisqu'il était harnaché d'une couverture jaune. Venait-il juste avant de faire tomber son cavalier d'une ruade imprévue ? Celui-ci avait-il été blessé par un brigand ou par un Huron ? Ou même tué ? Pourtant, Amounak n'avait entendu aucun coup de fusil ni aucun cri... seulement le vent dans les cimes des érables[3].

L'enseignant théâtralise la nécessité de « mise en parole » du texte, en fonctionnant a contrario : il lit ce texte en disant les mots les uns à la suite des autres comme une machine à lire, platement, sans même tenir compte de la ponctuation ; puis, il fait de même en opérant des regroupements de mots totalement incongrus. Il fait observer que cela rend la compréhension du texte bien plus difficile pour ceux qui l'écoutent. Sur un affichage, l'enseignant amène ensuite les élèves à trouver les segments pertinents. Par exemple, on peut se mettre d'accord sur cette segmentation :

Amounak / entendit soudain / des bruits de galop. / Tournant la tête, / il vit / un grand pur sang blanc / qui courait vers lui / le long de la rivière. / Ce n'était pas / un cheval sauvage, / puisqu'il était harnaché / d'une couverture jaune. / Venait-il / juste avant / de faire tomber / son cavalier / d'une ruade imprévue ? / Celui-ci / avait-il été blessé / par un brigand / ou par un Huron ? / Ou même tué ? / Pourtant, / Amounak n'avait entendu / aucun coup de fusil / ni aucun cri... / seulement le vent / dans les cimes des érables.

Il dit alors le texte ainsi segmenté en exagérant un peu les silences entre les groupes de mots. La discussion qui suit permet de comprendre qu'à l'oral, on ne sépare pas les mots mais les groupes de mots et que si, en lecture silencieuse, on ne cherche pas quels sont les mots qu'on regrouperait à l'oral, la compréhension du texte devient très difficile, voire impossible. On conclut alors : quand on lit silencieusement, pour pouvoir comprendre, il

---

3. Texte imaginé par l'auteur pour introduire l'activité avec des élèves de 6e du collège Chantereine de Sarcelles.

faut faire comme si on disait le texte à quelqu'un.

Il est inutile de répéter cette activité car elle vise seulement à la prise de conscience du problème.

B. Suivre du doigt...

Cette activité, en revanche, peut être proposée plusieurs fois, quotidiennement lors d'un Maclé. En effet, elle vise à favoriser le montage et l'automatisation de la procédure de lecture par groupes de mots. L'adulte choisit des textes qui ont été travaillés préalablement. Il les dit en marquant la segmentation prosodique, là encore, de façon exagérée. La tâche des élèves est de suivre du doigt (en fait, du regard) cette lecture sur le texte écrit en synchronisant le déplacement des yeux sur chaque groupe de mots (isolé par cette lecture à haute voix) et l'écoute des mots correspondants.

Cette tâche conduit donc les élèves à identifier les mots écrits bien plus rapidement qu'il ne leur serait possible de le faire par eux-mêmes, ce qui les aide à accéder à la reconnaissance orthographique de ces mots écrits. Elle les conduit aussi à intégrer implicitement et progressivement les repères sur lesquels l'adulte s'appuie pour regrouper les mots : ponctuation, déterminants, pronoms, conjonctions, prépositions, etc.

C. Préparer une lecture à haute voix...

Cette activité doit également être proposée régulièrement (lors d'un Maclé, elle peut être quotidienne), car elle vise les mêmes objectifs et c'est, en fait, l'activité de base pour entraîner à la lecture par groupes de mots. Soit un texte dont les élèves ont préalablement pris connaissance et dont le sens a déjà été travaillé. Il s'agit, pour les élèves, d'en préparer une lecture à haute voix, pour laquelle ils devront faire ressortir «la structure prosodique», c'est-à-dire, en termes plus communs, d'une part la segmentation entre groupes de mots énoncés à l'oral, et d'autre part l'intonation (expression du doute, de l'indignation, de la surprise, du dégoût, de l'excitation, etc.). Les élèves doivent savoir que l'enseignant les invitera ensuite à faire une lecture à haute voix devant le reste du groupe.

Pour préparer cette lecture, il faut notamment séparer les groupes de mots «qui doivent être lus ensemble». Les élèves sont incités à le faire, par exemple en traçant des traits verticaux aux endroits du texte qu'ils jugent appropriés à l'insertion d'un silence. Si l'on dispose d'ordinateurs, on peut demander aux élèves de faire apparaître les segments prosodiques en utilisant la règle «une ligne = un groupe de mots» (signalons que les journalistes utilisant des prompteurs et que la plupart des hommes politiques, lors de leurs discours en public ou à la télévision, se servent de ce dernier procédé). Pour faire ce travail de préparation, ils peuvent se mettre par deux et ont le droit de murmurer le texte et de discuter.

Dans un premier temps, c'est le texte ainsi aménagé qui est lu à haute voix[4]. Si les autres élèves ont fait la même tâche sur le même texte, ils sont alors invités à suivre du doigt, sur une copie du texte (non aménagée), l'oralisation de leur camarade. Dès que les élèves deviennent performants, on les incite à oraliser des textes sur lesquels ces traits n'apparaissent plus (ils n'utilisent le système des traits que pour préparer la lecture).

Après chaque lecture, l'enseignant demande au groupe si on aurait pu améliorer la diction ici ou là, tant sur le plan de la segmentation que sur celui de l'intonation.

Là encore, il importe surtout que les élèves comprennent que toute lecture silencieuse exige la même réorganisation du texte et qu'ils peuvent, pour cela, s'aider du «squelette grammatical» du texte, dont les articulations sont, outre la ponctuation, les petits mots comme «des», «une», «pour», «avec», «en», «et», «qui», «que», «parce que», etc.

Certes, cela ne garantit pas la compréhension effective du texte et une oralisation peut même leurrer l'adulte qui l'entend, car elle peut faire sens pour lui, sans faire sens pour l'élève qui lit. La lecture par groupes de mots n'est

---

4. Les élèves sont invités à déplacer leur regard «en avance sur leur bouche», ce qui, paradoxalement, aide à accéder à la lecture «silencieuse». En effet, pendant que la bouche prononce un groupe de mots donné, les yeux saisissent le groupe de mots suivants, de façon nécessairement silencieuse. Jean Foucambert a, le premier, explicité cette dialectique entre lecture silencieuse et «oralisation» (Foucambert, 1974).

outils

donc pas suffisante pour produire du sens. Mais c'est une condition nécessaire : il est quasi certain que si l'élève redit (ou se dit) le texte mot à mot ou syllabe à syllabe, il n'est plus dans le sens (ou qu'il n'y est pas encore !). Rappelons enfin que, selon nous, de telles lectures à haute voix peuvent aider les élèves à apprendre la langue française orale. Comme l'élève est conduit à appréhender plusieurs fois le même texte (lors de la découverte du texte, lors de la préparation de la lecture à haute voix et lors de l'oralisation elle-même), cela peut favoriser un apprentissage par imprégnation des structures syntaxiques et du vocabulaire qu'il contient.

3°) Vers l'automatisation du décodage

Nous avons déjà noté que, souvent, les élèves en grande difficulté en lecture en fin de cycle 2 sont capables de lire des mots d'orthographe régulière et simple comme « lavabo », dans lesquels les syllabes ne comportent pas plus de deux lettres, mais qu'ils rencontrent des difficultés dans le décodage dès que la syllabe est écrite avec un graphème complexe (deux ou trois lettres). Il leur arrive de buter sur des mots pourtant fréquents comme « maison », « loin », « train », etc. Par exemple, pour un mot comme « train », ils commencent souvent par dire « tar » ou « tra » et poursuivent parfois ainsi : « trani », « tarni » ou « trina ».

Selon nous, ces difficultés tiennent à un décodage trop séquentiel. En effet, en français, les mêmes séquences de lettres renvoient fréquemment à des graphèmes différents. Dans « canine », faut-il prononcer CAN comme dans « cantine » ? Après le BA de « baleine », faut-il phonétiser les séquences LE, LEI ou LEIN ?

Quand on ne dispose que des conversions graphèmes-phonèmes (CGP), la recherche des graphèmes pertinents exige un va-et-vient à l'intérieur du mot, d'où découle la segmentation du mot en syllabes orthographiques (« ca/ni/ne », « can/ti/ne », « ba/lei/ne ») qui permet de le prononcer en syllabes orales.

Mais cela est très difficile, surtout si l'on ne cherche pas à contrôler ce décodage par la prise en compte des contraintes syntactico-sémantiques qui déterminent les probabilités que tel mot inconnu suive tels autres déjà connus. Un lecteur habile peut se donner une idée de cette difficulté en essayant de lire de droite à gauche ces mots isolés écrits « à l'envers » :

regnaluob, ruetnahc, tiatnepres, noipmahc, tneiardneiv, seénruofne, noitcarf

La segmentation en syllabes orthographiques n'est plus évidente : y a-t-il une, deux, trois syllabes ? Où est la frontière entre elles ? Le lecteur doit chercher de proche en proche les graphèmes pertinents. Convenons que la tâche du débutant (qui décode encore maladroitement) est encore plus ardue s'il doit lire des textes (écrits à l'endroit) en utilisant cette seule stratégie !

De plus, cette procédure très séquentielle peut parfois conduire à des fusions de phonèmes à rebours. Par exemple, pour un mot comme « moulin », l'enfant peut commencer par la séquence /mo/ qu'il prononce [mo]. En apercevant la lettre /u/ qui suit, l'enfant peut alors se rappeler que la suite des lettres O et U est un graphème et correspond au phonème [u]. Il doit alors faire fusionner ce phonème avec le précédent. Mais s'il fusionne les informations sonores dans l'ordre où il les récapitule (« j'ai [u] et il y a M qui fait [m] »), il produit la syllabe erronée [um]. C'est le même phénomène qui explique les productions erronées comme [trani], [tarni] ou [trina] pour « train ». On n'a pas besoin d'invoquer une déficience neurologique (« la dyslexie »), ni un « problème de latéralisation » pour expliquer ce comportement inadapté. Il suffit de postuler que l'enfant décode lettre à lettre de gauche à droite en appliquant à des mots comme /maison/, /train/, loin/, /moulin/ une tactique qui n'est pertinente que pour des mots comme /café/, /vélo/, /cinéma/, /lavabo/... !

Que faire pour aider des élèves de CE2 qui auraient été piégés par l'illusion de la régularité du système grapho-phonologique du français ? Voici trois sortes d'activités qui peuvent leur être utiles.

outils

A. Prise de conscience de la complexité des syllabes du français (une syllabe peut avoir trois, quatre ou cinq lettres!).

B. Cartons éclairs de syllabes.

C. Utilisation de textes présegmentés en syllabogrammes[5].

A. Prise de conscience : une syllabe peut avoir trois, quatre ou cinq lettres...

Il s'agit tout simplement d'amener les élèves qui en auraient besoin à remarquer que, pour écrire une syllabe, le français utilise tantôt deux lettres comme dans «**pa**tin», tantôt trois comme dans «chan**son**», tantôt quatre comme dans «tra**vail**», tantôt cinq comme dans «blan**cheur**», etc. Pour cela, on peut partir d'une liste de mots que les élèves savent lire (il est bon d'y inclure leurs prénoms) et qui contiennent de une à trois syllabes. Pour chaque mot, on fait apparaître la segmentation syllabique, par exemple par des accolades qui regroupent les lettres appartenant à une même syllabe.

Par ailleurs, l'enseignant a préparé des cartons collectifs sur lesquels sont écrites les syllabes isolées provenant de ces mêmes mots. On voit donc successivement, par exemple, les syllabes suivantes :

pa	chan	blan	tin	vail	son	cheur

L'enseignant fait prononcer toutes ces syllabes. Au besoin, si un élève hésite sur telle ou telle syllabe, plutôt que de le laisser tenter de la décoder, on le renvoie à la liste des mots connus dont ces syllabes sont extraites :

patin   **chanson**   **travail**   **blancheur**

Ainsi, «vail» est la deuxième syllabe de «travail», c'est donc [vaj].

L'enseignant invite ensuite les élèves à lire des syllabes construites avec les premières lettres des syllabes de ce stock : par exemple, avec «vail», en masquant les lettres finales, on peut former «vai» et «va»; il y a ainsi le «so» de «son», le «ti» de «tin»; le «cha» de «chan», le «bla» de «blan», etc.

---

5. Nous appelons «syllabogrammes» une lettre ou un groupe de lettres qui représentent une syllabe orale. Ce terme permet de distinguer les deux sortes de syllabes graphiques : les syllabes orthographiques (fan/tô/me) et les syllabogrammes (fan/tôme).

On conclut que, pour savoir jusqu'où va une syllabe en français, ce n'est pas très facile : tantôt une syllabe a deux lettres, tantôt trois, etc. Il faut toujours « aller voir plus à droite » s'il ne faut pas « prendre » plus de deux lettres.

B. Cartons éclairs de syllabes

L'enseignant utilise les cartons collectifs qu'il a confectionnés pour l'activité précédente, auxquels il doit ajouter d'autres syllabes (le stock peut être assez considérable). Il annonce aux élèves qu'il s'agit d'apprendre à mieux décoder, « en prenant souvent plus de deux lettres ». Il montre chaque carton pendant une seconde, c'est-à-dire une durée telle que les élèves ne peuvent pas s'engager dans un décodage lettre à lettre, mais sont obligés de mémoriser les lettres aperçues avant de pouvoir prononcer la syllabe correspondante dans son ensemble. Du reste, en cas de difficulté, il vaut mieux montrer le carton deux ou trois fois supplémentaires de façon brève que de prolonger la présentation de quelques secondes.

Les élèves sont ainsi amenés à associer en mémoire des séquences de trois, quatre ou cinq lettres à une syllabe orale. En lecture, devant des mots comportant les mêmes syllabes, il leur sera plus facile de les reconnaître d'emblée.

C. Utilisation de textes présegmentés en syllabes

L'enseignant a préparé des supports dans lesquels le texte à lire figure deux fois, une fois sous une forme habituelle en haut de la feuille, une autre fois en bas de la feuille de sorte que les syllabes sont présegmentées par une alternance de caractères maigres et de caractères gras, comme représenté dans l'exemple page suivante.

L'activité de l'élève est classique : lire le texte pour le comprendre (on aura prévu des tâches sollicitant cette compréhension). Mais il sait que, dès qu'il hésite trop sur un mot, il peut utiliser le texte aide : il va chercher le mot qui lui pose problème sur la ligne correspondante et il sait que l'alternance des caractères maigres et des caractères gras représente la segmentation du

outils

mot en syllabes orales, ce qui lui permet de le prononcer plus facilement.

L'invention du cinématographe
Les spectateurs des films d'aujourd'hui consomment le cinéma comme n'importe quel autre produit banal.
Ils ne s'étonnent plus de pouvoir observer, sur un écran, des images animées plus vraies que nature. Et pourtant, lors des premières projections des films en noir et blanc, on sait que des spectatrices furent victimes d'évanouissements. Des moralistes et des prêtres considérèrent que les frères Lumière venaient d'inventer une machine diabolique, une machine à illusions...

L'invention du cinématographe
Les spectateurs des films d'aujourd'hui consomment le cinéma comme n'importe quel autre produit banal.
Ils ne s'étonnent plus de pouvoir observer, sur un écran, des images animées plus vraies que nature. Et pourtant, lors des premières projections des films en noir et blanc, on sait que des spectatrices furent victimes d'évanouissements. Des moralistes et des prêtres considérèrent que les frères Lumière venaient d'inventer une machine diabolique, une machine à illusions...

Nous privilégions ici la segmentation des mots en syllabes orales (que nous appelons à l'écrit des «syllabogrammes») plutôt qu'en syllabes orthographiques. En effet, les faibles lecteurs ont très souvent tendance à prononcer les syllabes orthographiques finales: «soupe» par exemple, peut alors être lu sous la forme «sou-peu», ce qui fait obstacle à la reconnaissance du mot oral correspondant et à l'accès à sa signification.
De plus, les enfants non lecteurs ne peuvent guère comprendre pourquoi on segmenterait sous la forme [ma-ʃi-nœ] («ma-chi-ne»), par exemple, un mot qu'ils entendent habituellement sous la forme [ma-ʃin] («ma-chine»).
Cela dit, il faut noter que la segmentation syllabique d'un mot peut être dif-

férente selon qu'il se trouve en contexte ou qu'il est isolé: le mot «carte», par exemple, ne comporte qu'une syllabe [kart] s'il est isolé, deux syllabes s'il est suivi de «bleue» [kar/tœ/blœ], et est associé au mot suivant si celui-ci commence par une voyelle comme «orange»: [kar/to/rãz].

Précisons que l'organisation en lignes du texte aide doit être strictement la même que celle du texte cible. Pour faciliter le repérage des mots, il est bon de doubler les espaces intermots. On peut même numéroter les lignes sur les deux textes pour faciliter l'appariement entre une ligne donnée du texte cible et la ligne correspondante du texte aide. Si le texte est imprimé sur un papier comportant des lignes verticales grises, cela aide aussi l'élève à retrouver directement le mot recherché dans le texte aide: il lui suffit de «descendre» le long d'une ligne qu'il utilise comme guide. Un raffinement possible de l'organisation du texte aide consiste à surligner, dans la syllabe finale des verbes comme «venaient», les marques syntaxiques du pluriel, ce qui donne donc: ve**naient**.

Nous recommandons d'utiliser l'alternance des caractères maigres et gras plutôt que d'autres moyens de représenter la segmentation syllabique: introduction de petits espaces entre les syllabes, utilisation de traits verticaux ou de traits d'union, alternance de couleurs, etc. En effet, tous ces autres moyens font bien ressortir les syllabes mais brisent l'unité mot. Or, on veut aussi que les élèves progressent dans la mémorisation du lexique orthographique.

4°) Mémorisation du lexique orthographique

La lecture orthographique est moins séquentielle que la lecture par décodage, elle est donc plus rapide et donne un accès immédiat à des informations sémantiques (par exemple, la signification du mot «sot» et sa nature syntaxique sont différentes de celles de «seau» ou de «saut»). Cela soulage d'autant les autres traitements (calcul syntaxique et intégration progressive des informations de nature sémantique), ce que corrobore le fait que les bons orthographieurs sont très exceptionnellement de faibles lecteurs[6].

Moins séquentielle, plus rapide, plus sémantique et pour tout dire, plus efficiente que le décodage, la lecture orthographique est ou devrait être un objectif majeur de l'école élémentaire. À la fin du cycle 2 et à l'orée du cycle 3, cet objectif est crucial. C'est celui qui est visé dans les activités présentées ci-après : aider les élèves à « mettre en mémoire » l'orthographe des mots les plus fréquents.

A. Dictée recherche[7]

L'enseignant a préparé une phrase dont tous les mots ou presque sont contenus dans des textes affichés ou dans des textes parfaitement connus des élèves et qu'ils peuvent très aisément retrouver dans leur cahier de textes imprimés (ou parfaitement recopiés). L'enseignant dicte cette phrase. Les enfants savent qu'ils peuvent retrouver tous les mots dans les textes déjà travaillés (ceux qui n'y sont pas sont des mots connus par tous les élèves, sinon, l'enseignant les écrit au tableau). Ils peuvent bien sûr écrire les mots qu'ils connaissent de mémoire (et on les y encourage).

Juste avant de procéder à la dictée proprement dite, la phrase complète est énoncée, par exemple : « Dimanche, Antoine est allé au cinéma avec ses parents. » L'enseignant demande aux enfants de la répéter. Pour chaque mot ou groupe de mots (« dimanche », « Antoine », « est allé », « au cinéma »...), il demande ensuite si certains savent l'écrire directement et, sinon, où on peut le(s) retrouver pour le(s) copier. On peut ensuite passer à la dictée. Au cours de la dictée, l'enseignant n'hésite pas à faire rappeler la méthode. C'est l'enseignant qui fait la correction (l'exercice n'est pas noté).

Quand les enfants ne sont pas lecteurs, il convient que la phrase comporte toujours un pourcentage de 60 à 70 % de mots très connus, pour permettre à tous les enfants de la relire aisément. Quand les enfants sont faibles lecteurs, on y inclut de préférence des mots fréquents, ceux dont on pense

---

6. Ce qui ne veut pas dire que les bons lecteurs soient nécessairement bons orthographieurs.
7. Cette activité a été mise au point par Danièle De Keyzer (voir, par exemple, De Keyzer, 1999).

qu'ils doivent être lus de façon orthographique. On peut aussi demander aux enfants de souligner les mots qu'ils n'ont pas écrits de mémoire (comme dans la dictée sans erreur, présentée plus loin).

Les justifications de cette activité sont les mêmes que celles de la dictée sans erreur. Nous y renvoyons le lecteur. Mais la dictée recherche permet aussi aux élèves de s'approprier les textes qui servent de « base de données orthographiques ». Cela les aide aussi à comprendre comment ils peuvent s'y prendre pour écrire correctement de nouveaux textes comportant des mots déjà vus dans des textes déjà lus (voir plus loin nos recommandations quant à l'orthographe dans la production de textes).

B. Cartons éclairs de mots, de groupes de mots ou de phrases

C'est la même activité que les cartons éclairs de syllabes (voir plus haut), mais avec des mots (« fantôme », par exemple), des groupes de mots (« la maison des trois fantômes », par exemple) ou de courtes phrases (par exemple : « Les trois chatons de Julie boivent du lait tiède. »). Quand les élèves ont travaillé de façon suffisante les phrases d'un fichier *Lire*, on peut jouer à ce jeu avec ces fiches (il s'agit alors d'une tâche de lecture rapide de phrases).

Si l'on dispose d'un logiciel d'entraînement à la lecture tel que *Idéographix*, *Elsa* ou *Lectra*, il est possible de l'utiliser pour ce type de tâche (l'enseignant peut « entrer » ses mots et ses phrases).

C. Enseigner des stratégies de mémorisation de mots

L'activité que nous présentons ci-dessous est une activité de base au cycle 2. Au CP et au CE1, elle se déroule sur un rythme quotidien. Dans un Maclé pour le CE2, avec le groupe des non-lecteurs et des très faibles lecteurs, elle continue donc à être utile, à la même fréquence.

L'enseignant a choisi un mot qui devra être mémorisé par les élèves. Le sens de ce mot est bien sûr connu d'eux. Il peut être choisi par l'enseignant, par exemple parce qu'il s'agit d'un mot qui sera utilisé par tous les élèves lors de l'atelier d'écriture ou, tout simplement, parce qu'il considère que l'orthographe de ce mot présente des caractéristiques intéressantes. Mais ce mot peut aussi être choisi par les élèves au cours d'un vote.

La séance se déroule de la façon suivante : l'enseignant écrit au tableau le mot en script (s'il est écrit en lettres détachées, cela en facilite l'épellation). Par exemple, il a choisi « sorcière », parce qu'il a prévu, le jour même, de faire écrire par chaque enfant un texte où il sera question de sorcière. Il demande alors aux élèves comment ils pourraient faire pour mettre ce mot dans leur mémoire, parce qu'à la fin de la séance, ils devront essayer de l'écrire sans le modèle (qui sera effacé) et sans erreur (ils l'écriront en cursive).

Au bout de deux ou trois réitérations de cette activité, on finit par se donner une méthodologie.

a) *Nombre de lettres*. On estime si ce mot est court (donc facile à mémoriser) ou long (donc plus difficile) et on compte son nombre de lettres : à partir de sept ou huit lettres, c'est un mot difficile. Ce nombre de lettres peut aussi servir de contrôle, lors de la restitution.

b) *Épellation*. On épelle collectivement le mot et on remarque éventuellement des singularités (comme l'accent grave sur le premier E de « sorcière »). L'enseignant fait noter que ce mot est au singulier et amène les élèves à anticiper ce qui se passera pour le pluriel.

c) *Analogies orthographiques*[8]. On cherche s'il comporte des groupes de lettres qu'on a déjà vus dans d'autres mots. Par exemple, pour le mot « sorcière », un élève fait observer que dans « sorcière », il y a comme dans « laitière ». Cette remarque est vérifiée en écrivant « laitière » en dessous de « sorcière » de façon à aligner les lettres identiques. Un autre élève remarque qu'au début, il y a les mêmes lettres que dans « sortie ». On écrit « sorcière » et « sortie » l'un en dessous de l'autre pour vérifier cette observation. L'analogie est mise en relation avec la segmentation sylla-

---

8. Rappelons qu'on entend par analogies orthographiques des régularités de grand empan, plus larges que les régularités au niveau des graphèmes (exemples : **mar**di et O**mar** ; anniver**saire** et m**aire** ; boul**anger**, r**anger**, d**anger**, m**anger**).

bique de « sortie » et de « sorcière ». Si les élèves n'ont pas encore acquis cette posture d'observation des analogies, il revient à l'enseignant de les y initier. Au besoin, il propose lui-même des mots connus des élèves, dans lesquels on peut observer des analogies avec le mot cible, par exemple : « Dans "laitière" et dans "sorcière", il y a la même suite de lettres, lesquelles ? »

d) *Visualisation mentale.* L'enseignant demande maintenant aux enfants de mettre le mot « dans leur tête », avec toutes ses lettres, et demande s'ils sont capables de dire les lettres qu'ils voient « dans leur tête » (le modèle est caché). Après une première tentative, il est bon de rendre visible le modèle et de recommencer une ou deux autres fois cet essai de visualisation mentale. Une façon de stimuler la visualisation mentale du mot consiste à l'écrire sur un carton comme il l'a été au tableau : l'enseignant montre que c'est bien le même mot, SORCIÈRE, par exemple, puis il retourne ce carton de sorte que lui seul, maintenant, peut voir le mot SORCIÈRE, les enfants ne voyant que le verso du carton. L'enseignant demande alors par exemple : « Je vois le mot « sorcière », quelles sont les lettres que je vois ? » Là encore, une ou deux tentatives supplémentaires sont utiles, surtout s'il s'agit d'un mot long. Avec ce procédé, on voit la performance s'améliorer parce qu'il est plus facile d'évoquer une image mentale en essayant de reconstituer la perception d'autrui qu'en sollicitant son propre souvenir[9].

e) *Syllabogrammes.* L'enseignant demande maintenant combien de syllabes il y a dans le mot « sorcière ». Les enfants n'ont aucun mal à dire que « sorcière » est fait avec les deux syllabes [sor], [sjer]. L'enseignant demande alors où sont écrites ces deux syllabes dans « sorcière ». Le mieux est de souligner chaque syllabe sur le mot écrit au tableau : S O R C I È R E. L'enseignant demande maintenant aux élèves s'ils peuvent « mettre dans

---

9. Ce procédé, mis au point pour la première fois pour l'enseignement des nombres et du calcul par Rémi Brissiaud, est décrit dans les Livres du maître de *J'apprends les maths CP et CE1* (2001, 2002).

leur tête» la première syllabe, puis la seconde... Là encore, on peut reprendre le procédé de visualisation mentale: «Je vois les lettres qui font la syllabe [sor], qu'est-ce que je vois?»...

À travers la mise en œuvre régulière de ces procédés (épellation, usage d'analogies, visualisation mentale, segmentation en syllabogrammes), on vise l'apprentissage de stratégies de mémorisation des mots. Bien sûr, l'enseignant est satisfait si tel mot cible est bien mémorisé à l'issue de la séance. Mais là n'est pas l'essentiel. On vise surtout à construire un regard efficace sur la langue écrite, efficace pour la compréhension du fonctionnement de l'écrit et efficace pour engendrer de nouvelles connaissances.

D. Jeu du Mémory

Les enfants revoient ici des mots qu'ils ont déjà étudiés ou qu'ils savent déjà bien lire. Ils disposent de cartons sur lesquels l'enseignant a écrit un mot sur une face et dessiné la réalité correspondante sur l'autre face. Il est bon d'introduire dès que possible des cartons «groupes de mots». Exemples: «un pirate», «trois pirates», «des pirates», «une souris», «deux souris», «des souris», etc., puis «le papa du pirate», «les bébés du pirate», «le papa du fantôme», «la maison des fantômes» (l'enseignant doit donc dessiner un vieux pirate, un bébé pirate avec un bandeau sur un œil, etc.). Mais chaque carton peut être aussi une phrase comme «La souris grignote une pomme rouge» (et, pour travailler les marques du pluriel, comme: «Les trois chatons de Julie boivent du lait tiède»). Pour ce jeu, on peut donc aussi utiliser des fiches *Lire* de PEMF, celles qui sont structurées de la même façon: sur une face de la fiche, il y a une phrase; sur l'autre face, une photo exprime le sens correspondant.

Il y a deux variantes de ce jeu, une variante «lecture» et une plus difficile, mais qui est plus adaptée à des élèves au début du CE2: la variante «écriture».

Variante lecture: les cartons sont étalés sur la table et chaque enfant, à tour de rôle, doit choisir un carton. Il doit dire ce qui est écrit («trois pirates» ou «la maison des fantômes», par exemple, ou encore une courte phrase) et il retourne le carton pour vérifier. Si on voit le dessin correspondant à ce qui a été énoncé, l'enfant peut prendre ce carton. Sinon, il le repose dans le jeu.

Variante écriture : c'est la situation inverse, on voit les faces dessinées des cartons et il faut maintenant écrire le mot, le groupe de mots ou la phrase correspondants sur son ardoise. En retournant le carton, on peut comparer l'essai du joueur avec l'écriture correcte. Pour la variante du jeu « écriture », les joueurs disposent donc d'une ardoise et d'un feutre effaçable. Dans cette variante, il est préférable de limiter le nombre de joueurs à deux ou trois.

E. Jeu du pendu

Il s'agit du jeu bien connu. L'enseignant (ou un enfant animateur) choisit un mot connu et trace autant de traits que ce mot a de lettres. Les autres joueurs doivent proposer des lettres (au fur et à mesure, on les barre sur un alphabet) ; si le mot choisi contient cette lettre (une ou plusieurs fois), l'animateur doit l'écrire au(x) bon(s) emplacement(s). Sinon, il trace un des douze traits de la potence et du pendu (certains enseignants préfèrent dessiner une araignée). Les enfants ont gagné s'ils trouvent toutes les lettres avant que l'animateur ne dessine le douzième et dernier trait (celui qui représente la corde du pendu ou qui termine l'araignée). Ce jeu est très utile pour aider les enfants qui en auraient encore besoin à retenir le nom des lettres de l'alphabet.

F. Recenser des analogies

Lors des séquences de mémorisation de mots, les élèves ont été encouragés à observer des analogies orthographiques (lait**ière**-sorc**ière** ; **sor**tie-**sor**cière, etc.). Quand ils ont trouvé des analogies qui ont une certaine fréquence, il est bon de proposer, dans la suite de l'activité de mémorisation, une « chasse aux analogies » : les élèves sont invités à parcourir rapidement du regard l'ensemble des textes familiers en cherchant si d'autres mots contiennent les mêmes suites de lettres. Ainsi trouvera-t-on peut-être que les mots suivants : lumière, manière, cafetière, bière, etc., se finissent comme « sorcière ».

5°) La « dictée sans erreur »

L'objectif de cette activité[10] est également de consolider et de développer les connaissances orthographiques des élèves, plus particulièrement dans le domaine de l'orthographe lexicale.

Ci-dessous, nous décrivons d'abord le principe de cette activité et son déroulement, puis nous argumentons en faveur de son intérêt pédagogique.

Une dictée où l'on a le droit de « copier »

La dictée a été préalablement préparée, la veille, par exemple. Les principales difficultés ont été repérées par les élèves eux-mêmes à qui l'enseignant a demandé s'ils seraient capables d'écrire le texte sans erreur et, sinon, sur quels mots ils hésiteraient. Pour chaque difficulté, collectivement, on s'est efforcé de trouver un moyen de mémoriser l'orthographe du mot qui pose problème : rapprochement avec des dérivés (laid, laide, laideur, etc.), règles de dérivation (magique —> magicien, comme électrique —> électricien, informatique —> informaticien, etc.), usage d'analogies orthographiques (volaille, paille, caille, muraille, maille, etc.), analyse morphologique (embouteillage) et étymologique (maintenant —> main/tenant ; beaucoup —> beau/coup ; longtemps —> long/temps ; gentilhomme —> gentil/homme etc.), astuces mnémotechniques (jamais de t à la fin d'un verbe à la première personne : «JE n'aime pas le T»), etc.

Au moment de la dictée proprement dite, les élèves disposent du texte de celle-ci (correctement orthographié, bien évidemment), qui a été préalablement composé par l'enseignant sur ordinateur et polycopié. Mais il est imprimé au verso de la feuille sur laquelle ils vont écrire, comme sur le fac-similé représenté ci-contre (cette formule, avec trois zones pour l'évaluation finale, a été utilisée pour la première fois en mars 2004 avec les élèves de 6e du collège Chantereine de Sarcelles).

---

10. Le principe de cette activité nous a été décrit, il y a quelques années, par Anne-Marie Chartier, maître de conférences à l'INRP, à l'occasion d'un stage national de formateurs à Cergy.

Recto

Dictées sans erreur	*Dictée n° x*

À tout moment, tu as le droit de t'aider du texte imprimé au verso.
Quand tu le fais, souligne (au recto) les mots pour lesquels tu te sers du texte imprimé.

....

....

....

....

....

....

....

....

....

....

....

....

Nombre de mots soulignés

Nombre d'erreurs d'orthographe grammaticale

Nombre d'erreurs d'orthographe lexicale

outils

Verso

Dictées sans erreur	Dictée n° x

Chien bleu

Assise au soleil devant sa maison, Charlotte jouait tranquillement avec sa poupée, quand elle vit un grand chien s'approcher d'elle. Un chien étrange, au pelage bleu, aux yeux verts, brillants comme des pierres précieuses.

« Pauvre chien bleu », dit-elle en le caressant, « tu as l'air abandonné. »

Elle partagea avec lui son pain au chocolat.

Nadja
(Texte extrait de Nadja, *Chien bleu*, l'École des loisirs, 2002)

À chaque fois qu'ils ont un doute sur l'orthographe d'un mot, il leur est permis de retourner leur feuille et de rechercher au verso, dans le texte référence, le mot ou l'expression qui leur pose problème. Revenant au recto de leur feuille, ils écrivent ce mot (en général, mais pas toujours, ils l'orthographient alors correctement) et indiquent qu'ils ont utilisé le texte référence en soulignant ce mot (cela fait ressortir ce mot lors de la relecture, ce qui aide à sa mémorisation).

Il n'y a, a priori, aucune limitation du nombre d'utilisations du texte référence. Il n'est même pas interdit de regarder plusieurs fois le texte référence pour un même mot.

Il y a d'autres façons d'organiser le dispositif matériel.

– Si les élèves sont tous rangés face au tableau, on peut aussi afficher le texte référence au fond de la classe. Dans ce cas, pour l'utiliser, l'élève doit se retourner.

– On peut faire coller le texte référence sur une page du cahier d'orthographe s'il en existe un et faire écrire la dictée au dos.

– Le texte référence est imprimé à part pour chaque élève et pendant la dictée, il est recouvert par un carton. Pour accéder au texte imprimé, l'élève doit soulever ce carton cache (et masquer de nouveau le texte après chaque utilisation).

On peut aussi utiliser le système suivant, inventé par les enseignantes de CE2 de l'école Henri-Dunant de Sarcelles, qui est très commode car il permet de faire apparaître finalement le texte référence et le texte manuscrit par l'enfant sur la même page de son cahier : la page du cahier du jour est partagé en deux zones d'inégales largeurs, selon un pli vertical (voir ci-après, page suivante, un schéma de ce dispositif matériel). Le texte référence est écrit sur une bande qui a la longueur et la largeur voulues pour être collée sur sa zone ; quand la dictée a lieu, l'élève replie sa feuille de cahier et fait ainsi passer le texte référence au verso ; après la correction, la feuille est dépliée de sorte qu'on peut voir alors ensemble le texte référence et le texte manuscrit par l'élève.

Dès que les textes de ces dictées ont une certaine longueur (ils comportent en moyenne une cinquantaine de mots au CE2), l'élève peut écrire sur le cahier en utilisant exceptionnellement la page dans son format « paysage » comme dans l'exemple page suivante. Mais ce système peut être utilisé au CP ou au CE1 dans le format portrait, par exemple pour des dictées de mots « sans erreur » (le matériel de référence fourni à l'élève et que celui-ci colle sur la partie pliable de la page est alors une colonne de mots).

Schéma du dispositif matériel avec une page de cahier pliée selon un axe vertical (exemple avec une page de gauche)

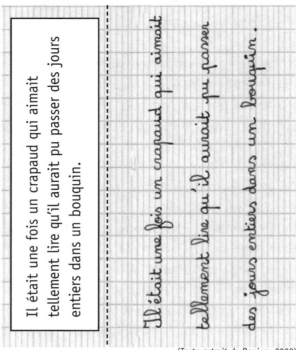

(Texte extrait de Boujon, 2000)

Sur ce schéma de la page de cahier, les deux textes apparaissent côte à côte. En fait, au moment de la dictée, l'élève utilise la page dans le format paysage ; il plie sa feuille pour mettre le texte référence au dos et il écrit dans la zone inférieure de la page. Imaginons que celle-ci soit dépliée avant de remettre le cahier dans son orientation habituelle : les deux textes apparaissent alors l'un en dessous de l'autre, le texte manuscrit par l'élève en dessous du texte référence imprimé.

Avec une page de droite, le dispositif matériel est le même, mais en symétrie.

Précisons qu'il est utile de préparer une bande à coller à la fin du texte manuscrit par l'élève et comportant les trois zones pour l'évaluation (nombres de mots soulignés, nombre d'erreurs d'orthographe grammaticale, nombre d'erreurs d'orthographe lexicale).

Finalement, l'enfant dispose de trois scores : lors de la correction, les erreurs lexicales qui subsistent sont dénombrées. Le nombre d'erreurs grammaticales (accord éventuel GN –> GV, accords dans le GN, distinction er/é pour les terminaisons des verbes, confusion de mots comme « mais » pour « met », etc.) est noté à part. Le nombre de recours au texte référence est noté par l'enfant, à côté de ses deux autres scores, à titre personnel. L'activité se conclut par une reprise collective : quels sont les quelques mots sur lesquels il y a eu de nombreuses erreurs ou de nombreux recours au texte référence et comment pourrait-on surmonter, à l'avenir, cette difficulté ?

Voici trois exemples très différents de résultats après correction (on ne s'intéresse ici qu'aux erreurs d'orthographe lexicale) :

- un élève A a quatre erreurs d'orthographe lexicale et n'a eu recours au texte référence qu'une seule fois : cet élève est relativement habile en orthographe mais répugne à utiliser l'aide du texte référence ;

- un élève B a le même nombre d'erreurs en orthographe lexicale, mais avec sept recours au texte référence : il est moins avancé en orthographe (ou moins sûr de lui), mais n'a pas hésité à utiliser plusieurs fois cette possibilité ;

- un élève C a fait douze erreurs d'orthographe lexicale et n'a pas utilisé le texte référence : cet élève a besoin de progresser, mais il se refuse à utiliser l'aide proposée.

Avec ce système, les élèves peuvent comprendre assez vite qu'on peut améliorer considérablement sa performance en orthographe si on utilise le texte référence chaque fois qu'on a un doute sur un mot.

On notera qu'en fait, en toute rigueur, l'enfant ne copie pas le mot qui lui fait problème, puisque, du fait du dispositif matériel, il ne peut en même temps observer le mot dont il a besoin et l'écrire. Il doit faire ces deux opérations l'une après l'autre et, pour « transporter » le mot du verso de sa feuille (où il le voit) au recto (où il l'écrit), il doit donc le mettre en mémoire, si possible en totalité.

Une dictée qui ne perturbe pas l'acquisition de l'orthographe

Expliquons maintenant les raisons que peut avoir un enseignant de s'intéresser à cette étrange dictée. Commençons par affirmer que *la dictée classique n'est une situation d'apprentissage que pour les élèves les plus avancés en orthographe.* Quand ceux-ci ont commis une erreur, ils disposent très souvent des moyens de comprendre la graphie correcte donnée lors de la correction en la reliant à des connaissances déjà installées. Par exemple, l'élève qui écrit « éguyage » au lieu d'« aiguillage » n'avait pas remarqué le lien entre « aiguille » et « aiguillage » lors de la préparation de la dictée. Mais si, au moment de la correction, on le lui fait remarquer et qu'il sait déjà orthographier le mot « aiguille », il est probable qu'il retiendra la graphie de « aiguillage » sur le modèle d' « aiguille ». Son erreur aura été passagère et la correction aura été bénéfique.

En revanche, pour des élèves qui ne savent pas orthographier le mot « aiguille », la situation est très différente. Il se peut même que l'erreur commise entrave l'acquisition du bon patron orthographique d'« aiguillage » *et* d'« aiguille ». En effet, plusieurs travaux sur l'acquisition de l'orthographe indiquent que la rencontre avec des écritures erronées d'un mot perturbe l'acquisition de sa graphie correcte. Même chez des experts, quand les écritures erronées sont phonologiquement plausibles (respect des correspondances phonèmes-graphèmes), ces rencontres peuvent perturber la mémoire orthographique pour des mots peu fréquents (par exemple : « hoberot » au lieu de hobereau). Ce phénomène est connu des enseignants qui ont parfois l'impression de perdre leur assurance orthographique à force de lire des textes d'élèves mal orthographiés. Or, devant des mots relativement fréquents, le débutant est comme l'expert devant des mots rares. Tant qu'il ne dispose pas de moyens personnels de justifier la graphie correcte, c'est-à-dire de la relier à d'autres connaissances orthographiques, il manque de repères qui lui permettraient d'écarter les erreurs. Et le fait de produire une erreur est une façon de rencontrer visuellement un parasite de la graphie correcte. Certes, lors de la correction, l'enfant faible en orthographe qui a écrit « éguyage » a barré ce mot et écrit en dessous « aiguillage ». Mais que peut-il se passer dans une circonstance ultérieure où il aura besoin de produire à nouveau ce mot, quelques jours après la dictée, par exemple ? Il se souviendra probablement que ce mot lui avait posé un problème et qu'il s'était trompé. Mais il se peut fort bien qu'alors, il ne se rappelle plus quelle était son erreur et quelle était la graphie correcte. Du coup, il peut arriver qu'il reproduise son erreur ou qu'il produise un mixte comme « éguillage » (interférence entre les deux graphies concurrentes précédemment rencontrées).

Avec la dictée sans erreur, on s'efforce d'éviter ces effets pervers de la dictée classique. *Les enfants apprennent à gérer leurs connaissances orthographiques*: « Si je connais bien le mot demandé, je l'écris ; sinon, j'ai intérêt à utiliser le texte référence. » Cette activité a donc une dimension métacognitive. Mais surtout, on évite une grande part des perturbations dans l'acquisition de l'orthographe engendrées par la situation de dictée classique chez les enfants faibles orthographieurs.

Une dictée qui favorise l'acquisition de l'orthographe

Mais, plus encore, *cette aide favorise l'acquisition de l'orthographe correcte du mot* en question. En effet, du fait du dispositif matériel, l'enfant est amené à se construire une représentation mentale du mot pendant le transport du verso au recto de sa feuille et cette représentation est – généralement – d'emblée correcte. Et c'est cet acte qui est susceptible d'aider à l'entrée de ce mot dans la mémoire à long terme de l'apprenti. Si on analyse plus précisément ce procédé, on peut en effet affirmer qu'il conduit l'enfant à avoir trois « bonnes expériences » successives du mot sur lequel il a d'abord eu un doute :

- une rencontre visuelle en lecture lorsque ses yeux « tombent » sur le mot qu'il cherche dans le texte référence au verso de sa feuille ;
- une représentation mentale, plus analytique, de son orthographe pour le mettre en mémoire avant le retour au recto de la feuille ;
- sa production manuscrite (qu'on supposera elle aussi correcte) sur le recto de sa feuille, souvent accompagnée d'un contrôle visuel.

Cette activité aide donc à l'acquisition de l'orthographe lexicale. Mais nous avons également constaté qu'elle favorise aussi la maîtrise de l'orthographe dite « grammaticale ». En effet, lorsqu'ils ont un doute sur un mot, les élèves n'envisagent d'abord que l'aspect lexical. Or, dans le texte référence, il est fréquent que ce mot se termine par «s» ou par «ent», par exemple. Dans ce cas, pour le «transporter», les élèves sont conduits à observer et à prendre en compte ces marques syntaxiques. Ce faisant, ils se familiarisent avec la morphologie syntaxique et peuvent même la comprendre et la relier à ce qu'ils ont déjà écrit (il y a «ent» à la fin de ce mot, c'est donc un verbe, est-ce que j'ai mis des «s» dans le groupe sujet?).

Un apprentissage «stratégique»

Le processus que nous venons de décrire ne peut fonctionner que si l'enfant accepte d'utiliser le texte référence. Le dialogue avec les élèves doit les aider à comprendre que la même note avec un nombre très différent de recours au texte référence ne reflète évidemment pas la même compétence orthographique (*cf.* les cas A et B évoqués ci-dessus), mais qu'il vaut mieux, en cas de doute, s'abstenir d'écrire les mots «comme on les entend» et utiliser cette aide, parce qu'elle est porteuse de progrès futurs. Dans un premier temps, pour de nombreux élèves, l'objectif sera donc de les rendre moins réticents à utiliser le texte référence. Leurs scores en dictée s'amélioreront alors nettement. Il conviendra, à ce moment-là, de les inciter à diminuer le nombre de recours au texte référence... en s'investissant davantage dans la préparation de la dictée.

Une activité bénéfique

Les enseignants qui pratiquent cette dictée régulièrement au cycle 3 en évaluent très positivement les effets. De dictée en dictée, le nombre d'erreurs décroît, puis, plus progressivement, c'est la fréquence des recours au texte référence qui diminue. Au fil du temps, dans les productions spontanées, l'orthographe s'améliore, les élèves gèrent mieux leurs connaissances (ils sont plus conscients de ce qu'ils savent et ne savent pas, il leur arrive plus souvent de demander l'orthographe d'un mot avant de l'écrire) et ils ont plus de plaisir à écrire. Mais il faut rappeler qu'*un autre bénéfice attendu d'une amélioration de l'orthographe en production, le plus important à nos yeux, concerne l'orthographe en réception, c'est-à-dire en lecture.*

Et la correction ?

Pour la correction (car il reste des erreurs !), on déconseille absolument de procéder à un échange de copies ou de cahiers. En effet, lors d'une correction mutuelle, les erreurs des uns peuvent parasiter la mémoire orthographique des autres. La correction doit donc être assurée par l'enseignant lui-même. On distinguera les erreurs lexicales et les erreurs grammaticales (accord éventuel GN —> GV, accords dans le GN, distinction er/é pour les terminaisons des verbes, confusions de mots comme «mais» pour «met», etc.) par un code de couleur, par exemple en barrant en vert les mots pour lesquels il y a une erreur de morphosyntaxe ou une confusion de mots et en rouge ceux pour lesquels il y a une erreur d'orthographe lexicale. L'enseignant note finalement les deux nombres d'erreurs dans les cadres appropriés. On trouve à la page suivante un exemple de correction-notation d'une dictée.

Quel type de textes pour ces dictées ?

Les textes qui servent à ces dictées doivent, si possible, réunir deux critères :
a) le texte comporte des mots fréquents (que les élèves sont susceptibles de rencontrer massivement en lecture)[11] ;
b) il est «accrocheur» pour les élèves : il peut être extrait d'un texte déjà lu qui a fait beaucoup discuter, a intrigué ou, comme tel poème, a ému, comme tel récit d'aventure, a fait rêver ; il évoque un sujet d'actualité ou de «proximité» qui suscite l'intérêt ; il a été produit par les élèves eux-mêmes pour résumer un autre texte qui les a passionnés ; etc.

Si l'on veut utiliser cette technique de façon continue, indépendamment du Maclé (par exemple à raison de deux dictées par semaine toute l'année), on peut aussi s'appuyer sur un livre de Béatrice Pothier (Pothier, 1996) qui propose des analyses très utiles sur la question et cent exercices «calibrés» du CE1 au CM2.

---

11. On peut contrôler ces fréquences en utilisant l'ouvrage de Nina Catach, 1984.

outils

Exemple de correction-notation d'une dictée

Ici, pour les erreurs d'orthographe lexicale, les mots erronés sont encadrés (en réalité barrés en rouge) ; pour les erreurs d'orthographe grammaticale, ici, ils sont seulement barrés (en réalité barrés en vert). Il peut se faire qu'un même mot comporte les deux types d'erreur (par exemple : des cayou). Dans ce cas, il sera barré d'un trait vert et d'un trait rouge. Enfin, quand un mot est « très mal écrit » (il comporte plusieurs erreurs), on ne compte qu'une erreur d'orthographe lexicale. Imaginons ainsi que, sur la première ligne, cet élève ait écrit « comanse » pour « commence » : en toute rigueur, on pourrait compter trois erreurs, une pour l'oubli du redoublement du « m », une pour le graphème « an » au lieu de « en » et une pour le « s » à la place du « c ». Mais d'un point de vue psychologique, ces trois erreurs n'en font qu'une, elles résultent d'une seule et même procédure : l'élève a encodé le mot au lieu de se demander s'il en avait une bonne connaissance orthographique.

Bébé parle

On ne ~~sait~~ pas bien [coment] cela [comence], mais voici qu'un jour, alors qu'il [contample] le soleil ou la lampe, ou le feu, l'enfant se ~~mais~~ à parler. On [appèle] cela gazouiller. Ce n'est pas encore des ~~syllabe~~. C'est à peine des ~~sons~~. C'est lumineux et tremblant. C'est indécis comme un rayon de soleil du matin. C'est comme un ruisseau qui passe sur des [cayou]. C'est aussi comme un ~~oiseaux~~ qui chante sans cesse, tout simplement parce qu'il est en vie.

Ch.-L. Philippe

Nombre de mots soulignés	Nombre d'erreurs d'orthographe grammaticale	Nombre d'erreurs d'orthographe lexicale
10	6	5

Un outil d'autoévaluation

On trouve ci-dessous le fac-similé d'une feuille utilisée pour la première fois en mars 2004 avec les élèves de 6e du collège Chantereine de Sarcelles. Son utilisation sur l'année complète est évidemment possible.

Nom et prénom : ....

Bilan récapitulatif des dictées sans erreur

Après chaque dictée, note tes scores dans le tableau ci-dessous.

Le plus important est que le nombre d'erreurs baisse (deux dernières colonnes) surtout pour les erreurs d'orthographe lexicale (dernière colonne).

Bien sûr, c'est encore mieux si tu utilises de moins en moins le texte au verso des dictées (nombre de mots soulignés).

	Nombre de mots soulignés	Nombre d'erreurs en orthographe grammaticale	**Nombre d'erreurs en orthographe lexicale**
Dictée n° 1			
Dictée n° 2			
Dictée n° 4			
Dictée n° 5			
Dictée n° 6			
Dictée n° 7			
Dictée n° 8			
Dictée n° 9			
Dictée n° 10			
Dictée n° 11			
Dictée n° 12			

À la fin du Maclé, complète la phrase (tu peux utiliser les mots notés en dessous) :

J'ai progressé...

un tout petit peu, un peu, beaucoup, énormément

Un troisième champ d'activités : la production d'écrits

Les activités d'écriture peuvent paraître fastidieuses et peu productives. L'enseignant est souvent déçu si les enfants n'ont écrit qu'un paragraphe de deux ou trois phrases en une demi-heure. Pourtant, il faut savoir qu'en moyenne, à quantité d'écrit identique, l'écriture prend quarante fois plus de temps que la lecture (chez les lecteurs-écriveurs habiles !). Mais, alors que le « rendement sémantique » de ces situations d'écriture est très médiocre (en général, les élèves apprennent alors peu de choses sur le monde), leur « rendement cognitif » (quant à l'apprentissage de la lecture) est considérable. En effet, en écrivant, ils comprennent mieux certaines des spécificités de la communication écrite (l'acte de réception est éclairé par celui de production) ; ils observent plus activement l'organisation particulière des divers types de textes ; ils s'approprient personnellement « la langue dans l'écrit » ; ils découvrent durablement les régularités de base du plurisystème orthographique ; etc.

Les exemples de situations d'écriture ne manquent pas, depuis le journal (vif et concis, mais fréquent), qui est une sorte « d'incontournable » dans un Maclé, jusqu'aux poèmes, en passant par le cahier d'expériences, la correspondance (par exemple, via une messagerie) et la confection complète de plusieurs petits albums à partir d'illustrations...

On peut également organiser chaque jour, en atelier tournant, la préparation d'une revue de presse par six enfants : en utilisant les journaux du jour les plus faciles à appréhender pour eux (*L'équipe*, *Aujourd'hui*, *Mon Petit Quotidien* ou *Mon Quotidien* et un quotidien régional, par exemple), ils doivent retenir trois sujets dans l'actualité et les traiter (par exemple en trois titres, trois chapeaux et trois illustrations découpées, collées et légendées). Cette revue de presse peut être réalisée au feutre sur une grande affiche qui circulera l'après-midi dans l'école.

Le plus difficile est de se concentrer sur des objectifs clairs et de disposer des outils d'aide à la production qui permettent d'articuler analyse des structures et productions (exemple avec le « Quoi, qui, quand, où, comment, pourquoi ? » dans le fait divers journalistique). De plus, il vaut mieux répéter cinq fois le même atelier qu'organiser une série de cinq ateliers différents.

Certaines situations à caractère ludique (jeu du dictionnaire, cadavre exquis, autres jeux oulipiens...) sont particulièrement intéressantes, car elles permettent d'organiser des ateliers d'écriture au cours desquels, chaque jour, les élèves écrivent un texte complet. Ces situations se caractérisent par le fait qu'ils n'ont pas à gérer les problèmes de structure textuelle, de cohérence et de cohésion, ni la question difficile de l'adéquation du texte au destinataire. Il leur suffit de « reparamétrer » une structure existante (écrire la recette de la Potion de la Sorcière, le Menu de l'Ogre, une petite annonce pour vendre le carrosse de Cendrillon, l'horoscope d'un signe imaginaire, la fiche documentaire d'un animal chimérique, etc.). Ces situations sont des « situations génératives » en ce sens que l'élève produit ainsi un texte qui présente une certaine nouveauté et une réelle créativité, bien qu'il ait été engendré par simple modification locale d'une structure existante.

Voici un exemple d'une telle situation, adaptée à des élèves faibles lecteurs de CE2 : le concours de la phrase la plus drôle. On trouve d'autres exemples chez Yak Rivais et dans Ouzoulias, 2004.

Le concours de la phrase la plus drôle

L'enseignant a affiché sur la partie gauche du tableau ces trois phrases :

| L'autre jour, | à Sarcelles | j'ai vu | un camion |

qui faisait une grosse fumée noire.

| Dimanche, | à la mer, | j'ai vu | une dame |

qui faisait du ski nautique.

| Hier matin, | dans mon école, | j'ai vu | un oiseau |

qui mangeait un bout de pain.

outils

Les mots «j'ai vu» et «qui» sont écrits à la craie. Les autres mots sont écrits sur des cartons de couleur fixés au tableau avec de la gomme. Il fait lire chaque phrase «dans la tête» par tous, à haute voix par un enfant et la fait commenter. Il fait ensuite remarquer le jeu des couleurs: «l'autre jour», «dimanche» et «hier matin» sont en bleu. «À Sarcelles», «à la mer», «dans mon école» sont en blanc. Pourquoi? Sur la partie droite du tableau, au fur et à mesure, il rassemble les étiquettes et écrit ce que les enfants ont trouvé:

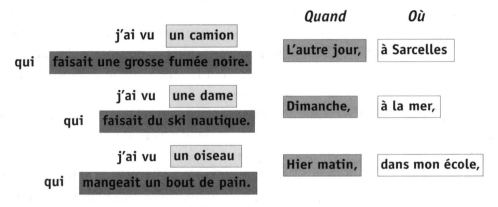

On poursuit ainsi en cherchant le point commun aux deux autres séries de cartons. Il ne reste plus alors, sur la partie gauche du tableau, que les mots écrits à la craie. Puis, l'enseignant déplace un à un les cartons de mots et forme les trois phrases suivantes sur la partie gauche du tableau:

Il fait lire chaque phrase «dans la tête» par tous et à haute voix par un enfant. Il fait commenter: «c'est pas possible, parce que...», «c'est bizarre», «c'est drôle», «ça fait rire».

On peut alors passer à un exercice individuel sur une feuille telle que celle-ci:

Lis ces 4 phrases.
Écris une phrase bizarre. Si tu peux, écris-en d'autres.

- La semaine dernière, à la télévision, j'ai vu un éléphant
  qui faisait des roulades.
- Pendant les vacances, au Maroc, j'ai vu un enfant
  qui faisait de la plongée sous-marine.
- Avant-hier, près de l'aéroport, j'ai vu un avion
  qui montait dans le ciel.
- Hier soir, au centre commercial, j'ai vu une dame
  qui vendait des bijoux.

L'activité se conclut par un florilège de quelques-unes des phrases bizarres ou drôles inventées par les enfants, comme: «Hier soir, près de l'aéroport, j'ai vu un éléphant qui faisait de la plongée sous-marine.» Les jours suivants, les élèves sont invités à rédiger d'autres phrases drôles. Au CE2, on peut même recenser combien de phrases différentes on peut produire ainsi (c'est un problème mathématique dit «de dénombrement»). On vote finalement pour désigner les trois phrases les plus drôles.

Quels outils pour écrire ?

Le plus souvent, en situation de production de texte, dès que les élèves savent lire, lorsqu'ils ne connaissent pas l'orthographe d'un mot, les enseignants leur permettent de l'écrire «comme on l'entend», c'est-à-dire d'inventer l'orthographe des mots, du moins lors d'un «premier jet». Selon nous, c'est là une attitude pédagogique dangereuse, notamment pour les élèves les moins avancés dans la lecture orthographique. Si l'on veut accélérer l'apprentissage des élèves, il convient d'éviter ce procédé tout au long de la phase initiale d'apprentissage du lexique orthographique (la scolarité élé-

outils

mentaire, mais surtout le cycle 2) et de mettre à la disposition des élèves des moyens ergonomiques d'écrire, dès le premier jet, de la façon la plus correcte possible sur le plan de l'orthographe lexicale (l'orthographe grammaticale est un autre problème pédagogique).

Nous avons parfaitement conscience de soutenir une démarche atypique, et même éloignée des recommandations des programmes de 2002. Ceux-ci indiquent en effet qu'il faut viser, à la fin du cycle 2, une écriture correcte sur le plan graphophonologique. Mais on notera que, concernant la lecture, ils indiquent, pour la même échéance (fin de cycle 2), que les mots très fréquents et les mots courts fréquents doivent être lus par la voie directe (on peut chiffrer ce stock de mots lus orthographiquement à un minimum de 750 mots). Or, il convient de rappeler qu'avec 750 mots connus de façon orthographique, les élèves lisent 75 % des mots qu'ils rencontrent dans tous les textes qui leur sont proposés. Et ils disposent alors de 85 % des mots qu'ils sont susceptibles de mobiliser en écriture[12] ! Autrement dit, les programmes semblent peu cohérents sur la question du développement des connaissances orthographiques, car, pour les mêmes mots, ils recommandent de viser *la reconnaissance directe en lecture et l'encodage en écriture*.

Les limites du présent écrit ne permettent pas d'argumenter de façon suffisante sur cette question. On pourra cependant se reporter au texte plus haut sur la dictée sans erreur. Notons aussi que d'autres pédagogues (par exemple De Keyzer, 1999, Daumas et Bordet, 1990) mettent en garde les enseignants contre «l'invention de l'orthographe» et que divers chercheurs, comme Laurence Rieben (2003), considèrent qu'il s'agit effectivement là d'une question très sérieuse.

Disons seulement que, pour apprécier les arguments en jeu, il importe de prendre en compte que *l'acquisition de l'orthographe est avant tout un problème qui concerne l'accès à la lecture habile* (plutôt que la production écrite). Si les procédures utilisées par le débutant pour écrire n'avaient

---

12. Avec soixante-dix mots connus de façon orthographique, les élèves lisent (et écrivent) 50 % des mots de tous les textes (voir cette liste en annexe).

aucune incidence sur le développement de ses connaissances en lecture, il n'y aurait aucune raison de se méfier de l'écriture phonologique. Malheureusement, les connaissances orthographiques utilisées en lecture sont très liées à celles qui sont mises en œuvre en écriture, car on ne peut empêcher celui qui écrit de se lire et de se relire (et c'est même une attitude particulièrement nécessaire). Ce faisant, en inventant des écritures grapho-phonologiquement plausibles des mots, celui qui écrit se donne une première expérience de ces mots qui est souvent erronée. Pour un mot donné, tant que le sujet n'a pas de raison (liée à l'analyse morphologique ou étymologique) de rejeter la représentation plausible, celle-ci tend à concurrencer, dans sa mémoire, la représentation exacte. En somme, selon nous, l'encodage quasi systématique en écriture ne peut que nuire au développement de la voie directe en lecture.

Quant au fait de ne pas inventer l'orthographe des mots, c'est une clause du contrat pédagogique qui doit avoir sa contrepartie du côté du maître :
- il doit mettre à la disposition de l'élève tous les moyens nécessaires et ergonomiques pour écrire sans erreur, il doit donc construire pour les élèves des outils et des textes références ;
- il doit les aider à y retrouver rapidement et sans trop d'effort les mots problèmes ;
- il doit favoriser le doute orthographique et l'appel aux plus experts (l'entraide) ;
- et, tant que c'est nécessaire, il doit jouer le rôle de secrétaire.

Qu'on ne pense pas, toutefois, que nous prônions une pédagogie de l'effort où l'on mesure les progrès à l'aune des peines que les élèves ont ressenties ! Pour l'essentiel, l'expression écrite est toujours un très grand plaisir :
- primo, si l'élève réussit à écrire des textes qui correspondent à ses centres d'intérêt et à ce qu'il veut dire ;
- secondo, s'il ne rencontre pas trop de difficulté pour calligraphier (c'est un problème qui n'est toujours pas réglé au CE1 et qui demeure quelque-

fois encore au CE2);

- tertio, si, après son « premier jet », il n'a pas à réécrire un mot sur trois ou quatre[13].

Si on procède ainsi dès le CP (éviter l'invention de l'orthographe et proposer des outils alternatifs), les élèves n'imaginent pas que le maître pourrait agir autrement (ils n'ont pas de formation didactique) et qu'ils pourraient aussi écrire phonétiquement un premier jet avant d'en faire la réécriture orthographique. C'est seulement l'enseignant qui pense à cette alternative. Si, malgré tout, il a le sentiment que ses élèves sont frustrés, il doit plutôt se demander comment progresser dans la mise en place et l'utilisation des outils d'autonomie.

Moyennant quoi, quand cela marche, même à peu près, il n'y a guère de gêne pour l'enfant. D'autant moins qu'ainsi, on économise son temps et celui du maître dans chaque moment de production (temps de correction et temps de réécriture), qu'on le rend, à moyen terme, plus performant en lecture et en production (la différence se voit dès le CE1) et qu'on diminue ainsi le temps global d'apprentissage du lexique orthographique (que de temps de « rééducation orthographique » économisé sur la dizaine d'années de scolarité ultérieure!). Oui, l'orthographe s'apprend tôt et rapidement ou s'apprend mal et longtemps!

Il nous reste à préciser maintenant ce que peuvent être les outils d'autonomie dans l'écriture. Pour l'essentiel, il s'agit de textes archiconnus, que les élèves savent redire parfaitement et où ils peuvent donc retrouver la plupart des mots dont ils ont besoin pour écrire (*cf.* De Keyzer, 1999, Daumas et Bordet, 1990, Ouzoulias, 2004). Ces textes références sont répertoriés dans un cahier, un classeur ou un lutin, où l'on aura également inséré, tout au long du cycle 2, en fonction des besoins du moment, des glossaires illustrés (glossaire des noms de lieux, des noms d'animaux, des adjectifs de couleur, des verbes utilisés dans les recettes, des « mots de la piscine », etc.). Bien

---

13. Tout irait bien si l'enseignant pouvait vraiment faire un « toilettage orthographique »; malheureusement, quand on encourage les élèves à écrire selon la méthode « Come vous pouvait, on véra l'orthographe appret », cela tient souvent du décrassage au *Karcher*.

sûr, pour un mot qui n'est pas dans ce stock, on encourage l'enfant à faire des hypothèses. Par exemple, avec une telle pédagogie, on entendra alors au CE1 les dialogues suivants :
– Élève : « Pour écrire [buro], le [bu] s'écrit Bé-U ? »
– Maîtresse : « Oui. »
– Élève : « Et pour [ro], c'est le [o] de "moto", de "bateau" ou de "Aurélie" ? »
– Maîtresse : « Le [o] de "bateau" et il n'y a qu'un R. »

Des logiciels d'entraînement à la lecture

Nous présentons ces logiciels dans une rubrique particulière, car ils permettent généralement d'aborder des tâches portant sur divers domaines de compétence en lecture. Comme le montre l'expérience de plusieurs écoles, certains logiciels sont utilisables et utiles dans un Maclé, avec des élèves très faibles lecteurs du CE2 et donc aussi avec des élèves de CE1. D'autres ne sont utilisables qu'avec des lecteurs expérimentés de début de cycle 3. La place manquant, nous nous limitons à une brève présentation et renvoyons les enseignants aux sites internet sur lesquels ils trouveront des informations détaillées et où ils pourront aussi, le plus souvent, se procurer le logiciel. Signalons aussi que le site de l'académie de Lille (www.ac-lille.fr) propose des commentaires techniques et pédagogiques utiles sur certains de ces logiciels.

Idéographix et *Elsa* : logiciels d'entraînement à la lecture conçus par l'Association française pour la lecture (AFL). Ces deux logiciels proposent des exercices sur des unités variées (du mot au texte). L'enseignant peut intégrer ses propres textes. *Idéographix* est utilisable avec des faibles lecteurs de CE2 et *Elsa* est plus approprié aux besoins des lecteurs expérimentés de début de cycle 3. Site internet : www.lecture.org

Lectra : les exercices les plus intéressants portent sur le mot ou la phrase et sont plutôt adaptés aux besoins des moyens ou bons lecteurs de début de CE2. Site internet : www.lectramini.com

1 000 mots : les unités travaillées sont les graphèmes, les syllabes et les mots (microstructures). Ce logiciel est donc utilisable avec des non lecteurs ou des faibles lecteurs de début de CE2.

Site internet : perso.wanadoo.fr/jm.campaner/jmc_1000mots

Quels dosages d'un groupe de besoin à l'autre ?

Nous avons dit, dans la première partie, qu'un Maclé couvre les trois champs d'activités qui viennent d'être présentés :

1) comprendre les textes ;

2) reconnaître les mots écrits et lire par groupes de mots ;

3) écrire des textes.

En réalité, cela est vrai quel que soit le groupe de besoin. Il y a par exemple des groupes de moyens lecteurs qui auraient plutôt besoin de travailler la lecture orthographique et leurs progrès dans ce seul domaine suffiraient à en entraîner d'autres dans la compréhension en lecture. En effet, une plus grande facilité dans la reconnaissance des mots, un accès plus direct aux significations, une lecture plus fluide, tout cela ne peut qu'améliorer le rendement sémantique de leurs lectures.

Mais on peut penser qu'au CE2 (et a fortiori au CE1), un travail sur la compréhension des textes est également utile à ces mêmes élèves, ne serait-ce que parce qu'il permettra à beaucoup de compléter la panoplie de stratégies disponibles face à des difficultés linguistiques ou sémantiques et de clarifier encore la nature même de l'activité de lecture.

Enfin, la production de textes constitue un excellent moyen d'articuler différentes compétences mobilisées en lecture, car écrire un texte conduit à gérer explicitement l'ensemble des problèmes posés par la lecture, depuis la macrostructure textuelle jusqu'aux plus petites unités, en passant par les mésostructures, et à naviguer constamment d'un niveau à l'autre. Avec des faibles ou très faibles lecteurs, plus encore avec des non-lecteurs, la production de textes est une voie pédagogique privilégiée pour développer des compétences de base en lecture (voir Ouzoulias, 2004).

C'est pourquoi nous recommandons d'utiliser 40 à 50 % du temps du Maclé pour faire produire des textes à ces élèves. La possibilité, donnée par le dispositif, de former des tout petits groupes avec les élèves les moins expérimentés, donne en effet aux enseignants l'occasion exceptionnelle de faire écrire quotidiennement et abondamment tous ces élèves pendant trois semaines. L'expérience montre que c'est la clé des progrès les plus spectaculaires.

Mais, d'un champ à l'autre, suivant les élèves, ce ne sont pas forcément les mêmes activités qui seront proposées. Par exemple, si nous recommandons de proposer la dictée sans erreur à tous les élèves quel que soit le groupe dans lequel ils ont été répartis, dans les groupes de très faibles lecteurs ou de non-lecteurs, on utilisera probablement toute la palette des activités proposées dans le deuxième champ, tandis qu'avec des élèves déjà très avancés dans la lecture orthographique, on pourra négliger les activités portant sur la reconnaissance de mots ou la compréhension de phrases et on travaillera par exemple davantage l'entraînement à la lecture rapide avec un logiciel adapté comme *Elsa* (voir p. 103), la lecture par groupes de mots, le rôle de la ponctuation et des marques morpho-syntaxiques.

2 Un exemple au CE2 (Sarcelles)

Nous présentons l'exemple du tout premier module expérimenté à l'école Henri-Dunant de Sarcelles, en novembre 1999. Il importe d'abord que le lecteur puisse avoir une vue d'ensemble du dispositif tel qu'il a été mis en œuvre. Puis nous expliciterons quelques points importants de sa préparation et de sa mise en place, parce qu'ils ont une valeur générale, quel que soit le niveau de la scolarité pour lequel il est conçu.

Présentation d'ensemble du dispositif

S'agissant de la durée, l'équipe d'école a décidé que le Maclé aura lieu chaque matin pendant trois semaines en novembre. La composition des groupes de besoin est arrêtée sur la base de l'analyse des résultats à l'évaluation nationale CE2, en collaboration avec les maîtres du Rased. La taille de ces groupes varie suivant cette composition. Ainsi, si un adulte peut encadrer un groupe de seize à dix-huit enfants considérés comme bons lecteurs pour des activités de perfectionnement, il est possible d'organiser à ce moment des tout petits groupes de quatre à six élèves faibles lecteurs ou non lecteurs.

L'autre partie de la matinée est consacrée à des tâches dites « riches et complexes » conçues pour des groupes hétérogènes, groupes qui sont d'abord dénommés par les enseignants « groupes de motivation », puis « groupes de projet ». Dans la mesure du possible, il est prévu que les productions de ces groupes soient socialisées. La taille de ces autres groupes est liée à la nature des projets.

L'articulation avec les projets de l'école

Le dispositif s'inscrit dans le projet d'école qui reprend les deux axes prioritaires du contrat de réussite du Rep : amélioration des résultats scolaires et action culturelle.

Concernant le deuxième axe, l'ensemble des élèves du groupe scolaire Henri-Dunant participent chaque année à divers projets fédérateurs. Il en est ainsi, par exemple, des opérations « L'école au cinéma » et « L'école au théâtre », qui visent à favoriser la rencontre avec des œuvres, dans des lieux culturels de proximité, pour cultiver « l'intelligence sensible » des élèves, et qui veulent « contribuer à l'élaboration d'une pratique culturelle commune, sensibiliser à l'imaginaire et à l'esthétique, développer la lecture et les écrits sociaux[14] ». Or, le mois de novembre, moment choisi pour le Maclé, est un temps fort de cette opération, avec la projection du film *Droits au cœur*. Une sortie au théâtre (*Tistou, les pouces verts*) est également programmée en novembre. Pour les maîtres de CE2, il va de soi que leurs élèves doivent rester impliqués dans ces projets motivants. Mais plus encore, ils considèrent que ce sont d'excellents tremplins pour des activités dans les « groupes de projets ».

De même, comme tous les ans, l'école avait décidé de participer à la semaine des Droits de l'Enfant qui a lieu en novembre. C'est un thème qui intéresse les élèves et qui est susceptible de susciter des envies de productions (expo, BD, recueil de poésies, etc.). Il est décidé que ce sera un temps fort du Maclé.

Une mobilisation maximale

Le conseil des maîtres, en accord avec les enseignants du Rased, décide que, durant les matinées du module, outre les enseignants des trois CE2 (soit soixante-deux élèves), interviendront aussi :
– les maîtres spécialisés (poste E, poste G et psychologue scolaire) ;
– les deux enseignants affectés sur les postes « mission Zep » du groupe scolaire ;

---

14. Extrait du projet « L'école au cinéma », en partenariat avec le service culturel de la ville de Sarcelles.

– le directeur, sur le temps de sa décharge, dans la mesure de ses possibilités ;

– les deux aides-éducateurs intervenant habituellement sur l'ensemble du groupe scolaire, qui peuvent appuyer un maître dans un groupe à effectif important.

Les enseignants des autres niveaux du groupe scolaire acceptent de ne plus bénéficier, durant ces matinées, des interventions de ces autres personnels. Et comme sont mobilisés pour cette opération des espaces de travail plus nombreux que les trois salles de classe des CE2, ils doivent aussi accepter de ne pas utiliser, chaque fois que l'organisation du module le demande, des salles qu'ils occupent dans le cadre du fonctionnement ordinaire : BCD, salle informatique, salle audiovisuelle, ateliers divers. Dans la répartition des moyens matériels, priorité est donc également donnée au Maclé. Enfin, il est décidé que les horaires de la récréation du matin et l'organisation du service de restauration scolaire seront adaptés au mieux des besoins des élèves impliqués dans ce dispositif (il est notamment impératif d'aligner les horaires des trois classes de CE2).

Une mobilisation de la « communauté éducative »

Les parents d'élèves de CE2 sont réunis fin octobre, le jour de l'élection des délégués (plus de la moitié des familles participent à cette réunion). Ils reçoivent collectivement une information sur les réussites des élèves des trois classes aux évaluations CE2 qui ont été passées au début du mois. Une analyse de ces résultats leur est communiquée. Puis le projet de Maclé est annoncé et les enseignants de CE2 le décrivent dans ses grandes lignes. Le projet est très bien accueilli par la totalité des parents. L'équipe s'engage à leur communiquer les résultats de cette action.

Dans le prolongement de cette présentation collective, les parents qui le souhaitent sont reçus individuellement par les enseignants, en présence de leur enfant. La rencontre vise à faire le point sur le cheminement de l'enfant à partir de ses résultats aux évaluations CE2 et de toutes les autres informations dont l'enseignant et les parents disposent et à envisager comment on pourrait l'aider à progresser, tant à l'école qu'à la maison. L'enseignante donne aussi des précisions sur le type de travail qui sera entrepris durant le Maclé avec l'enfant.

Par ailleurs, il est convenu avec l'association Ensemble (association d'aide aux familles et aux jeunes du quartier, d'animation culturelle et d'accompagnement scolaire, avec laquelle l'école a l'habitude de travailler depuis plusieurs années) qu'une personne qui connaît bien de nombreux enfants de CE2 apportera sa contribution au Maclé[15].

Une mobilisation des enfants

Les élèves eux-mêmes sont mobilisés sur ce projet dès le mois d'octobre, après que leurs résultats individuels aux évaluations CE2 leur ont été communiqués. Les objectifs du Maclé (faire que tous progressent et aider davantage les élèves qui ont le plus de difficultés) et les grands traits de son organisation leur sont présentés par chaque maîtresse de CE2. Les conseils des enfants sont informés de ce dispositif, de ses objectifs et du fonctionnement différent qu'il entraîne. Une information écrite paraît dans le journal des enfants (ce journal est lu dans toutes les classes).

La répartition des élèves dans les groupes de besoin

Pour une commodité d'organisation du travail de ces groupes, les élèves sont tout d'abord répartis en trois divisions :

a) bons et moyens lecteurs ayant obtenu un score global de réussite de plus de 50 % à l'évaluation CE2 (soit 37 élèves sur 62)[16] ;

b) faibles lecteurs ayant obtenu un score global de réussite compris entre 30 % et 50 % (16 élèves sur 62) ; ce sont les élèves pour lesquels nous pensons que le Maclé sera le plus profitable ;

---

15. En fait, cette personne est tombée malade juste avant le démarrage du module et n'a pas pu y participer.

16. On retrouve un pourcentage de 60 % de l'effectif correspondant aux 60 % de bons et moyens lecteurs de l'évaluation de fin de CE1 (catégories 1 et 2).

c) très faibles lecteurs et non-lecteurs ayant obtenu un score inférieur à 30 % (9 élèves sur 62) ; nous pensons que ces élèves bénéficieront du module mais auront besoin, au-delà, d'un accompagnement à long terme.

Ce critère chiffré, qui renvoie d'abord plus à des groupes de niveau qu'à des groupes de besoin, est ensuite modulé d'une part en fonction de l'observation des élèves pendant les mois de septembre et octobre par leurs enseignantes de CE2 et, d'autre part, avec le Rased, en fonction des résultats des prises en charge éventuelles au cycle 2 et au début du CE2. La répartition dans les groupes de besoin tient compte de tous ces facteurs.

Huit groupes sont finalement formés : deux groupes d'élèves bons lecteurs, deux groupes de lecteurs moyens qui ont besoin d'approfondir leurs compétences dans les deux grands domaines de la lecture (compréhension du langage écrit et reconnaissance des mots écrits), trois groupes de faibles lecteurs ou non lecteurs ayant surtout besoin, dans un premier temps, de développer leur capacité à reconnaître les mots écrits et un groupe d'enfants présentant aussi des difficultés de compréhension de l'oral.

- L'encadrement des deux groupes de bons lecteurs (de treize et quatorze enfants) était assuré par une des enseignantes de CE2, le directeur et deux aides-éducateurs. Les élèves considérés comme moyens lecteurs étaient encadrés par deux enseignantes «postes mission Zep» (huit enfants par groupe).
- Les élèves considérés comme faibles lecteurs ou non lecteurs mais manifestant une assez bonne compréhension de l'oral ont été répartis dans trois groupes de cinq enfants encadrés par les deux autres enseignantes de CE2 et l'enseignante spécialisée E. Suivant leur type de difficulté, c'était tantôt le renforcement de diverses compétences en compréhension en lecture qui était principalement visé, tantôt une amélioration des performances dans l'accès au lexique (décodage et identification orthographique).
- Les très faibles lecteurs et non-lecteurs (quatre enfants) manifestant des difficultés importantes de compréhension à l'oral ont été encadrés en alternance par le maître G du Rased et la psychologue scolaire.

Une matinée type

L'organisation de ce module ne visait pas à décloisonner pour décloisonner. Au contraire, le principe selon lequel la classe reste le groupe de référence, même pendant la durée du module, avait été affirmé par les enseignants.

C'est pourquoi les élèves commençaient systématiquement leur matinée avec leur enseignante, dans leur salle habituelle : il s'agissait de vérifier que chaque enfant savait dans quels groupes il travaillerait, avec quels adultes, dans quelles salles et pour quoi faire. Chaque enfant disposait d'un dossier Maclé (qui peut être un lutin ou un classeur) pour rassembler les documents nécessaires au fonctionnement des divers groupes où il était inscrit, les feuilles de travail utilisées et les productions. Y figurait aussi l'organisation du module pour chaque semaine, constituant une sorte de «feuille de route», mise à jour de semaine en semaine. Chaque élève disposait ainsi d'un planning complet et personnalisé, en fonction des groupes de besoin et des groupes de projet dans lesquels il était inscrit. Ces supports visaient à favoriser l'autonomie des élèves dans le cadre d'une organisation inhabituelle. Voici un emploi du temps d'une matinée-type :

Emploi du temps d'un élève pour une matinée-type

8 h 30 :	Regroupement du groupe-classe (appel et vérification des «feuilles de route» de chaque élève)
8 h 45 :	Groupe de besoin
10 h 15 :	Récréation
10 h 30 :	Groupe de projet (sauf le samedi matin)
11 h 30 :	Regroupement du groupe-classe et pause méridienne
13 h 30 :	Bilan de la matinée (durée : quelques minutes)

Dans chaque groupe, les élèves commençaient par une activité «d'échauffement», la «dictée sans erreur» (voir description plus haut) qui leur était proposée chaque matin (durée : dix minutes environ). Les textes, toujours très courts (deux ou trois phrases et, au maximum, une cinquantaine de mots), étaient les mêmes pour tous les élèves et étaient rédigés tour à tour par une des trois enseignantes de CE2. Ils portaient sur des thèmes abordés dans le module, faisaient référence à des événements de l'actualité, voire au déroulement du module lui-même.

Dès le début de l'après-midi, les élèves retrouvaient leur enseignante et leur groupe-classe. C'était l'occasion de faire un rapide bilan de la matinée : ce qu'on a produit, les activités auxquelles on a participé, ce qu'on a appris. La suite de l'après-midi était consacrée aux apprentissages dans les autres disciplines. La préparation de la « dictée sans erreur » du lendemain se faisait en fin d'après-midi, dans le cadre de la classe.

Cette organisation a fonctionné tous les jours sauf le samedi matin, où seuls fonctionnaient les groupes de besoin jusqu'à 10 h 15 (les élèves rejoignaient leur classe, après la récréation, dans son organisation habituelle).

Les activités pratiquées dans les groupes de besoin

Avec les bons lecteurs et moyens lecteurs, les activités les plus fréquemment proposées en lecture ont consisté en des entraînements sur ordinateur avec le logiciel *Lectra* (voir références p. 103). Grâce à la diversité des exercices, à l'intérêt de ce logiciel et au fait qu'il est en adéquation avec les compétences de lecteurs de début de CE2, non seulement les enfants ne se sont pas lassés, mais leur motivation a semblé grandir de jour en jour.

Outre le développement des compétences induit par les activités pratiquées avec *Lectra*, l'accent a été mis sur la verbalisation et l'analyse des stratégies utilisées en lecture. Il s'agissait d'aider ces élèves à combiner, de la manière la plus efficace possible, vitesse et compréhension. Ces élèves ont également été confrontés à diverses situations de production d'écrit avec usage d'un traitement de texte.

Pour les faibles lecteurs ou non-lecteurs qui manifestaient une assez bonne compréhension de l'oral, suivant leur type de difficulté, c'était tantôt le renforcement de diverses compétences en compréhension en lecture qui était principalement visé, tantôt une amélioration des performances dans la reconnaissance de mots (décodage et identification orthographique).

Concernant la compréhension, ces élèves ont été amenés par exemple à «creuser» le traitement sémantique en ne se limitant pas aux informations explicites. Ont été également travaillés la lecture par groupes de mots, la prise en compte des informations apportées par les marques syntaxiques, le traitement des pronoms, des substituts du nom (rechercher le référent) et des connecteurs pour favoriser l'accès à une compréhension plus fine.

Par ailleurs, des exercices à partir de jeux conçus par Yak Rivais (1992 et 1993) ont été proposés pour développer des façons de lire plus rapides, plus souples et plus adaptées aux supports et aux situations.

Concernant la reconnaissance de mots, les activités étaient voisines de celles qui ont été proposées aux élèves du groupe des très faibles lecteurs et non lecteurs ayant des difficultés de compréhension à l'oral (voir ci-après).

Enfin, le développement des compétences en production écrite et dans la compréhension du récit a également été recherché à travers divers exercices et moments de production, comme l'élaboration de petits albums à partir d'images séquentielles : les images sont mises en ordre chronologique, l'histoire est produite oralement, puis écrite collectivement, à l'aide d'un traitement de texte.

Pour les très faibles lecteurs et non-lecteurs manifestant des difficultés de compréhension à l'oral, ont été conduites des activités très souvent centrées sur la phrase (ponctuation, lecture par groupes de mots, prise en compte des indices morphosyntaxiques), le mot (enrichissement du lexique orthographique, notamment sur les mots très fréquents) et la syllabe (identification immédiate de syllabes sans repasser par la fusion des phonèmes et recherche d'une plus grande familiarité avec les graphèmes complexes). Signalons ainsi que l'usage du texte aide présegmenté en syllabes (voir page 75) a été très efficace pour ces élèves.

Le travail sur la phrase a principalement été conduit en utilisant le support des fichiers *Lire* (PEMF) et dans des situations de production de phrases (chaque enfant écrit une phrase et doit lire celles de ses camarades). Les activités avec le premier support (notamment réponses à choix multiples) ont permis d'aborder plus spécifiquement les difficultés dans la reconnaissance de mots et la compréhension d'un vocabulaire courant ; les activités d'écriture-lecture de phrases ont conduit les élèves à des prises de conscience sur l'organisation syntaxique de la phrase et sur l'orthographe lexicale (les mots homophones ne s'écrivent pas toujours de la même manière).

Mais l'accès au texte était également visé : comme les autres faibles lecteurs, ces élèves ont produit collectivement de petits albums à partir d'images séquentielles. Il s'agissait surtout de les amener à mieux maîtriser la trame narrative, en écriture et en lecture, en lecture par l'écriture.

Les activités pratiquées dans les groupes de projet

Comme nous l'avons dit plus haut, plusieurs classes du groupe scolaire participaient à la semaine des droits de l'enfant. Tous les élèves de CE2 ont assisté à la projection du film *Droits au cœur* au cinéma de Sarcelles, tout proche. Cela a constitué un tremplin pour des productions diverses.

- Un groupe a construit un jeu de cartes sur le thème des écoliers dans le monde (sur le modèle des *Incollables*) ; les élèves l'ont eux-mêmes élaboré et fabriqué en cherchant des informations à la BCD et dans des dictionnaires encyclopédiques ; ce jeu a été reproduit pour toutes les classes.
- Sur ce même thème des droits de l'enfant, un autre groupe a produit un recueil de textes poétiques, illustré de dessins et de collages.
- Toujours sur ce même thème, des élèves ont commencé la production d'un reportage vidéo comportant des interviews.

Parmi d'autres, ces trois activités sur le thème de droits de l'enfant ont aidé tous les élèves de l'école à comprendre que le dispositif n'était pas une sorte de parenthèse dans la vie de l'école, mais plutôt un chapitre saillant pour les élèves de CE2.

- Des élèves ont fait une recherche documentaire pour savoir qui était Henri Dunant (fondateur de la Croix Rouge française).
- Le spectacle *Tistou, les pouces verts*, au théâtre de Sarcelles, auquel les enfants ont assisté dans le cadre du projet «Théâtre à l'école», a donné lieu à la production d'un résumé écrit pour que chaque enfant garde une trace personnelle de cet événement. Le premier jet a été écrit au brouillon. Les améliorations et corrections ont été réalisées directement lors de la saisie du

texte sur ordinateur.

- Un groupe a produit une BD.
- Un autre a fait de l'expression théâtrale.
- Tous les élèves ont participé à des ateliers de formation à la recherche documentaire en BCD et sur des supports multimédias.
- Plusieurs groupes ont réalisé des revues de presse ; leurs textes, après réécriture, étaient saisis sur les ordinateurs de l'école, imprimés et associés à des découpes de journaux pour être affichés.
- Un atelier tournant « poésie et jeux de langue » a également fonctionné presque tous les jours.
- Six enfants ont participé à l'enregistrement d'un conte sur magnétophone. L'objectif principal d'un tel atelier est bien évidemment de travailler la lecture à haute voix.
- Un groupe a produit des jeux mathématiques.

Précisons enfin que l'inscription dans ces groupes pouvait obéir à deux principes différents : le plus souvent l'obligation (par exemple, les groupes « tournants »), parfois le libre choix.

« Prolongations »

En fait, à l'issue du Maclé de trois semaines en novembre, les enseignants ont décidé de maintenir ce dispositif à raison d'une demi-journée par semaine, chaque mardi matin, jusqu'aux vacances d'hiver (soit quatre demi-journées supplémentaires), avec la même organisation que pendant les trois semaines : groupes de besoin d'abord, groupes de projet ensuite. Cette décision faisait suite à une première évaluation très positive, mais dont découlait aussi le constat que des élèves en grande difficulté avaient « bougé » et que ces progrès avaient besoin d'être stabilisés, consolidés et soutenus quelque temps. Il faut aussi tenir compte du fait que le module n'a pu fonctionner effectivement que neuf demi-journées sur les douze jours théoriques durant les trois semaines prévues, car les « événements » comme les sorties au cinéma et au théâtre qui ont eu lieu à cette période ont occupé les autres demi-journées et, sur cette période, il y avait aussi une journée fériée (le 11 novembre).

3 Un exemple au CE1 (Argenteuil)

Les enseignants de cycle 2 de l'école Paul-Éluard d'Argenteuil constatent, à la rentrée de septembre 2002, que de nombreux élèves de CE1 sont en grande difficulté face à l'écrit. Pour préciser la réalité et la nature de ces difficultés, ils décident de faire passer l'épreuve collective de *Médial-CE1* (Ouzoulias A., 1995b) et quelques épreuves semi-collectives et individuelles (lexique initial, découpage de mots en syllabes, lecture de pseudo-mots, connaissance des lettres). Cette évaluation, organisée à la mi-septembre avec l'aide de l'enseignante spécialisée E du Rased, confirme l'impression initiale d'un très fort groupe d'élèves en grande difficulté.

L'évaluation diagnostique en septembre : des résultats alarmants

Sur soixante élèves scolarisés dans les deux classes de CE1 et dans la Clis E, l'analyse des résultats amène à distinguer, grosso modo, trois groupes d'enfants.

– Vingt-deux élèves (dont cinq dans la Clis) sont autonomes ou presque autonomes en lecture ; ils comprennent des consignes écrites et peuvent lire un texte simple ; ils ont acquis les stratégies de base travaillées au CP (coordonner recherche du sens et identification de mots) ; ils reconnaissent déjà de nombreux mots fréquents de manière directe ; leur capacité en décodage leur permet de lire des mots à graphèmes complexes. La plupart de ces élèves semblent déjà disposer des « mécanismes d'autoapprentissage » qui les rendront de plus en plus performants par la seule répétition ultérieure des situations de lecture.

– Dix-sept élèves (dont quatre dans la Clis) ne sont pas autonomes face à un texte simple et sont en difficulté devant des consignes écrites, même présentées en contexte. La moitié de ces élèves peuvent déchiffrer des mots isolés pourvu que les graphèmes soient fréquents (ils peuvent décoder des mots comme «café» et «mouton»), mais sont perdus devant des graphèmes plus complexes comme «train», «vient», «loin», etc. L'autre moitié sont de «petits déchiffreurs», seulement capables de décoder des mots comme «café» et «lavabo», dont les syllabogrammes ne comportent que deux lettres. Tous ces élèves ont compris le principe alphabétique et sont capables de segmenter en syllabes un mot écrit que l'adulte leur lit. Mais tous peinent à «faire du sens» avec les écrits qui leur sont proposés.

– Vingt et un élèves (dont quatre dans la Clis) sont non lecteurs. Ils n'ont pas compris le principe alphabétique et ne sont pas capables de faire fonctionner les conversions graphèmes-phonèmes (CGP). Les trois quarts de ces élèves (dix-sept sur vingt et un) n'ont pas encore compris ce que nous appelons le «principe syllabique»[17], à savoir que les mots écrits représentent les syllabes et que chaque syllabe orale est représentée en général par deux, trois ou quatre lettres, principe dont la compréhension conditionne l'efficacité des méthodes d'enseignement classiques centrées sur les CGP (comme *Ratus*, *Gafi*, *Mika*, etc.).

Face à ces résultats plutôt alarmants, l'analyse des enseignants est alors la suivante: les dix-sept élèves du groupe intermédiaire pourraient très vite «décoller» et bénéficieraient immédiatement et pleinement d'un dispositif de type Maclé; pour les vingt et un autres élèves, si l'on réussit à les prendre en charge durant trois semaines de façon intensive chaque matin dans des tout petits groupes de cinq ou six, on peut espérer qu'ils progressent suffisamment pour permettre aux enseignants de travailler ensuite avec des classes de CE1 plus homogènes. Ces élèves (ou la plupart d'entre eux) doivent et peuvent comprendre que – et comment – l'écriture note le langage

---

17. Voir notamment Ouzoulias, 2001.

(ils doivent acquérir les notions de mot, de syllabe et de phonème). Ils doivent et peuvent acquérir les stratégies de base qui sont l'enjeu du CP. D'où l'idée d'un Maclé-CE1 à organiser le plus tôt possible dans l'année scolaire, c'est-à-dire, compte tenu des contraintes de fonctionnement de l'école, au plus tôt en octobre.

Le dispositif

Pour ce Maclé, l'équipe d'école a décidé « de mettre le paquet ». Elle peut mobiliser huit enseignants et deux aides-éducateurs pour encadrer ces soixante enfants pendant trois semaines. Les huit enseignants sont :
- les deux enseignantes de CE1 et l'enseignante de la Clis ;
- l'enseignante poste E du Rased ;
- deux enseignants « poste mission Rep » (ce sont des enseignants qui travaillent habituellement sur l'ensemble du groupe scolaire, en élémentaire et en maternelle) ;
- la directrice sur le temps de sa décharge ou sa collègue qui la remplace habituellement (cette enseignante travaille habituellement à mi-temps, mais apporte son concours « gratuitement » pour quelques matinées durant le Maclé) ;
- une enseignante retraitée, qui a travaillé de nombreuses années au cycle 2 dans cette école et qui est volontaire pour donner « un coup de main », avec l'accord de l'IEN.

En accord avec la « philosophie » du Maclé, les intervenants décident de concentrer l'effort sur les élèves les plus faibles en formant quatre groupes de besoin pour les vingt et un élèves non lecteurs, deux petits groupes pour les neuf faibles lecteurs « petits décodeurs », un groupe de huit élèves pour les faibles lecteurs décodeurs et un groupe de vingt-deux lecteurs autonomes (soit huit groupes en tout). Ainsi, les trente élèves les moins avancés seront tous dans des groupes de quatre ou cinq élèves. Il est décidé qu'un des deux aides-éducateurs apportera un concours permanent au groupe des vingt-deux lecteurs autonomes et que l'autre interviendra « à la demande ». Du point de vue matériel, huit salles de l'école élémentaire sont utilisées pour les besoins du Maclé : bien sûr, les deux salles de classe de CE1 et celle de la Clis E, la salle des postes mission Rep, la salle du Rased, la BCD, la « petite salle polyvalente » et la salle de l'intervenant Casnav (cette école scolarise plusieurs enfants du voyage et un maître apporte un soutien régulier à ceux de ces enfants qui en ont besoin).

Il est prévu que ces groupes de besoin fonctionnent durant 1 heure et 15 minutes chaque matin de 8 h 45 à 10 h 10, après avoir démarré la journée avec l'enseignant de leur classe à 8 h 30. Chaque élève doit disposer d'un « journal de bord du Maclé » sur la première page duquel figureront le nom de l'enseignant qui encadre le groupe dans lequel l'enfant est inscrit et ceux des autres enfants de ce même groupe.

Dans chaque groupe, sont programmées des activités relevant des trois champs longuement décrits plus haut : compréhension des textes, travail sur les micro- et mésostructures, production d'écrits. Les intervenants s'accordent à privilégier la production de textes avec les élèves les plus en difficulté.

L'équipe d'école a décidé qu'il n'y aurait pas de groupe de projet au CE1. Comme les CE2 auront un Maclé de trois semaines à raison d'une matinée par jour, ils pourront bénéficier du décloisonnement en groupes de projet sur la seconde partie de la matinée. Mais l'école n'a pas les moyens humains de faire fonctionner deux Maclé successifs en matinée complète. Elle doit donc limiter le décloisonnement des CE1 à la première partie de la matinée.

Mais, et c'est la seconde raison, les deux classes de CE1 et la Clis ont des projets divers sur le premier trimestre qui amèneront les élèves à lire et à écrire, à lire pour écrire. Autrement dit, la dimension culturelle des apprentissages de l'écrit, qui est caractéristique des groupes de projet dans un Maclé, est bien présente en classe et les décloisonnements peuvent se concentrer sur des aspects plus techniques des apprentissages (ce qui n'interdit pas de travailler à partir de supports qui suscitent l'intérêt des élèves et qui entretiennent aussi un rapport à la culture !).

Les activités pratiquées

Concernant la compréhension de textes, pour les élèves les plus en difficulté, dans chacun des quatre groupes, l'enseignant organisait chaque jour un moment de réception d'un récit lu à haute voix, suivi d'une brève discussion sur l'histoire. Il proposait également la lecture d'un court texte comportant l'aide d'un texte présegmenté en syllabes (ce support est décrit p. 75). Évidemment, les tâches des élèves sur ces textes les amenaient à « gérer du sens ».

Dans le domaine des micro- et mésostructures, ces mêmes élèves pratiquaient chaque jour la mémorisation de mots, un jeu du pendu, des mots croisés pour débutants et un jeu de l'imprimeur (voir ci-après). Avec ces trois jeux, il s'agissait notamment de développer la connaissance des lettres de l'alphabet (dans les trois écritures), car la plupart de ces élèves les connaissaient très mal ou pas du tout[18], certains ayant même besoin de reprendre des exercices de calligraphie pour apprendre à écrire lisiblement en cursive. Toujours dans ce domaine, l'enseignant organisait aussi un jeu des syllabes avec les prénoms (voir ci-après).

Toutefois, pour ces élèves non lecteurs, la part principale du temps du module a été consacrée à la production de textes. Pour cela, ils utilisaient des textes archiconnus dans lesquels ils pouvaient saisir des mots ou expressions dont ils avaient besoin[19]. Le plus souvent, ces textes étaient des comptines ou des textes collectifs segmentés en groupes de mots (un groupe de mots = une ligne), ce qui facilite considérablement leur utilisation par des non-lecteurs. Quant aux situations de production, les enseignants ont privilégié la rédaction de courts récits à partir d'images séquentielles.

---

18. Selon nous, il est indispensable de connaître les lettres de l'alphabet pour apprendre à lire. Dans la quatrième partie, nous expliquons sommairement pourquoi. Pour une argumentation plus précise, lire Ouzoulias A., 1995a et Ouzoulias, 2004.

19. Rappelons que ce procédé, déjà évoqué plus haut, est décrit de façon très précise dans De Keyzer, 1999, Daumas et Bordet, 1990, et Ouzoulias, 2004.

Les élèves faibles lecteurs (rappelons que ce sont les élèves qui parvenaient seulement à décoder plus ou moins) ont bénéficié des mêmes situations dans les domaines de la compréhension et de la production de textes. S'agissant des micro- et mésostructures, les enseignants ont mis l'accent sur le découpage en syllabes et sur la mémorisation du lexique orthographique. Dans ce domaine, ils ont très souvent utilisé les « cartons éclairs » de syllabes et de mots, procédé dont l'usage est particulièrement adapté à un petit groupe d'enfants (les élèves sont très actifs car ils sont très fréquemment interrogés).

Les lecteurs autonomes ont été notamment conduits à travailler, en lecture, les structures du récit (remise en ordre des épisodes d'un récit), le rôle des inférences et le problème des substituts. Ils ont pu aborder aussi de façon plus approfondie le rôle de la ponctuation et la lecture par groupes de mots. Ils ont bénéficié d'entraînements à la lecture à haute voix et à la reconnaissance rapide des mots écrits. Pour plusieurs de ces activités, l'enseignant est parti d'albums.

Nous décrivons maintenant de façon plus précise trois activités qui ont été proposées aux élèves les moins avancés et qui n'avaient pas été présentées jusque-là : les mots croisés, le jeu de l'imprimeur et celui des syllabes.

Mots croisés pour débutants

Le principe de ces mots croisés spéciaux est connu : l'enfant n'a pas à lire la définition du mot car celle-ci lui est donnée par une image (voir exemple page suivante). De plus, pour des élèves qui ne savent pas encore décoder, on peut donner, en bas de la feuille de jeu, la liste de tous les mots utilisés et au dos, un glossaire (cette activité peut alors fonctionner dès la grande section). Pour les élèves non lecteurs de CE1 d'Argenteuil, l'objectif de ces mots croisés était aussi de les entraîner à apparier les lettres cursives et les lettres détachées (ces élèves avaient du mal à épeler des mots écrits en cursive). C'est pourquoi la liste des mots était donnée en cursive. Comme l'enfant doit noter les mots en mettant une lettre capitale par case, il est amené à « détacher » les lettres du mot donné en cursive pour le reporter

outils

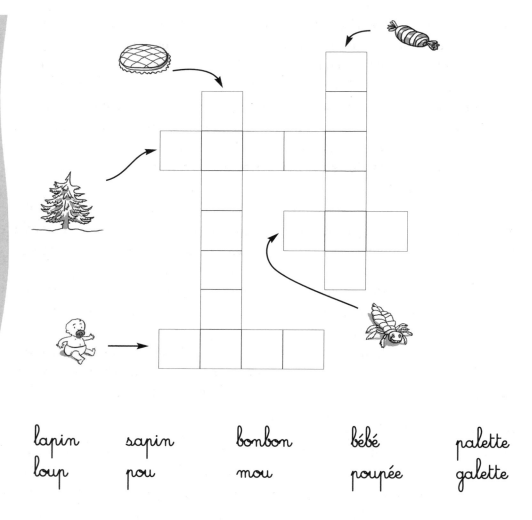

lapin   sapin   bonbon   bébé   palette

loup   pou   mou   poupée   galette

dans sa grille. En cas de besoin, il peut s'aider d'un triple alphabet qui lui donne la correspondance entre lettres capitales, lettres minuscules et lettres cursives (les élèves disposaient tous de cet outil dans leur «journal de bord»):

A	B	C	D	E	F	G	H	I	J	K	L	M	N	O	P	Q	R	S	T	U	V	W	X	Y	Z

a
a | b | c | d | e | f | g | h | i | j | k | l | m | n | o | p | q | r | s | t | u | v | w | x | y | z

outils

Le jeu de l'Imprimeur

L'objectif est d'aider les enfants à associer l'image de la lettre et son nom. Deux enfants sont séparés par un écran. L'un, l'imprimeur (qu'on appellera I), a les caractères d'imprimerie (imprimeries *Celda*, *Légo*, *Nathan* ou sous forme de cartons fabriqués par l'enseignant[20]) et l'autre (qu'on appellera E) choisit dans un glossaire un mot ou un prénom à imprimer (les mots ont été travaillés dans d'autres occasions et ils sont suffisamment connus des élèves). L'élève E doit seulement épeler le mot (d'où le E) de sorte que I puisse le composer. Suivant son niveau de connaissance des lettres, on peut attribuer un ou plusieurs jokers à I (s'il ne sait pas par exemple quelle est la lettre qui s'appelle «ef», il peut donner un joker à E et celui-ci lui montre le dessin de la lettre, par exemple sur une ardoise). I doit deviner le plus vite possible quel mot est épelé et, s'il y parvient avant l'épellation de la dernière lettre, terminer cette composition. Finalement, on vérifie que le mot composé comporte bien toutes les lettres voulues. Si c'est le cas, I marque un point par lettre. Dès que I devient très performant, il peut prendre le rôle de E. Ce jeu peut aussi se jouer avec plusieurs joueurs, chacun disposant d'une «imprimerie»; mais alors, c'est l'enseignant qui joue le rôle de E.

---

21. L'imprimerie *Celda* (voir bibliographie) nous semble la plus ergonomique. Comme dans l'imprimerie *Lego*, il s'agit de caractères à photocopier. Mais ils figurent sur des vignettes aimantées qui adhèrent à un support ad hoc et il est donc facile de les déplacer pendant la production du texte pour réaliser toutes sortes de corrections.

outils

Le jeu des syllabes

L'objectif est d'aider les élèves à comprendre ce que nous appelons le « principe syllabique » (voir quatrième partie, note p. 203) : dans un mot écrit, on peut retrouver chaque syllabe qu'on entend (à l'oral) ; elle est notée par une, deux, trois, quatre lettres ou plus.

Le principe de ce jeu est le suivant : sur des étiquettes collectives de mots connus des élèves, en se faisant guider par eux, l'enseignant découpe les syllabes (par exemple : cro/co/dile ; co/chon ; tor/tue ; dro/ma/daire ; etc.). On peut alors lire ces syllabes isolées : co –> [co] ; dile –> [dil] ; chon –> [ʃõ], etc. On peut aussi inventer de nouveaux animaux : le dro/ma/chon, la cro/ma/tue, le tor/daire, etc., et imaginer ce que seraient de tels animaux chimériques.

On peut aussi faire fonctionner ce jeu sur les prénoms des enfants en découpant : Ni/co/las ; Char/lotte ; Vin/cent ; etc., puis en recomposant des prénoms fictifs : Ni/lotte ; Vin/co/cent ; Char/las ; etc. qu'il faut lire.

En fait, dans tous ces cas (animaux chimériques et prénoms fictifs), on a formé des pseudo-mots à partir de syllabogrammes connus.

Les effets du Maclé : des progrès sensibles à consolider

À la fin des trois semaines du module, les enseignants notent que tous les élèves ont progressé, parfois de façon importante. Ils observent notamment que de nombreux élèves du groupe intermédiaire (faibles lecteurs décodeurs) sont devenus autonomes, mais ils ont plus de mal à mesurer les progrès des élèves non lecteurs. Certes, ils ont « bougé », mais les enseignants aimeraient apprécier ces progrès de façon objective. Ils décident donc de faire repasser, à l'issue du Maclé, à la rentrée des vacances de novembre, des épreuves comparables à celles du début d'année (épreuves de *Médial-CE1*, Ouzoulias A., 1995b).

Les résultats montrent alors que si, dans divers domaines, les progrès sont peu marqués, dans la compréhension en lecture, c'est-à-dire le domaine principal, les progrès sont très nets : le score moyen des élèves est passé de

31,5 % à 42,3 %, soit une hausse moyenne de près de dix points qu'on peut attribuer, pour l'essentiel, au module.

Il n'empêche que les enseignants ressentent le besoin d'aller plus loin et de « pousser l'avantage » pour accélérer la dynamique dans laquelle sont entrés les élèves les plus faibles et pour stabiliser les progrès du groupe intermédiaire. D'où la décision d'organiser la poursuite du module sur une matinée par semaine jusqu'aux vacances de décembre. Ce dispositif a contribué effectivement à « transformer l'essai » : à la rentrée de janvier, les enseignantes de CE1 disent qu'elles peuvent travailler maintenant avec des classes « bien plus homogènes ».

Enfin, en prenant comme étalon l'épreuve de lecture d'apprenti de *Médial* (lecture d'une phrase accompagnée d'une illustration), seuls six enfants sont alors considérés comme n'ayant pas acquis les stratégies de base en lecture (coordonner informations sémantico-syntaxiques et orthographiques), deux de ces enfants étant en difficulté globale à l'école du fait de souffrances psychologiques personnelles importantes (ces deux enfants sont notamment aidés par le poste G du Rased depuis le CP).

4 L'exemple des Mureaux au CE1 et au CE2

Les écoles de la circonscription des Mureaux, dans les Yvelines, sont toutes situées en Rep. Fin 2001, l'équipe de circonscription entend parler du dispositif des Maclé, expérimenté deux ans plus tôt dans le groupe scolaire Henri-Dunant de Sarcelles et généralisé l'année suivante à de nombreuses écoles de la circonscription. À la demande de Sylvie Amador, sa collègue IEN des Mureaux, René Macron, IEN de Sarcelles, vient, en mars 2002, présenter le dispositif à l'équipe de circonscription. Celle-ci cherche en effet à mobiliser efficacement les enseignants sur la réussite dans les apprentissages en lecture-écriture et à aider les équipes d'écoles dans les projets visant l'amélioration des résultats scolaires. Après un premier essai de module dans une école pour des CE2 en avril 2002 et des réunions préparatoires en juin 2002 dans toutes les écoles, dix écoles (sur onze) organisent un Maclé-CE1 pour vingt et une classes en septembre 2002 et six un Maclé-CE2 en novembre pour douze classes. Cette première opération ayant donné des résultats globalement très positifs, les équipes d'écoles ont décidé de la rééditer l'année suivante. Ainsi, au premier trimestre scolaire 2003, ce sont sept écoles qui ont participé au dispositif CE2, pour treize classes.

Le dispositif

Au CE1, comme au CE2, il a été comparable à celui qui a été mis en place à l'école Henri-Dunant de Sarcelles pour les CE2 : dans la plupart des écoles, les matinées sont complètement banalisées pendant trois semaines pour permettre la constitution de deux sortes de groupes, des groupes de besoin homogènes et des groupes de projet hétérogènes. La constitution de petits groupes de besoin (pour les élèves les moins avancés) est rendue possible par la mobilisation de toutes les «ressources humaines» disponibles: enseignants des classes concernées évidemment, maîtres E et G des Rased, enseignants des Clin[21], postes «missions Rep», coordonnateurs de Rep et la conseillère pédagogique de la circonscription, Joëlle Mbow, etc.

Au CE1, les élèves ont été répartis dans des groupes de besoin en fonction de l'observation continue des élèves par leur maître. Pour déterminer plus précisément leurs compétences et leurs besoins, certains enseignants ont aussi utilisé en 2002 trois des épreuves d'une évaluation diagnostique générale du savoir-lire que les élèves avaient passées en septembre (ces épreuves font partie d'un ensemble d'évaluations pour tout le cycle 2 mis au point par un groupe de travail de Sarcelles et qui sont présentées en annexe pour le volet de la fin CE1). Les trois épreuves utilisées concernaient le décodage (décodage de pseudo-mots), la reconnaissance orthographique des mots et une épreuve individuelle de lecture orale préparée. En 2003, beaucoup d'enseignants ont plutôt utilisé les épreuves de *Médial-CE1* qu'ils ont trouvées bien adaptées et faciles à faire passer.

Finalement, dans toutes les écoles utilisant le dispositif, les élèves ont été répartis dans trois ensembles correspondant à trois groupes de besoin, visant des objectifs comparables à ceux que nous avons déjà présentés pour les élèves de CE1 d'Argenteuil et avec un effectif qui variait également suivant les types de groupes: des groupes relativement denses pour les élèves autonomes en lecture et de tout petits groupes de quatre à six élèves pour les moins avancés. Tous ces groupes ont travaillé à partir d'albums. Ont également été utilisés: les fichiers *Lire* (PEMF), des mots croisés, des charades et des devinettes, ainsi que divers exercices proposés dans *Nous devenons de vrais lecteurs (CEI, CE2, CM1)* de Rémond et Rousseau, 1989.

Dans les groupes de projet, les élèves ont travaillé en lecture et écriture

---

21. Les Clin sont des classes d'initiation linguistique. Elles accueillent des enfants non francophones pendant quelques semaines ou quelques mois, le temps de les conduire à un niveau suffisant de maîtrise du français oral et de leur permettre ainsi, le plus tôt possible, de suivre une scolarité normale en classe ordinaire.

autour de thèmes comme le cinéma, les cinq sens, les animaux, la mer, l'Afrique, etc. Ils ont réalisé des albums, des journaux, des fiches techniques, des livres de recettes, des jeux, un montage vidéo, des abécédaires, etc.

Au CE2, le dispositif a été similaire. Ce sont les évaluations nationales de début d'année qui ont servi à établir les différents groupes de besoin. Notons toutefois que, dans les bilans des Maclé, les enseignants ont exprimé la difficulté qui était la leur pour définir des profils d'enfants à partir de ce matériau. Le plus souvent, ils se sont limités à former des groupes de niveau à partir de critères purement chiffrés : taux de réussite globale et taux de réussite aux compétences de base[22].

Signalons enfin que les écoles ont pu disposer d'un « bus Maclé », prêté par la mairie. Ce bus, aménagé par des enseignants « mission Rep » avec les productions des élèves pendant les modules, a permis de faire connaître celles-ci dans toutes les écoles de la ville. Cette mise en valeur des travaux des élèves fut, de l'avis unanime, une « superbe réussite ».

Des évaluations plutôt positives

Les enseignants ont été amenés à tirer des bilans des deux types de Maclé (CE1 et CE2). Pour plusieurs classes, ils ont pu confronter leurs observations à des résultats chiffrés, notamment au CE2 où de nombreux enseignants ont accepté de faire repasser à leurs élèves, en janvier, les évaluations nationales de début de CE2. On dispose donc à la fois d'évaluations « qualitatives » et de « mesures chiffrées ».

Évaluation des Maclé-CE1

Les enseignants observent divers effets positifs sur les attitudes scolaires de leurs élèves : « participation très active, prise de parole facilitée par les petits groupes, motivation, remise en confiance, développement de l'autonomie ; des

---

22. Rappelons que, dans la quatrième partie de cet ouvrage, nous revenons sur le diagnostic et l'évaluation des difficultés, d'où il faut partir pour concevoir un Maclé efficace, et sur la différence entre groupes de besoin et groupes de niveau.

élèves ont maintenant une attitude différente à l'école, une meilleure attitude scolaire ; la classe a pu démarrer plus vite ». Mais ils nuancent cette appréciation en pointant des difficultés d'adaptation manifestées par certains élèves : « difficulté à investir un adulte différent de l'adulte référent et à reprendre ses marques lors du retour dans le groupe-classe ; en groupe de besoin, absence d'élèves moteurs ; en groupe de projet, investissement difficile pour les non lecteurs ».

Nous ne saurions dire si ces difficultés tiennent à des tâches qui ont pu être localement mal adaptées aux besoins et aux possibilités des élèves ou, éventuellement, à une durée trop longue du Maclé sur la matinée pour l'ensemble des élèves de CE1 (rappelons que, pour leurs élèves de CE1, pour le Maclé organisé en octobre 2002, les enseignants de l'école Paul-Éluard d'Argenteuil se sont limités à des groupes de besoin de 1h15 chaque matin mais animaient des projets de production dans le cadre habituel de la classe).

Du point de vue des apprentissages de l'écrit, les maîtres constatent que des élèves « ont démarré », d'autres « sont entrés dans une dynamique d'apprentissage », d'autres encore se sont montrés « moins passifs » et « commencent à prendre du plaisir à lire ». Mais, selon plusieurs observations, si les élèves du groupe intermédiaire ont fortement progressé, si ceux du groupe des plus avancés ont profité de ce dispositif, le doute est permis pour certains élèves du groupe des très faibles lecteurs et non lecteurs. L'impression est que leurs difficultés n'ont pas été surmontées et que l'écart entre eux et le reste des élèves s'est accru.

Là encore, nous ne saurions affirmer catégoriquement si ce constat met en cause le principe même d'un Maclé-CE1 en Rep : n'est-il pas vain d'espérer des progrès spectaculaires en trois semaines avec des élèves en très grande difficulté au sortir du CP ? Ou bien s'agit-il d'un rendement localement insuffisant du dispositif en raison du choix d'activités peu adaptées aux besoins des élèves les plus en difficulté face à l'écrit ? Ou bien encore : ces élèves ont réalisé des progrès effectifs, mais ceux-ci ne sont pas encore bien lisibles dans leur comportement en lecture bien qu'ils préfigurent de futures avancées...

En nous appuyant sur l'expérience de divers Maclé-CE1, nous aurions tendance à penser que, pour l'essentiel, la réponse est à chercher dans une meilleure adaptation des activités aux besoins des élèves. Ainsi, dans des écoles où les difficultés pour de nombreux élèves de CE1 sont aussi grandes qu'aux Mureaux et où ont été organisés des Maclé, les progrès des élèves les plus en difficulté au début du CE1 sont effectifs, lisibles et parfois spectaculaires. Mais il apparaît que, dans ces écoles, quatre conditions sont alors réunies.

1°) Les élèves les plus en difficulté face à l'écrit bénéficient d'un encadrement «de luxe»: ils se retrouvent à quatre, cinq ou six élèves par groupe de besoin.

2°) La moitié au moins du temps du Maclé est consacrée à des situations d'écriture étayées par des outils d'autonomie (textes références, glossaires, fichiers images mots, etc.).

3°) Lorsqu'on aborde les microstructures, les unités de lecture travaillées ne sont pas seulement les CGP, mais aussi, voire surtout, des mots courts, des syllabes et des analogies orthographiques. Travailler directement les CGP avec des élèves qui n'ont pas encore compris ce principe abstrait revient en effet à les écarter de l'apprentissage. Travailler des unités de lecture plus grandes et plus accessibles les aide à comprendre le principe grapho-phonologique et cela les prépare aussi à comprendre le principe alphabétique, c'est-à-dire la grapho-phonologie au niveau plus abstrait des phonèmes.

4°) En situation de lecture, on travaille constamment les stratégies de base du lecteur débutant (coordonner les informations sémantiques et orthographiques).

Évaluation des Maclé-CE2

Au CE2, si les enseignants observent aussi quelques difficultés à «reprendre ses marques» lors du retour en classe, ils tiennent surtout à souligner les aspects positifs: «L'effectif réduit des groupes a permis de travailler dans des conditions favorables, de mettre en place un réel travail de groupe et un apprentissage individualisé; tous les élèves ont pu trouver leur place dans ce module; ils sont acteurs des projets; les élèves les plus en difficulté ont été mis en confiance; le Maclé a impulsé une dynamique de classe différente» (synthèse des observations pour l'ensemble des écoles).

Voici quelques réactions d'élèves de CE2 de l'école Jean-Zay (publiées dans le journal de cette école), significatives de la mobilisation que ce module a effectivement engendrée chez beaucoup d'enfants, et de la détermination de certains d'entre eux.

Iman : J'écris plus vite maintenant.

Floriane : Avant le Maclé, je confondais le d et le b et maintenant je ne les confonds plus. Ce que j'ai aimé, c'est inventer des histoires sur le tableau de Joan Miró[23]. Ça me donne envie de recommencer.

Julien : J'ai fait des progrès en lecture parce que le soir, j'ai parfois envie de lire une ou deux histoires dans mon lit. J'aurais aussi envie de continuer pour pouvoir lire plus vite. Il faudrait changer de projet.

Adeline : J'ai progressé en lecture et quand j'écris, je mets les points et les virgules.

Amandine : Je pense que ce projet devrait recommencer parce que, maintenant, nous sommes meilleurs en français.

Samy : Je pense que ce travail est très bien, car on lit et on écrit. Je trouve que je n'ai pas fait assez de progrès et j'aimerais continuer.

Suzanne : Dans mon groupe, nous avons travaillé sur *Histoires de sorcières*... Je n'ai pas trop fait de progrès, mais je lis mieux qu'avant, parce que je ne lisais pas très vite. J'adore les Maclé. J'ai envie de continuer et changer de groupe et lire d'autres contes.

Stevens : Pendant trois semaines, les maîtres et les maîtresses ont fait un Maclé pour nous aider en lecture et en écriture. J'ai fait des progrès. Maintenant, j'arrive à lire des mots difficiles et je fais la différence entre a et à. J'ai envie de continuer pour faire encore plus de progrès... Dans mon groupe, nous avons travaillé sur un dessin animé, *Capélito écrivain*. Il fallait parler à la place des personnages qui ne parlaient pas. C'était bien.

Anissa : Je trouve que j'ai progressé. J'aime beaucoup les Maclé. Ça nous aide.

En janvier 2003, les maîtres de cinq classes de CE2 ont accepté de faire repasser les épreuves des évaluations nationales de septembre 2002, afin de se donner une « mesure chiffrée » permettant de mieux apprécier l'impact du module sur les apprentissages des élèves. Bien entendu, ces résultats doivent être regardés avec la même circonspection que ceux des CE2 de l'école Henri-Dunant de Sarcelles en janvier 2000 : entre septembre et janvier, le progrès ne s'explique évidemment pas par le seul Maclé ! Toutefois, le profil des scores de réussite est identique aux Mureaux et à Sarcelles et son évolution incite à tirer les mêmes conclusions (*cf.* première partie) :

---

23. *Le Carnaval d'Arlequin* (Joan Miró, 1924-1925)

- comme à Sarcelles, le progrès du score moyen de réussite globale est conséquent (+ 16,5 % qui se décomposent ainsi : + 15,3 en compréhension ; + 15,9
pour la «maîtrise des outils de la langue» ; + 23,1 dans la production de
textes) ;
– comme à Sarcelles, ce sont les élèves les plus en difficulté qui progressent le
plus : les 34 enfants (sur 143) qui avaient un score inférieur à 50 % en septembre augmentent en janvier leur score moyen de 26 points de pourcentage !
– comme à Sarcelles, on observe une forte homogénéisation des profils de performance (*cf.* les deux graphiques présentés dans la première partie) : les
élèves dont le score global est inférieur à 50 % ont quasiment disparu en janvier ; alors qu'ils constituaient près du quart des élèves en septembre (34
élèves sur 143), ils ne sont plus que trois en janvier ;
– les élèves qui n'ont pas encore acquis les compétences de base se raréfient
également en janvier ; ainsi, dans une classe de l'école Jean-Macé, ils étaient
18 sur 20 dans ce cas en septembre 2002 et ne sont plus que trois en janvier
2003 !
– l'écart à la moyenne nationale diminue fortement comme l'indique le tableau
ci-dessous.

*Évaluations nationales CE2 : comparaison des scores moyens, Mureaux septembre 2002
et janvier 2003 (pour 5 classes, soit 143 élèves) avec France septembre 2002.*

	France septembre	Mureaux septembre	Écart avec France	Mureaux Janvier	Écart avec France
Compréhension	68,6	48,3	- 20,3	63,6	- 5,0
Maîtriser les outils de la langue	66,8	50,1	- 16, 7	66, 0	- 0,8
Produire un texte	71,9	58,5	- 13,4	81,5	+ 9,7
Score moyen global	68,2	50,3	-17,9	66,8	- 1,4

Au moment où ces lignes ont été écrites, nous ne disposions pas de résultats chiffrés pour les élèves ayant bénéficié des modules organisés au premier trimestre 2003. Mais les premières impressions des enseignants sur les
effets de ces Maclé étaient semblables à celles de l'année précédente.

5 Vers des Maclé en 6ᵉ ? L'expérience du collège Chantereine à Sarcelles

Le principal de ce collège, Bernard Magri, ayant lu un rapport sur l'expérience de l'école Henri-Dunant, a contacté l'équipe de circonscription primaire de Sarcelles pour lui demander dans quelle mesure elle pourrait apporter sa contribution à une transposition du dispositif auprès des élèves de 6ᵉ de l'établissement qu'il dirige. Par ailleurs, un groupe de recherche-action formé d'enseignants de CE2 et CM de la circonscription, avec le soutien de l'IEN, Michèle Fontaine, travaille depuis quelques années sur la question de la compréhension en lecture au cycle 3 à partir d'un cadre théorique et d'hypothèses pédagogiques construits par Patrick Joole et Catherine Savadoux, professeurs à l'IUFM de Versailles. L'idée a donc naturellement germé de « marier » les deux sortes d'approches : le dispositif des Maclé et un ensemble d'activités devant permettre aux élèves de progresser dans le traitement de leurs problèmes de compréhension en lecture, activités inspirées des travaux du groupe de recherche-action. C'est ainsi que Patrick Joole, Catherine Savadoux, Catherine Crépon (conseillère pédagogique de la circonscription), Sylvie Bascou, PEMF à Sarcelles, et moi-même, avons formé une équipe pour travailler dès le mois de septembre 2003 avec quatre professeurs de français du collège Chantereine[24], qui s'étaient déclarés volontaires pour piloter un projet de Maclé.

Dans l'idéal, un Maclé-6ᵉ doit concerner tous les élèves de 6ᵉ d'un même collège. Mais tous les professeurs de français encadrant les classes de 6ᵉ n'étaient pas « partants » pour cette expérience. Seules six classes pouvaient

---

24. Antoine Ferrari, Olivier Rony, Joëlle Salabi et Raphaëlle Schacher, professeurs de lettres modernes.

participer sur les neuf.

Dans l'idéal aussi, un tel dispositif doit pouvoir être déployé au début de l'année scolaire (sur trois semaines en octobre, par exemple). Mais, pour une première expérience, un temps de formation préalable pour les professeurs de français a été indispensable et a dû se réaliser sur trois demi-journées disséminées au cours du premier trimestre.

De plus, comme il fallait prévoir les activités pour l'ensemble des groupes d'élèves sur les douze séances du module (quatre jours par semaine pendant trois semaines) à raison de deux heures par séance, il a fallu passer beaucoup de temps pour concevoir collectivement les progressions, déterminer les activités, choisir les textes, rédiger les consignes et beaucoup de temps aussi pour préparer les supports de travail des élèves et des animateurs. En effet, il n'était pas question de dessiner le parcours des élèves « en marchant » ou de laisser les animateurs improviser à partir d'un simple canevas.

Un tel dispositif ne peut fonctionner au collège qu'avec le concours de professeurs de diverses disciplines (et, le cas échéant, d'assistants d'éducation) et cela suppose donc que toutes les activités soient préparées dans le détail (supports, consignes, corrigés, etc.).

Ces contraintes initiales expliquent que le dispositif n'a pu être mis en œuvre qu'au mois de mars 2004.

Il était dans l'intention initiale des « pilotes » de proposer la formation de groupes de besoin et de groupes de projet, sur le modèle des Maclé-CE2. Mais, finalement, devant le travail supplémentaire que cela aurait engendré, il a fallu se résigner à se limiter à des groupes de besoin. Et, de toute façon, les problèmes de gestion de l'emploi du temps (élèves, professeurs, salles) rendaient cela impossible : on ne pouvait pas banaliser la matinée complète mais seulement la moitié de cet horaire, soit deux heures. Exit, donc, les groupes de projet pour cette première expérience.

Enfin, il aurait fallu partir d'une analyse précise des besoins des élèves, déterminer des « profils », et, de là, déterminer les activités répondant au mieux à leurs besoins, conformément à la méthodologie présentée dans la première partie. Nous avions les éléments matériels pour faire cette évaluation diagnostique : pour chacun des élèves venant des écoles de Sarcelles, nous disposions de ses résultats à une évaluation réalisée en juin au CM2 sur les stratégies de compréhension en lecture dans les champs qui, à ce moment, avaient été considérés comme cruciaux par l'équipe de recherche-action, et, pour chaque élève, nous avions aussi ses résultats aux évaluations nationales passées à la fin septembre. Mais, là encore, le temps manquait pour faire ces analyses et déterminer finement les compétences des élèves et leurs besoins ; les délais dont nous disposions nous poussaient à des solutions plus économiques, et donc, forcément, plus sommaires. Et puis, pour un Maclé se déroulant en mars, ces éléments d'information (datant de juin et de septembre) pouvaient paraître quelque peu dépassés. C'est pourquoi nous nous sommes résignés aussi à organiser douze groupes de niveau pour les cent vingt-huit élèves de 6e participant à ce dispositif, répartis en trois catégories : faibles lecteurs, moyens lecteurs, bons et très bons lecteurs. Puis, après une réduction du nombre d'intervenants possibles, nous avons dû réduire encore l'amplitude du dispositif à neuf groupes : deux groupes de faibles lecteurs (de huit et neuf élèves) ; trois groupes de lecteurs moyens (de douze à treize élèves) ; quatre groupes de bons ou très bons lecteurs (de dix-sept à dix-neuf élèves). Ce sont surtout les groupes de bons et très bons lecteurs qui ont été alourdis. La répartition des élèves s'est faite sur la base de leur observation continue par les professeurs de français de chaque classe.

Quelles activités ?

Dans l'idéal, les élèves d'un Maclé-6e sont répartis dans des groupes de besoin proposant des activités spécifiques :

– il se peut que des élèves aient déjà acquis par eux-mêmes certaines stratégies de lecture efficace, qu'ils traitent de façon déjà experte la ponctuation, les marques morpho-syntaxiques, la syntaxe de la phrase, qu'ils aient accédé depuis longtemps à la lecture orthographique mais qu'ils aient besoin de travailler plutôt les situations spécifiques de production écrite que sont, par exemple, la prise de note, la synthèse, la construction de frises chronologiques (pour représenter les événements successifs d'un récit) ou d'organigrammes (pour représenter les personnages et leurs liens), etc. ;

– pour d'autres élèves, outre un travail sur la compréhension, on visera peut-être essentiellement un travail sur les mésostructures et sur le lexique orthographique ;

– pour d'autres élèves encore, « à profil moyen » dans tous les compartiments, il faudrait consolider l'ensemble des champs par un travail plus équilibré et plus multiforme ;

– enfin, il y a certainement des élèves pour lesquels la lecture de textes à l'aide d'une présegmentation en syllabes peut encore être utile et qui auraient besoin de progresser dans le maniement de la langue orale.

Mais, là encore, pour que la préparation et l'accompagnement du Maclé soient les plus faciles possibles, il a été décidé, pour cette première expérience, que les trois sortes de groupes auraient, à chaque séance, un programme similaire enchaînant toujours trois sortes d'activité.

1°) Apprentissage de stratégies pour résoudre les problèmes de compréhension en lecture.

2°) Entraînement à la lecture par groupes de mots avec une tâche de préparation d'une lecture à haute voix.

3°) Consolidation et enrichissement du lexique orthographique par la « dictée sans erreur » (chaque dictée est préparée collectivement la veille).

Voici un emploi du temps type, tel qu'il a été fourni aux enseignants (professeurs de français et d'autres disciplines) et aux deux assistants d'éducation participant à l'animation des groupes :

Nature de l'activité	Durée approximative	Observations
Prise de contact et « programmation »	3 minutes	L'enseignant amène les élèves à « se mettre en projet ». Il leur rappelle au besoin le but du module et énonce en tout cas le programme prévu lors des 2 heures suivantes (c'est encore mieux de le résumer au tableau).
Dictée sans erreur	10 minutes	L'enseignant dicte le texte qui a été préparé lors de la séquence précédente ; les élèves disposent d'un support ad hoc.
Apprentissage de stratégies...	75 minutes (en deux phases)	En général, on travaille successivement 2 stratégies et il y a 2 textes par stratégie (cela fait donc 4 textes à travailler). Les textes et les consignes pour les élèves sont rassemblés dans une chemise pour chaque groupe. Les élèves peuvent être autonomes (éventuellement, l'enseignant peut aussi commencer à ce moment la correction des dictées). Ils disposent de corrigés qui leur sont donnés quand ils ont terminé leur travail sur chaque texte. Une courte pause peut être prévue à mi-chemin.
Lecture à haute voix	5 min. de préparation 10 min. de lecture	Les élèves ont à préparer la lecture d'un des quatre textes travaillés lors de cette même séance. Il est bon qu'ils puissent faire cette préparation par groupes de 2. L'enseignant invite successivement des élèves (et le plus possible d'entre eux) à lire à haute voix le texte qu'ils ont choisi et préparé.
Dictée sans erreur	± 10 minutes	Préparation de la dictée suivante (voir quelques indications dans le document sur cette activité, déjà donné séparément).

Enfin, il convient de préciser qu'au début du module, chaque élève disposait d'un lutin dans lequel il pouvait ranger les supports des activités, ses travaux et les corrigés (chaque exercice de compréhension comportait un corrigé qui était donné à l'élève pour une autocorrection à la fin de la tâche). L'une des premières pages de ce lutin était une «feuille de route» individuelle indiquant où (dans quelle salle) et avec qui (quel adulte et quels autres élèves dans son groupe) l'élève doit se trouver chaque jour durant l'horaire du module.

Chaque élève a aussi été doté d'un cahier sur lequel il pouvait écrire tout ce dont il avait besoin (mots difficiles lors de la préparation de la dictée, notes personnelles sur les textes travaillés en compréhension, etc.). Et chaque élève a reçu également un stylo à billes quatre couleurs qui garantissait qu'il pouvait faire effectivement le travail demandé par certaines consignes (par exemple, souligner de trois couleurs différentes les désignations de trois personnages différents).

Deux des tâches d'une séance type ayant déjà été justifiées et décrites au début de cette partie (la lecture par groupes de mots et la dictée sans erreur), il convient maintenant de présenter les activités centrées sur la compréhension.

Les activités centrées sur la compréhension

Rappelons que l'objectif de ces activités est l'appropriation par les élèves de «stratégies facilitant la résolution de problèmes de compréhension». Derrière cette longue périphrase, il y a le cadre théorique et pédagogique construit par Patrick Joole et Catherine Savadoux, cadre qui a servi de point de départ aux travaux du groupe de recherche-action sur la compréhension et que nous ne pouvons que résumer ici.

1°) Quand un texte présente des difficultés sémantiques, le lecteur habile utilise divers moyens pour surmonter ces difficultés, pour réparer ces «pannes de compréhension». Outre un défaut de familiarité avec la syntaxe et le lexique utilisés dans le texte, outre un manque de connaissances encyclopédiques (connaissances sur le monde) impliquées dans la production des inférences, les difficultés peuvent avoir d'autres sources et par exemple: brisure dans la chaîne des substituts; difficulté à identifier les personnages dans un dialogue (qui dit quoi, à qui et pourquoi?); difficulté à retrouver, derrière l'ordre des événements utilisé par la narration, celui de la chronologie réelle; etc. Les lecteurs habiles se sont construit des comportements experts, progressivement, de façon implicite, par l'expérience de ces difficultés dans les très nombreux textes qu'ils ont lus : ils sont capables de remarquer qu'ils ne comprennent pas et ne s'en étonnent pas (ils savent que lire, c'est résoudre une énigme) ; ils sont capables d'identifier la nature du (des) problème(s) qui leur est (sont) posé(s) à tel ou tel moment et de cerner le passage problématique ; ils disposent de moyens adaptés à la résolution de chacun de ces problèmes et relisent le passage problématique en cherchant la réponse à de «bonnes questions», par exemple : Combien y a-t-il de personnages ici, qui sont-ils et comment sont-ils désignés ? Qui sont les interlocuteurs de ce dialogue ? Quelle est la succession réelle des événements dans ce passage ? Etc.

2°) L'école doit faire le pari qu'il est possible d'accélérer le développement de ces habiletés *en organisant l'expérience* des difficultés correspondantes et de leur résolution, en abordant ces difficultés *de façon explicite*, dans un enseignement de la compréhension en lecture[25]. Pour cela, il faut (et on doit pouvoir) amener les élèves à :

a) prendre conscience de la nature spécifique des difficultés de compréhension qu'ils peuvent rencontrer en lecture et mettre au point une stratégie pour chaque type de difficulté ;

b) s'entraîner à utiliser chacune de ces stratégies d'abord de façon isolée, puis en les combinant pour des textes qui cumulent des difficultés de plusieurs sortes ;

c) observer que, ce faisant, ils progressent dans la compréhension en lecture. Devant des textes comportant des difficultés, ils ne sont plus surpris (c'est normal, «la lecture est la résolution d'une énigme») ; ils peuvent maintenant mieux identifier ces difficultés et ils peuvent maintenant mieux les résorber.

Ces trois moments d'un apprentissage explicite des stratégies de lecture dessinent la progression qui a été envisagée pour le module dans le domaine de la compréhension des textes.

---

25. Cette idée a été introduite en pédagogie dans le monde francophone par la chercheuse québécoise Jocelyne Giasson (1990).

Première étape

Un premier texte, contenant une difficulté donnée à un degré élevé, sert de point de départ lors d'une séance initiale. Les élèves peuvent identifier la nature de la difficulté qui engendre ce problème de compréhension (par exemple : «On ne sait pas combien il y a de personnages, qui ils sont et comment ils sont désignés»). Ils sont conduits à dégager la stratégie adaptée et à la formuler (par exemple : repérer tous les mots ou groupes de mots qui désignent un même personnage).

Deuxième étape

On leur propose, lors des séances suivantes, une série de textes de difficulté croissante, dans lesquels l'obstacle essentiel à la compréhension est le même que celui qui vient d'être identifié et sur lesquels ils sont conduits, par exemple, à souligner d'une même couleur les mots et expressions qui désignent un même personnage ou un même objet. Voici (page ci-contre) un exemple de support pour de tels entraînements.

Troisième étape

Sur le texte qui a servi de point de départ ou sur un texte de difficulté voisine, les élèves doivent eux-mêmes identifier et résoudre le problème, bien que le support ne comporte plus de consigne explicite en ce sens.

Plusieurs sortes de difficulté de lecture ont ainsi pu être abordées au cours du module. Un accent particulier a été mis sur le problème des substituts, pour lequel les activités se sont enchaînées pendant les deux premières semaines. Soulignons toutefois que cette approche d'un enseignement de la compréhension en lecture, telle qu'elle vient d'être présentée ici, ne doit pas être considérée comme une démarche «bouclée», un point d'achèvement de la recherche-action, pas même une formule minimale à cette étape de la réflexion. En effet, cette approche apparaît déjà dépassée aujourd'hui aux participants du groupe de recherche-action. Divers phénomènes didactiques les conduisent notamment à questionner la série des champs retenus (les

Voici un extrait de journal.

Souligne en bleu tous les termes qui désignent Johnny et en vert tous ceux qui désignent Universal.

LES SPECTACLES

Johnny rompt avec Universal

BUSINESS. Après plus de quarante ans de carrière chez son « employeur », le chanteur a démissionné de sa maison de disques. Une décision surprenante qui intervient après deux albums à succès.

LE GRAND MÉNAGE continue autour de Johnny Hallyday. Depuis lundi, le chanteur a en effet mis fin à sa collaboration avec Universal, la maison de disques qui l'employait depuis 1961.

Dans un communiqué de presse diffusé hier, la star du rock a précisé que cette décision était "mûrement réfléchie depuis plus de six mois". Johnny en a profité pour démentir avoir l'intention de produire lui-même ses enregistrements.

Il semblerait que ce conflit entre la maison de disque et l'artiste français porte sur le pourcentage des ventes qui revient à ce dernier. Le chanteur aurait exigé de son producteur une nouvelle augmentation, allant bien au-delà des 25 % qu'il touchait jusqu'à présent sur chaque disque vendu. Un pourcentage pour le moins confortable, quand on sait que la plupart des artistes doivent se contenter de 10 %.

C'est bien sûr une très mauvaise nouvelle pour Universal, car le départ de la star, c'est une peu la poule aux œufs d'or qui s'en va : en presque 45 ans de carrière, Johnny a vendu 100 millions de disques, cumulant 39 disques d'or (plus de 100 000 exemplaires écoulés) et 14 disques de platine (plus de 300 000). Il avait signé son premier contrat chez Philips en 1961 à l'âge de 18 ans et n'avait jamais quitté son producteur, rattaché ensuite à Polygram, le futur Universal Music France.

De nouveaux employeurs pourraient bien lui faire les yeux doux. Mais ils ont intérêt à faire leurs comptes. Car le rockeur n'oubliera pas sa part du gâteau !

Sébastien CATROUX

D'après *Le Parisien* du mercredi 7 janvier 2004

---

cinq que nous avons évoqués et d'autres dont nous n'avons pas parlé), à repenser la hiérarchisation des difficultés, à chercher une meilleure articulation entre séances d'apprentissage des stratégies isolées et situations « complexes » (lecture de textes dans lesquels les élèves se heurtent à des difficultés non préalablement balisées), etc. On ne peut que souhaiter vivement l'aboutissement de cette recherche dans un avenir proche et la publication, dans la foulée, d'un ouvrage proposant des activités et des outils efficaces pour le cycle 3 et la 6e.

Quelle différenciation ?

Nous avons vu que le temps a manqué pour concevoir d'authentiques groupes de besoin, tant pour constituer les « profils » d'élèves que pour élaborer des activités adaptées. C'est pourquoi le groupe de pilotage du Maclé « s'est rabattu » sur des groupes de niveau. Le nombre d'élèves variait dans les trois sortes de groupes, mais il a été décidé que la différenciation de l'environnement pédagogique porterait aussi sur la progressivité des exercices dans le domaine de la compréhension. En revanche, les supports pour les dictées sans erreur et pour la lecture par groupes de mots étaient les mêmes dans tous les groupes.

Quel bilan, quelles perspectives ?

Deux des enseignants du collège impliqués dans le pilotage du Maclé ont pu réunir les parents des élèves de leurs classes et les faire réagir sur le dispositif. Ces réactions sont très positives : les parents sont « fiers », « ravis », « conquis ». Ils rapportent les propos de leur enfant pendant et après le module : « j'aime bien car je réussis ; c'est dommage que ça ne soit pas noté ! », « je lis mieux », « je fais moins de fautes », etc. Des élèves continuent à feuilleter leur lutin à la maison, alors que le module est terminé depuis quelques jours ! Naturellement, les parents demandent pourquoi ce dispositif n'a pas été organisé au début de l'année et appuient l'idée qu'il soit organisé en octobre pour la « promo » suivante.

Les élèves réagissent de façon très lucide, à la fois pour se réjouir de leurs progrès et suggérer des améliorations. Voici par exemple des extraits représentatifs de réponses rédigées par les élèves de deux classes de 6e à certaines des questions posées par leur professeur (Olivier Rony).

Selon vous, le Maclé a-t-il des effets positifs sur votre travail ?
Comment pourrait-on l'améliorer ?

« L'idéal pour moi serait de continuer le Maclé. »
« Oui, on travaille mieux et on améliore notre travail. »
« Oui, il m'a aidée à m'améliorer en lecture, en dictée et en compréhension. »
« Le Maclé nous fait améliorer notre écriture et nous a aidés à ne pas faire des fautes

grammaticales et orthographiques. »

« Oui, mais il y avait des textes qui étaient trop longs. »

« Parfois les consignes étaient écrites à la main et on ne comprenait rien. »

« Parfois les textes étaient trop longs. »

« Le Maclé était bien sauf qu'on m'a pris mon stylo à quatre couleurs ! Et qu'il n'y avait pas assez de place dans le porte-document. »

La durée de trois semaines est-elle satisfaisante ? Et celle de deux heures ?

« Les trois semaines n'étaient pas suffisantes. »

« J'ai un peu plus aimé que les heures de soutien français. »

« Le Maclé s'est passé très vite. »

« La durée de trois semaines et de deux heures est très satisfaisante. »

« La durée m'a paru bonne. Les deux heures ont passé vite. »

« Parfois, cela m'a paru long. »

« Deux heures c'est trop. 1 heure 30 suffirait. »

« La durée de trois semaines était longue, deux semaines auraient suffi. Deux heures c'était bien. »

« Longue, je n'ai pas aimé. »

« La durée de trois semaines était ennuyante. »

« Les trois semaines étaient trop longues, une heure aurait suffi. »

« C'était vraiment trop, j'ai failli craquer. »

Une dictée chaque jour, est-ce un bon exercice ?
Avec cette dictée, avez-vous fait des progrès ?

« La dictée de chaque jour n'est pas un long exercice. J'ai fait énormément de progrès. »

« On apprend à meilleurement (sic) écrire. »

« Oui, ça m'entraîne beaucoup. Mais il y a quelquefois des mots simples où je ne vois pas que j'ai fait des fautes. »

« C'est bien, parce que ça nous incite à faire moins de fautes. »

« Oui, c'est utile pour qu'on ne fasse pas de fautes. »

« J'ai apprécié le principe de la dictée sans erreur, car on peut faire la dictée sans stress. »

« La dictée sans erreur m'a bien aidée. »

« J'ai appris de l'orthographe. »

« J'ai fait quelques progrès sur certains mots. »

« J'ai fait un peu de progrès. »

« C'est de la triche. Pour certains, c'est très utile. Pour moi, elles étaient faciles. »

« Ça sert à rien, la dictée sans erreur. »

Les textes de ces dictées étaient-ils bien adaptés ?

« Oui, certains textes étaient bien adaptés à mon rythme. »

« Certains textes étaient trop longs. »

« Il y avait des textes qui n'étaient pas bien adaptés. »

Les quatre professeurs de français ayant piloté le projet pour le collège ont des appréciations globalement positives. Ils se disent tout d'abord heureux d'avoir réussi à mener à bien l'organisation de ce dispositif pour les cent vingt-huit élèves qui y ont participé, car ce pari n'était «pas gagné d'avance». Chacun reconnaît aussi que la contribution de l'équipe de direction (le principal, Bernard Magri, son adjoint, Philippe Gallienne, la conseillère principale d'éducation, Béatrice Perache) a été essentielle. Elle a su mobiliser, rassurer et encourager les enseignants, libérer les demi-journées pour la formation et celles pour la préparation du module, apporter toutes les facilitations nécessaires (qui étaient parfois aux limites de son pouvoir), arranger les emplois du temps des classes et des professeurs (et ce n'est pas le plus facile!), faire en sorte que toutes les classes du collège aient un fonctionnement habituel pendant que six classes sont décloisonnées en neuf groupes. Chacun sait aussi ce qu'il doit à Orencio Rodriguez, dit «monsieur Gutemberg», responsable du service reprographie du collège, qui a réalisé, souvent dans l'urgence, cent quarante exemplaires de plus de cent documents pour les élèves et sans qui le Maclé n'aurait même pas démarré!

Concluons qu'un tel module ne pourrait avoir lieu avec la seule bonne volonté d'une équipe de professeurs de français, même déterminés. Dans un collège, cela demande l'engagement et la mobilisation de la direction, de professeurs d'autres disciplines et d'autres personnels de l'établissement.

Les professeurs considèrent que, globalement, les élèves ont compris l'enjeu du module pour eux-mêmes. Les faibles lecteurs ont été très mobilisés et on peut même observer que plusieurs d'entre eux ont progressé très sensiblement: «ils n'ont plus peur d'entrer dans les textes; ils ont des repères; ils ont progressé en lecture à haute voix, ils écrivent plus volontiers et font moins d'erreurs; ça a ouvert l'esprit de certains élèves; je trouve que, maintenant ils participent davantage en classe». Les effets apparaissent également positifs pour les trois groupes de lecteurs moyens.

En revanche, pour les quatre groupes de bons lecteurs, les effets sont plus inégaux. Il faut dire que ces groupes avaient été alourdis (avec dix-sept à dix-neuf élèves, leur animation s'apparente alors à celle d'une classe ordinaire). Mais il apparaît aussi que les tâches proposées ne sont pas forcément appropriées à tous : dans ces groupes, on a pu observer une proportion conséquente d'élèves qui terminaient leur travail très rapidement et sans beaucoup d'erreurs ; ces élèves n'ont pas été assez « alimentés » et plusieurs ont manifesté une certaine lassitude dans la dernière semaine du module. Ce phénomène de baisse de régime en fin de parcours a été constaté également, quoiqu'à un moindre degré, dans d'autres groupes. Nous le relions aussi à une insuffisante diversité des tâches et peut-être plus encore à une insuffisante diversité des textes dans les activités centrées sur la compréhension : la plupart des textes qui servaient de supports étaient en effet des extraits de romans ou de nouvelles et étaient donc reconnus par les élèves comme des textes littéraires, souvent associés à des expériences d'échecs anté-rieurs ; les quelques rares textes extraits de journaux ou d'autres types d'écrits (documentaires, livre de recettes, guides touristiques...) ont réveillé l'intérêt de nombreux élèves.

Enfin, pour tous les élèves, on a bien perçu la péjoration que constituait le pas-sage des groupes de besoin aux groupes de niveau. On a bien perçu aussi que, sans les groupes de projet, « le module ne marchait que sur une jambe ». L'alternance de « vrais groupes de besoin » et de groupes de projet ne pourrait qu'apporter des améliorations au dispositif. On pourrait ainsi proposer aux élèves une plus grande diversité de tâches et une plus grande diversité de textes, car les projets conduisent les élèves à écrire davantage, à lire pour écrire, et à mieux comprendre aussi le sens des activités d'entraînement dans les groupes de besoin. Quant au fonctionnement général du module et dans la perspective de sa mise en place à la rentrée de 2004 et de sa généralisation éventuelle à d'autres collèges, quelques enseignements doivent être tirés.

1°) Il convient de prévoir, dès le mois d'août, les trois semaines du module dans les emplois du temps des classes qui y participeront.

2°) Il est souhaitable de mettre en place, sur trois heures au moins, des modules conjuguant deux heures de « vrais groupes de besoin » et une heure de groupes de projet.

3°) Les élèves ont tous besoin d'un accompagnement dans les activités, même lorsqu'ils sont censés être autonomes. Cela signifie que les adultes qui les enca-drent doivent disposer préalablement d'une formation (qu'on évalue au minimum à deux demi-journées). Ceux-ci ne peuvent pas seulement être considérés comme des «surveillants» de salle de permanence.

Ainsi, pour l'animation des séances initiales sur les stratégies de lecture, le rôle des adultes est décisif pour faire formuler le problème et les solutions. Mais, dans les séances suivantes, leur rôle n'est pas moindre: amener les élèves à se rappeler le but des activités proposées et les encourager, les relancer et même les aider en cas de besoin, vérifier que l'élève est allé au bout du travail avant de lui donner le corrigé.

Ce rôle est tout aussi important dans la conduite des autres activités. Par exemple, dans la dictée sans erreur, les élèves sont, au départ, si dépaysés que certains se refusent assez obstinément à utiliser le texte référence au verso (un élève, qui fait pourtant un très grand nombre d'erreurs, commente ce refus: «C'est la honte, je ne suis pas un bébé!»). D'autres utilisent le texte pour des mots qui ne devraient pas leur poser problème. D'autres enfin l'utilisent «en cachette», sans souligner les mots pour lesquels ils ont retourné leur feuille. Enfin, tant dans la préparation de la dictée que dans la reprise collective (le groupe de pilotage considère que ce moment est important et ne doit pas être évacué), le rôle de l'adulte est important pour réactiver régulièrement le but de l'activité, à partir d'exemples: il s'agit de devenir meilleur en orthographe pour devenir plus efficace en lecture.

4°) Le progrès des élèves en lecture est bénéfique dans l'ensemble des disciplines qui recourent à l'écrit. Il est donc indispensable de mobiliser, dans la formation et la préparation du Maclé, des professeurs de maths, de SVT et d'histoire-géographie (au moins ceux-là) et il faut donner leur place, dans les groupes de besoin, à des textes susceptibles d'être rencontrés dans ces champs disciplinaires (extraits de manuels, énoncés de problèmes, comptes rendus d'expériences, documents scientifiques, géographiques et historiques, etc.), mais aussi à la poésie, aux écrits journalistiques, voire au multimédia, etc. Mais cela suppose, dans chaque cas, de savoir identifier les objectifs d'apprentissage qui peuvent être visés dans un module de ce type sur de tels supports.

5°) Il faut chercher à éviter les «groupes itinérants» et, dans la mesure du possible, ne pas s'écarter de la règle suivante: pendant trois semaines, un même groupe de besoin est encadré tous les jours par le même adulte. Dans la mesure du possible aussi, on suivra la règle qui veut que les groupes de besoin des élèves les plus en difficulté sont encadrés par des professeurs de français.

6°) La préparation des supports de travail des élèves doit être soignée : pour les élèves les plus faibles, il ne faut pas hésiter à limiter la longueur des textes (pas beaucoup plus de mille cinq cents signes) et à découper davantage les tâches ; pour tous, on privilégiera des espaces de réponses préorganisés, voire préformatés ; on évitera les mauvaises photocopies et les consignes écrites à la main ; on recherchera une même typographie et une même présentation pour tous les exercices similaires ; on concevra des corrigés au plus près du format de réponse attendu ; etc.

troisième partie

LES CONDITIONS DE LA RÉUSSITE

1 **Des activités adaptées aux besoins, des besoins précisément diagnostiqués**

2 **De tout petits groupes pour une action individualisée**

3 **Une action intense et continue dans une période sensible**

4 **Groupes de besoin *et* groupes de projet ?**

1 Des activités adaptées aux besoins, des besoins précisément diagnostiqués

À la lumière des différentes expériences présentées dans la deuxième partie, nous voudrions maintenant dégager les caractéristiques générales d'un dispositif de type Maclé qui paraissent opérantes. Elles pourront servir de repères à d'autres équipes d'enseignants désireuses de mettre en place un dispositif comparable, y compris dans des écoles qui ne seraient pas situées en Rep mais qui disposeraient de quelques moyens humains pour le faire (enseignants spécialisés des réseaux d'aides, moyens mutualisés, Zil, enseignants de maternelle, décharges de directeurs ou de PEMF, assistants d'éducation, maîtres retraités, intervenants extérieurs, etc.).

Des activités adaptées aux besoins des élèves les moins avancés

La principale condition de l'efficacité des Maclé tient, selon nous, à la nature des activités conduites dans ce cadre. *La meilleure des organisations, la plus ample et la plus énergique des mobilisations et même une forte concentration des actions sur le lire-écrire seraient beaucoup moins efficaces si les activités proposées n'apportaient pas une réponse adaptée aux besoins des élèves les plus inexpérimentés.* Trop exigeantes, elles risqueraient de mettre en relief la distance entre les compétences de ces élèves et les attentes de l'école et d'entretenir leur découragement. Trop restrictives, elles risqueraient d'être inefficaces, voire régressives. C'est d'abord la nature des activités proposées aux élèves faibles lecteurs (ou, le cas échéant, non lecteurs) qui est la clé d'un Maclé réussi.

Le projet de mettre en place plusieurs groupes de besoin avec des objectifs différents pour des élèves ayant des difficultés différentes, et le fait de disposer, pour ces divers groupes, d'une palette d'activités (telles celles qui ont été décrites dans la deuxième partie) sont donc des préalables.

Priorité aux situations d'écriture

Parmi les activités qui nous semblent jouer un rôle important dans l'accélération de l'apprentissage jusqu'au CE2, nous voudrions souligner ici à nouveau l'intérêt des situations d'écriture : en produisant des textes, même des textes courts, avec l'aide de l'adulte, les élèves sont amenés à résoudre un grand nombre de problèmes qu'ils rencontrent en lecture, le plus souvent sans les identifier. Ces activités de production, quand elles sont adaptées aux compétences des élèves, par exemple par l'usage de textes référents pour chercher et copier les mots et expressions dont ils ont besoin, sont d'un grand «rendement cognitif».

Mené en parallèle avec ces activités de production, *le travail multiforme sur la reconnaissance des mots écrits* (familiarisation avec les graphèmes complexes pour les élèves déjà décodeurs, décodage à partir d'unités supragraphémiques comme les analogies orthographiques et les syllabogrammes, utilisation de textes présegmentés en syllabes, prise de conscience du rôle sémantique de l'orthographe, entraînement à la lecture rapide, etc.), *sur la lecture par groupes de mots et sur la phrase* (compréhension de phrases, ponctuation, prise en compte des indices morphosyntaxiques, etc.) explique sans aucun doute en grande part le déblocage et le «bond en avant» qui ont été constatés chez de nombreux enfants. Ensuite, d'après les observations des enseignants, il semble également que la «dictée sans erreur» joue un rôle réel dans ces progrès.

Et les échanges métacognitifs ?

Il convient également de souligner que, tant au CE1 qu'au CE2 ou en 6e de collège, les échanges métacognitifs sur les tâches proposées et les objectifs visés par les activités jouent un rôle très positif dans la qualité de la mobilisation des élèves et dans l'efficacité des actions. Pour les élèves faibles lecteurs ou non lecteurs de CE1, mais encore pour les moins avancés de début de CE2, on doit même viser, en s'appuyant sur ces échanges, à l'appropriation des stratégies de base du lecteur débutant : coordonner les informations sémantiques et orthographiques.

Sur quoi peuvent porter ces dialogues pédagogiques ? Il s'agit essentiellement de l'apprentissage de savoir-faire, sur lesquels *la discussion, provoquée et animée par l'enseignant à un moment propice et à partir d'exemples vécus, vise à favoriser des prises de conscience utiles à une meilleure régulation de l'activité de lecture.* Voici des exemples de sujets pour ces échanges, classés par grands thèmes pour les besoins de cette présentation. Certaines des formulations utilisées peuvent l'être dans des conclusions (orales).

A. Que fait-on quand on lit ?

- Si on lit un article dans un journal, à quoi ça nous sert ? Et si on lit la lettre d'un ami ? ... le programme de télé ? ... une histoire ? ... une poésie ? ... un texte documentaire ? ... une recette de cuisine ?
- Pour bien lire, suffit-il de reconnaître tous les mots les uns après les autres ? Si, par exemple, c'est une histoire, il faut imaginer ce qui se passe, il faut « se faire le film dans la tête ». Et pour cela, il faut ajouter au texte des choses qu'il ne dit pas, mais qu'on imagine presque forcément, si on connaît les lieux et l'époque où se passe l'histoire.
- Quand on lit, à quoi servent les paragraphes ? À quoi servent les points et majuscules, les virgules... ?
- Pour comprendre le texte, il faut comprendre les phrases. Mais comment faut-il s'y prendre pour bien comprendre une phrase ? Et pour former « des groupes de mots qui ont du sens », comment peut-on faire ?

B. Les stratégies de compréhension

- Il nous arrive de ne pas comprendre des textes ou des passages. Est-ce normal de ne pas comprendre tout de suite ? Comment sait-on qu'on ne comprend pas ?
- Souvent, dans les textes qu'on lit, un même personnage (ou un même

objet) est désigné de plusieurs façons différentes. Pourquoi ? Comment peut-on savoir que c'est le même personnage (ou le même objet) ?

– Dans des dialogues, on ne nous dit pas toujours qui parle. Peut-on le savoir quand même ? Comment ?

– Dans toutes les histoires qu'on lit, est-ce que les événements sont toujours annoncés dans l'ordre où ils ont lieu ?

– Si on rencontre un mot qu'on n'a jamais vu et jamais entendu (on ne sait pas ce qu'il veut dire), comment peut-on faire ? Et si on n'arrive pas à savoir ce qu'il veut dire, peut-on continuer à lire quand même ?

C. La reconnaissance des mots écrits

– Est-ce qu'on décode tous les mots qu'on lit ? Pour lesquels est-on conduit à décoder ?

– Pour reconnaître un mot qu'on ne connaît pas, comment faut-il faire ? Comment peut-on s'aider des autres mots qui sont « autour » de l'inconnu ?

– Pour le décoder, faut-il « faire les sons » des lettres les unes après les autres ? Une syllabe n'a pas seulement deux lettres, elle peut avoir trois, quatre, cinq... lettres. Très souvent, il faut « prendre » plus de deux lettres. Le mieux est de chercher dans tout le mot (à la fin, au début, au milieu) si on ne connaît pas déjà des « bouts ». Il faut aussi vérifier si ça va bien avec les mots qui sont autour, puis, avant de continuer à lire la suite, il faut récapituler.

– Comment peut-on faire pour mémoriser un mot ?

D. L'orthographe en production

– Si j'écris les mots en inventant leur orthographe, que peut-il se passer ?

– Pour écrire les mots que je ne connais pas encore, comment je peux faire ?

– Si j'ai un doute sur un mot que je m'apprête à écrire, qu'est-ce que je peux faire ?

Les échanges sur le sens et le but didactique des activités d'entraînement proposées seront d'autant plus éclairants pour les élèves qu'ils auront à mener, en parallèle, des tâches complexes, en lecture et en écriture, notamment dans des groupes de projet. Supposons, par exemple, qu'on propose aux élèves de s'entraîner à identifier les personnages d'un récit sur une série de textes courts, ils comprendront mieux à quoi cela peut leur être utile si, avant et après, ils sont conduits :

– à rencontrer cette difficulté dans l'écoute d'un texte long lu par l'adulte ou dans la lecture d'un album ou d'un documentaire ;

– dans un texte qu'ils rédigent, à chercher différentes façons de désigner un même personnage ou un même objet pour éviter le travers de la répétition.

Supposons qu'on fasse faire aux élèves des dictées recherche (voir la description de cette activité dans la deuxième partie), ils comprendront mieux à quoi cela peut servir d'aller chercher les expressions ou les mots dans des textes bien connus s'ils ont aussi l'occasion d'utiliser cette procédure pour écrire des textes.

Il convient cependant de ne pas surestimer le rôle de ces échanges métacognitifs. Ils ne peuvent pas remplacer les apprentissages eux-mêmes : à quoi cela servirait-il, par exemple, d'insister auprès d'un élève pour qu'il contrôle son décodage à l'aide des informations sémantiques et linguistiques déjà connues s'il est encore trop maladroit dans le décodage ? À quoi cela sert-il de souligner l'importance de l'orthographe en lecture si on ne met pas en place des moments de découverte et d'entraînement à la lecture orthographique ?

De plus, nous avons pu constater que ces échanges métacognitifs sont d'autant plus faciles à provoquer et d'autant plus efficaces que les élèves sont décentrés et avancés dans leur expérience de la lecture. La maturité d'une part, l'expérience du domaine sur lequel ont lieu ces échanges, d'autre part, expliquent ainsi qu'en 6e, ces échanges sont plus faciles et plus efficaces qu'au CE2, au CE2 qu'au CE1, etc.

L'évaluation diagnostique

En amont de la formation des groupes et de la conception des activités, c'est l'évaluation diagnostique qui permet de cerner les besoins de chaque enfant. Pour cela, avant même d'envisager les outils concrets et les supports de cette évaluation, il convient d'y voir clair dans les compétences qui caractérisent l'habileté en lecture, de bien cerner aussi comment on peut envisager «une histoire de l'apprentissage» (dans quel ordre ces compétences apparaissent-elles, comment les diverses compétences s'articulent-elles à différents moments, comment l'émergence d'une notion cruciale est-elle préparée par l'automatisation de savoir-faire plus primitifs, etc.?). En effet, de même que des examens médicaux expriment un état de la théorie médicale, la façon d'évaluer un ensemble de compétences (ou la difficulté à les acquérir) reflète la théorie psychologique qui lui sert de base. Que faut-il évaluer prioritairement, de quelle manière et à quel moment concernant l'apprentissage de la lecture? Répondre à ces questions, c'est d'abord répondre à des questions théoriques sur ce que c'est que lire et sur les conditions d'un apprentissage réussi, c'est d'abord être en mesure d'expliquer les difficultés les plus fréquentes et les plus résistantes. Aucune évaluation ne peut faire l'économie de cette élucidation préalable.

Ainsi, il est évident qu'on n'utilisera pas les mêmes épreuves pour une évaluation diagnostique selon la conception psychologique de l'apprentissage de la lecture et de ses difficultés à laquelle on adhère. Ce ne seront pas les mêmes épreuves, par exemple, si l'on considère que la très grande difficulté reflète une pathologie cérébrale ou qu'elle est un phénomène normal face à une compétence particulièrement complexe à acquérir. Ce ne seront pas les mêmes supports d'évaluation selon qu'on se représente la capacité de comprendre en lecture comme indécomposable, voire comme indifférente aux contraintes des traitements des unités linguistiques écrites. Par exemple, dans un cas, on proposera des évaluations particulières sur le traitement de problèmes particuliers comme celui de la chaîne des substituts, celui de l'identification des personnages dans le dialogue, celui de la reconstitution de la chronologie réelle des événements par-delà la succession des informations dans le récit, etc.; dans un autre, on proposera une unique tâche de compréhension sur un texte quelconque (comme dans les évaluations nationales CE2-6e). Dans un cas, on n'évaluera la capacité à comprendre qu'en lecture, dans l'autre, on évaluera aussi la capacité à comprendre le langage écrit entendu[1] (le sujet doit comprendre un texte qu'un adulte lui lit à haute voix). Ce ne seront pas les mêmes épreuves si l'on pense que la difficulté provient le plus souvent et essentiellement d'une discrimination auditive insuffisante ou selon qu'on considère que celle-ci est dépendante du niveau de conceptualisation de l'écriture par l'enfant (et, par conséquent, de son expérience de l'écrit). Ce ne seront pas non plus les mêmes supports ni les mêmes tâches, si l'on considère que la capacité à décoder dérive du développement de la voie directe (comme le pense un pédagogue de la lecture comme Jean Foucambert), que c'est l'inverse (comme l'affirme l'ONL) ou encore que les deux voies se développent parallèlement et en interaction (comme nous le pensons). Ce ne seront pas les mêmes supports d'évaluation du décodage selon qu'on réduit celui-ci aux conversions graphèmes-phonèmes (CGP) ou qu'on attribue un rôle spécifique à des unités de lecture plus larges (syllabogrammes, analogies orthographiques, structure attaque-rime, etc.). Ce ne seront pas les mêmes supports selon qu'on considère qu'une certaine sensibilité à la morphologie lexicale ou que la conscience syntaxique sont des atouts importants au début de l'apprentissage ou que l'on privilégie la mémoire à court terme, etc.

C'est donc dans la dernière partie que nous pourrons le mieux apporter notre réponse à cette question: quelle évaluation du savoir-lire et de ses difficultés aux différents niveaux de la scolarité? Car c'est aussi dans cette partie que nous abordons les fondements de cette évaluation: qu'est-ce que lire, comment les enfants réussissent-ils à apprendre à lire, quelles sont les causes possibles de difficultés?

Mais, dès maintenant, nous ne pouvons éviter de donner un aperçu des choix

---

1. Voir note page 171.

qui nous paraissent les plus pertinents aux deux niveaux pour lesquels notre réflexion est la plus avancée : le CE1 et le CE2.

Au CE1, l'utilisation des épreuves collectives de *Médial CE1*[2] pour l'ensemble de la classe, puis des épreuves semi-collectives et individuelles pour les élèves les plus en difficulté, est un outil particulièrement adapté. Pour les élèves qui n'ont pas encore compris le principe alphabétique, une analyse plus approfondie est possible en reprenant des items de *Médial CP*.

Au CE2, malgré les imperfections des évaluations nationales, leur utilisation est incontournable[3]. Elle doit être complétée par l'observation continue des élèves et d'éventuels entretiens. Le concours des maîtres du Rased, qui ont une précieuse expérience dans l'évaluation diagnostique des difficultés en lecture, est indispensable. Au début du CE2, on peut aussi utiliser, totalement ou partiellement, un outil tel que celui qui est présenté en annexe 2. Il s'agit en effet d'une évaluation prévue pour la fin du CE1. Certes, cet outil mériterait d'être amélioré, mais sur bien des points, il nous paraît plus fiable que les évaluations nationales. En tout cas, il permet de compléter l'information avec une tâche très éclairante, celle de la lecture d'un court texte à voix haute. Comme cette épreuve ne peut pas être passée collectivement, on peut envisager de la proposer aux seuls enfants qui ont été repérés comme étant en difficulté à la suite des évaluations nationales.

Enfin, quel que soit le niveau de classe (CE1, CE2, 6e), pour tel ou tel enfant, il convient parfois d'envisager des épreuves particulières qui permettront de répondre à des questions très précises (voir les propositions dans la quatrième partie). De toute façon, les observations continues de l'enseignant permettront éventuellement de relativiser tel ou tel échec à telle ou telle épreuve, ou d'éclairer, à coup sûr, par une connaissance plus globale de l'enfant et de son histoire scolaire, ses résultats à une évaluation standardisée.

---

2. *Op. cit.*

3. Bien qu'elles soient officiellement dénommées «évaluations diagnostiques», il faut déplorer que les évaluations nationales (CE2 et 6e) n'aient pas été d'emblée conçues pour aider effectivement au diagnostic. Cela aurait nécessité que les auteurs des épreuves s'accordassent sur une même vision psychologique de l'apprentissage de la lecture.

Quel lien entre évaluations et activités ?

Passer de l'évaluation à la conception d'un programme d'activités adaptées n'est pas simple et automatique. Pour cela aussi, il est fondamental de disposer d'un cadre théorique clair sur les conditions d'un apprentissage réussi, qui guide l'analyse des difficultés, éclaire les observations faites en classe et permet d'élaborer des réponses pédagogiques consistantes, fondées sur l'expérience.

Reprenons ici l'analogie entre médecine et pédagogie : de même qu'en médecine, la théorie médicale et l'expérience clinique permettent d'agir sur les causes (thérapies curatives) par-delà les symptômes, de même en pédagogie, on voudrait pouvoir mobiliser le sujet sur l'apprentissage des compétences qui lui font défaut. En médecine, une carence en fer peut se soigner sans apport supplémentaire en fer, par une cure de vitamines qui aident l'organisme à fixer cet élément. De même, le plus souvent, la bonne réponse pédagogique n'est pas la reprise d'activités similaires aux exercices que l'élève a manqués[4].

L'analyse ne peut se limiter à recenser les items réussis et les items auxquels l'élève a échoué et le programme ne peut consister à mettre un exercice spécifique en face de chaque item manqué. Il y a des activités qui permettent de développer des « compétences leviers » : quand celles-ci sont construites, on assiste à un progrès plus général dans toutes sortes d'autres tâches que celles qui ont servi de support à l'apprentissage. Ce sont ces compétences leviers qu'il faut viser. Et qu'on nous permette encore une fois de souligner que, très souvent, celles-ci peuvent se travailler à travers une seule et unique tâche : la production d'un texte par l'élève.

---

4. La comparaison entre médecine et pédagogie vise à souligner l'importance de l'instance théorique. Elle vise à rappeler que le pédagogue ne peut pas faire l'économie de la réflexion théorique sur l'apprentissage concerné. L'analogie ne doit donc pas être prise au premier degré. Nous ne voulons évidemment pas dire (ou laisser penser) que la difficulté d'apprendre à lire est une maladie et que le pédagogue est un thérapeute !

2 De tout petits groupes pour une action individualisée

Une deuxième condition de l'efficacité des Maclé tient au fait que, par le biais de ce dispositif, l'école se donne un taux d'encadrement très supérieur aux conditions habituelles. On réalise ainsi, quoique pour une durée limitée, mais de façon radicale, le principe «plus de maîtres que de classes». La mobilisation des enseignants des classes concernées, des enseignants spécialisés des Rased et des «postes mission Rep» ou autres enseignants peut ainsi aboutir à doubler, voire tripler, le taux d'encadrement durant le module.

Et une répartition judicieuse de ces moyens, qui privilégie la formation de tout petits groupes (de quatre à six enfants) pour les élèves les plus fragiles, permet d'adapter encore plus finement les activités. C'est ainsi qu'après deux ou trois années d'expérience du dispositif, certaines équipes ont pu envisager que, dans un groupe de besoin, il existe, au moins sur une partie du temps, des programmes individualisés. Nous ne croyons pas qu'il faille nécessairement privilégier ces situations, car le fait que plusieurs enfants soient confrontés, dans un petit groupe, à une même tâche (au même moment ou à de moments rapprochés) constitue aussi un levier d'apprentissage. Cela permet en effet d'instaurer un dialogue pédagogique à plusieurs voix sur la tâche commune. Le fait que le groupe soit restreint rend ce dialogue plus accessible, plus adapté et donc plus efficace.

Enfin, il est bon que *les groupes de besoin pour les élèves les plus en difficulté en lecture soient animés prioritairement par les enseignants de leurs classes*. Ils connaissent bien les élèves, soit parce qu'ils ont pu les observer depuis le début de l'année scolaire soit pour les avoir suivis précédemment, et ils sont donc mieux à même de comprendre leur cheminement. De surcroît, en procédant ainsi, les maîtres sont amenés aussi à mieux comprendre ces élèves très faibles qui sont scolarisés dans leur classe. Lorsque le Maclé est achevé, le regard de l'adulte sur ces élèves a pu changer profondément et, surtout, il lui est plus facile ensuite de penser ses pratiques (tâches, supports, consignes) en prenant d'emblée en compte les postures et les compétences des élèves les moins expérimentés. Plusieurs enseignants nous ont fait part de leur satisfaction d'avoir encadré les groupes des élèves les plus faibles en lecture et d'en avoir tiré un très grand bénéfice pour la pratique quotidienne dans le groupe-classe, pour rendre l'ensemble des apprentissages plus accessibles à ces élèves.

Mais, dira-t-on, les maîtres du Rased ne sont-ils pas des spécialistes de la difficulté scolaire et, en termes d'efficacité, n'est-il pas absurde de priver les élèves les plus fragiles de l'expérience de ces professionnels ? Cette question présuppose que le Rased participe au Maclé, au moins à travers l'un de ses membres (généralement le poste E) et cela nous paraît un impératif catégorique. Mais savoir qui fait quoi alors, cela se discute certainement. Nous ne voulons pas recommander une règle dogmatique qui devrait être suivie quelles que soient les conditions locales. Il peut se faire que le nombre de groupes de très faibles lecteurs soit tel que, de toute façon, le problème ne se pose pas. Il peut se faire aussi que le maître de Rased ait le sentiment qu'en encadrant le groupe des plus faibles, il pourra « conclure » l'action qu'il a entreprise avec eux depuis quelques mois, car il sent que les conditions d'un « bond en avant » sont réunies.

Nous croyons toutefois que l'équipe d'école fera le plus souvent le bon choix en jugeant que les bénéfices seront encore plus grands pour tous si le maître de Rased « laisse » aux autres enseignants des élèves qu'il a déjà pris en charge et travaille, pour un Maclé, avec des élèves moins faibles ou « moyens ». En tout cas aussi, la préparation des activités pour les groupes de besoin dans lesquels on aura réuni les élèves les moins expérimentés doit se faire en concertation entre les maîtres de l'école et le Rased.

3 Une action intense et continue dans une période sensible

Une autre condition tient au caractère concentré (ou « massé ») de l'action. Une action concentrée et continue sur plusieurs jours consécutifs aide l'enfant à automatiser les compétences construites de jour en jour. De plus, il mesure mieux les effets de son activité et prend plus immédiatement conscience de ses progrès. Ceci renforce sa mobilisation et l'aide à percevoir plus clairement les enjeux de son travail dans le cadre de ce dispositif et, plus largement, à comprendre ce qu'il faut faire pour mieux lire.

Quant à la durée et à la fréquence des activités en groupes de besoin dans un Maclé efficace, nous croyons que trois semaines à raison d'une heure et demie par jour constituent un compromis minimal entre le souhaitable et le possible. En deçà, il n'est pas certain que les progrès des élèves les plus fragiles soient suffisamment importants et solides. Au-delà, la prolongation ou l'extension du dispositif exige un investissement plus important de l'ensemble de l'équipe d'école et il se peut que cela apparaisse disproportionné au regard du nombre d'élèves concernés.

La mobilisation des enseignants, de l'école, des élèves et des parents

L'organisation d'un Maclé nécessite l'assentiment effectif de l'ensemble de l'équipe d'école et la coopération des enseignants des classes concernées, des maîtres spécialisés du Rased et des enseignants en postes « mission Zep » dès la conception du projet. Les maîtres les plus directement concernés doivent être convaincus de l'intérêt du dispositif. C'est la condition pour que le surcroît momentané de travail qu'il exige, notamment sous forme de concertations, ne soit pas vécu comme une surcharge artificielle. Chercher à généraliser ce dispositif de manière administrative – en l'imposant d'en haut – irait donc à l'inverse des résultats espérés.

Par ailleurs, le rôle du directeur (de la directrice) est important pour faciliter ce travail collectif, favoriser les concertations nécessaires, faire circuler l'information, aider à la solution des problèmes matériels, etc.

Aussitôt que les élèves sont informés du projet et de ses objectifs, cette mobilisation de l'école entraîne celle des élèves impliqués directement dans le module, tout particulièrement celle des élèves les plus inexpérimentés, qui se sentent alors au centre des préoccupations des adultes. De plus, en y associant les parents (avant et après), on en fait un événement social et familial qui amplifie la mobilisation de tous. Ce sont là d'autres conditions favorables à la réussite du projet.

Bien choisir la période

Il convient aussi de bien choisir la période de l'année au cours de laquelle le dispositif est mis en place. Pour des élèves faibles lecteurs de CE2, le milieu du premier trimestre scolaire est un bon moment. Depuis la rentrée, quelques semaines ont déjà passé pendant lesquelles l'enseignant a pu les observer. Il a pu apprécier comment chaque enfant entre dans les activités de lecture et d'écriture, si ses difficultés sont « résistantes » ou si elles paraissent s'atténuer progressivement dans le contexte du changement de classe, comment il réagit dans des situations où il reçoit l'aide du maître, où les tâches sont aménagées, etc. Mais, au-delà des trois premiers mois de classe, pour les élèves les plus fragiles, plus on attend et plus on court le risque de voir les difficultés se figer et ces élèves se démobiliser. En somme, une action précoce de ce type risque d'être inadaptée aux besoins des élèves et de négliger les progrès possibles dans le cadre ordinaire de la classe. Une action tardive risque de perdre en efficacité.

Cela dit, pour ces mêmes élèves, il est probable qu'une action de même nature poursuivant les mêmes objectifs vers la fin de l'année scolaire de CE1 ait des effets similaires. Il convient même d'envisager l'hypothèse d'une efficacité plus grande. En effet, les élèves considérés comme très faibles lecteurs, voire non lecteurs en fin de CE1, sont loin d'être vierges de toute connaissance sur les écrits, la langue écrite et la lecture. À ce moment, une action concentrée et intense, s'appuyant sur ces acquis, située dans la perspective de l'entrée au cycle 3, serait vraisemblablement susceptible d'engendrer déblocages et accélérations pour beaucoup d'entre eux. Mais elle pourrait avoir un inconvénient: si elle conduisait les maîtres à penser qu'après le CE1, l'école est impuissante à achever les apprentissages de base du cycle 2, elle risquerait de renforcer la discontinuité pédagogique entre les cycles.

Si une intervention du type Maclé est envisagée à d'autres niveaux de la scolarité, la période de l'année où elle peut avoir lieu de la façon la plus efficace varie en fonction des objectifs qu'on se fixe et de la « réceptivité » aux actions envisagées des élèves les plus inexpérimentés face à l'écrit.

Par exemple, au CE1, une intervention semble très utile en début d'année scolaire (fin septembre ou début octobre), pour permettre à ces élèves de gagner en autonomie en lecture-écriture, les mettre en confiance, asseoir les stratégies de base en lecture, consolider les acquis et automatiser tout ce qui peut l'être.

De même, en 6e, il est raisonnable de penser qu'un Maclé doit se situer assez près de la rentrée. Le message qui est alors adressé aux élèves est susceptible de les mettre en confiance: les enseignants ont analysé les résultats des élèves aux évaluations nationales; ils ont pris le temps de les observer en classe et commencent à les connaître de façon plus concrète, dans leurs compétences, dans leur rapport aux apprentissages et dans leur personnalité; avec le Maclé, il s'agit d'aider chacun à consolider ses acquis, voire à surmonter des difficultés. Il semble alors facile de mobiliser l'ensemble des élèves et de créer ainsi une ambiance d'engagement collectif sur les apprentissages qui ne peut être que bénéfique au climat ultérieur dans le collège et dans les classes. Si l'on ne peut pas faire autrement, on peut bien sûr organiser le module plus tard dans l'année (mieux vaut tard que jamais!).

Mais il risque d'apparaître alors davantage comme un moment « à part » dans la vie du collège, en discontinuité avec le travail des élèves dans leur classe. En revanche, en GS, une intervention qui vise à aider ces élèves à avancer dans la compréhension du système écrit par le biais de tâches de production écrite est bienvenue en fin d'année scolaire (en mai ou juin).

Au CP, une intervention qui vise le perfectionnement des stratégies de lecture (articuler identification et compréhension) et la mise en place ou l'automatisation du décodage aura un effet optimal en mars.

En tout cas, il faut éviter de concevoir ces autres modules comme une simple transposition du dispositif valable pour les CE2 (voir nos remarques p. 48 et 49, à propos de la généralisation des Maclé à l'école Henri-Dunant). Disons-le clairement, mieux vaut un Maclé solidement préparé au CE2 qu'une multiplication de modules de la GS au CE2 plus improvisés ou qui pourraient laisser les enseignants sur l'impression de dispositifs pesants, artificiellement juxtaposés, aboutissant à la dispersion et à l'éclatement des cohérences dans un activisme désordonné.

4 Groupes de besoin *et* groupes de projet ?

Nous avons mis l'accent sur l'importance des activités conduites dans le cadre de groupes de besoin, de petite taille. Une question se pose donc : qu'en est-il, dans l'efficacité globale, de la contribution des groupes de projet (à composition hétérogène) ? En effet, dans les Maclé qui ont été mis en œuvre à Sarcelles, toutes les écoles n'ont pas repris un fonctionnement en alternance groupes de besoin/groupes de projet. De même, lors de la première expérience de Maclé-CE1 à l'école Paul-Éluard d'Argenteuil (voir deuxième partie), les enseignants n'ont pas eu la possibilité d'organiser des groupes de projet (les CE2 ont bénéficié cette année-là d'un Maclé « complet ») et la première expérience du module du collège Chantereine de Sarcelles s'est déroulée, elle aussi, sans groupes de projet. Dans l'école Henri-Dunant elle-même, lors de la reprise de ce dispositif au cours de l'année scolaire 2000-2001 et de son extension à d'autres niveaux de classe (GS, CP et CE1), les enseignants se sont limités à faire fonctionner des groupes de besoin, visant ainsi une plus grande efficience. Leur raisonnement était le suivant : si c'est au sein de ces groupes que se crée l'essentiel de la « valeur ajoutée », en se limitant à des groupes de besoin, on conserve l'essentiel de l'efficacité du dispositif tout en allégeant ses contraintes.

Nous ne disposons pas de données qui nous permettraient de vérifier si ce raisonnement est fondé. De plus, il est difficile de répondre de manière générale, indépendamment des pratiques pédagogiques effectives qui caractérisent le rapport à l'écrit dans chaque école et peut-être même dans chaque classe. En effet, si dans telle école, les élèves ont des occasions régulières d'utiliser la BCD, de produire des textes (albums, poèmes, journal, BD, etc.), de lire la presse, de mener des enquêtes sur le milieu, de participer à des séquences d'expression théâtrale ou poétique, de dire des textes à haute voix, d'entendre des textes intéressants, bien écrits et bien dits, etc., et ceci, tant au cycle 2 qu'au cycle 3, la vie de la classe apporte aux élèves l'équivalent des groupes de projet. Les enfants disposent alors de ces situations « riches et complexes » dans lesquelles ils sont utilisateurs et producteurs d'écrits, et c'est l'essentiel. Dans un tel environnement, il est difficile d'apprécier l'apport complémentaire que pourrait constituer la possibilité, offerte par le dispositif, de décloisonner ce type de travail dans des groupes de projet à effectifs plus faibles, pendant une durée limitée.

Nous avons pu noter, dans les conclusions tirées de l'analyse de l'expérience du collège Chantereine, que les groupes de projet ont manqué au dispositif, que cela aurait favorisé une plus grande variété des tâches et des textes et aurait aidé les élèves à donner tout leur sens aux activités conduites dans les groupes de besoin. C'est certainement aussi une des dimensions du problème et du choix que doivent faire les équipes d'enseignants désireuses d'organiser un Maclé : quand, dans les groupes de besoin, les activités et les supports sont suffisamment diversifiés et/ou mobilisateurs pour soutenir l'intérêt de tous les élèves, y compris les plus expérimentés, les groupes de projet sont moins indispensables à la réussite du module.

Quoi qu'il en soit, il convient de souligner que les groupes de projet sont généralement tournés vers la production (d'un journal, d'une revue de presse, d'une expo, d'une BD, d'un album, etc.) et qu'ils sont aussi des groupes hétérogènes. Or, ces deux caractéristiques peuvent interagir de façon négative en entraînant le groupe dans ce que Philippe Meirieu (1984) appelle une « dérive économique ». Naturellement centré sur le résultat matériel de la production et non sur les apprentissages qu'elle est censée induire, le groupe répartit alors les rôles selon la règle suivante : on met le plus expert à la place la plus exigeante. S'il s'agit de produire une BD, par exemple, on fera rédiger le texte des bulles à celui ou celle qui rédige le mieux, on fera tracer les lettres de ces bulles à celui qui a la plus belle écriture, on fera dessiner les personnages au « meilleur crayon », on fera colorier les vignettes à ceux qui sont les plus soigneux et il restera, éventuellement, des tâches de second ordre pour les élèves qui n'ont pas de talent reconnu par leurs camarades, qui cherchent à se fondre dans le groupe, qui sentent que toute autre attitude pourrait provoquer des tensions et gêner la belle dynamique du projet. Le résultat en termes d'objets matériels sera donc optimal, mais les effets en termes d'apprentissages seront peu concluants, tant pour ceux qui « savaient déjà faire » que pour ceux qui sont « restés sur la touche ».

La condition pour que des projets soient « pédagogiquement rentables » est donc que les élèves les moins expérimentés jouent un rôle au moins égal aux autres membres du groupe dans la production elle-même. Cela doit amener à privilégier des projets dans lesquels chacun a une tâche semblable, comme écrire un poème pour un recueil collectif, réaliser une page entière d'un album produit en commun, participer à la confection d'une revue de presse dans laquelle chacun traite complètement un sujet, participer à un groupe théâtre dans lequel chacun est responsable d'un sketch et dans lequel tous les participants du groupe doivent être acteurs de chacun des sketchs, etc. De toute façon, si cela s'avère nécessaire, l'enseignant peut toujours rappeler aux élèves que le but n'est pas de faire mais d'apprendre à faire et de les amener à s'organiser en conséquence. L'expérience montre que les élèves peuvent comprendre un tel raisonnement plus tôt qu'on ne le pense.

POUR ALLER
PLUS LOIN

1 La lecture habile

Comme nous l'avons dit dès le début de cet ouvrage, les outils d'évaluation utilisés et les interprétations des résultats des élèves, les analyses des difficultés de certaines catégories d'élèves, les choix pratiques proposés tant sur le plan des activités que sur celui du dispositif, aux différents niveaux de la scolarité... sont étroitement liés à des conceptions de la lecture et de son apprentissage. Nous allons nous efforcer de brosser ce paysage théorique à grands traits, le sujet et les limites du présent ouvrage ne permettant pas d'en dessiner les détails. Nous commençons par une synthèse des recherches sur l'acte de lecture, car une bonne connaissance des habiletés du lecteur expert[1] est la première condition d'un enseignement efficace : cet ensemble d'habiletés constitue en effet le cap en vue duquel l'enseignant doit piloter son navire.

Trois grands champs de compétences

Les habiletés en lecture que, selon nous, les enseignants de l'école primaire doivent impérativement prendre en considération dans leur pratique, peuvent être regroupées dans trois grands champs.

1°) Les connaissances mises en œuvre dans la compréhension du langage écrit[2]. Ces connaissances ne sont pas absolument propres à la lecture : elles

---

1. Les sujets de ces études sur la lecture habile sont en général des personnes de niveau d'instruction post-bac. Pour une présentation très documentée et particulièrement lisible des recherches sur la lecture habile, on peut se reporter à Morais, 1994. Voir aussi Baccino et Colé, 1995.
2. Pour des éclairages de la psychologie cognitive sur les processus impliqués dans la compréhension, voir notamment Fayol *et al.*, 1992, chapitre II, et Gaonac'h et Fayol, 2003, chapitre I.

sont reliées à celles que le sujet utilise aussi dans la compréhension du langage oral (dans la conversation) ou, du moins, dans celle du langage écrit entendu (quand, par exemple, on lui lit un texte à haute voix)[3]. Notons que, dans les parties précédentes, pour parler des niveaux du texte qui «préforment» la posture de compréhension du lecteur (s'agit-il de lire un fait divers dans un journal, d'utiliser une notice, de lire une fiction, un écrit scientifique, un poème, etc.?), nous avons souvent utilisé le terme de «macrostructure».

2°) Les connaissances et compétences que le lecteur utilise pour savoir ce qui est écrit. Il est clair en effet que, pour savoir ce que veut dire un texte «quant au fond», il faut pouvoir accéder à la totalité de son «contenu de surface» (les phrases qui y sont écrites); pour l'essentiel, il s'agit donc des connaissances et procédures mises en œuvre dans l'identification des mots écrits (reconnaissance orthographique et décodage) et dans la mise en forme syntaxique de la phrase. Dans les parties précédentes, pour parler des niveaux correspondants du texte, nous avons souvent utilisé les termes de «microstructure» et de «mésostructure».

3°) Lors des apprentissages de base, comme l'apprenti lecteur rencontre très fréquemment des problèmes dans la reconnaissance des mots écrits, il doit pouvoir les résoudre sans perdre de vue l'objectif essentiel qui est la compréhension du texte; il lui faut alors pouvoir coordonner les informations relevant des deux champs précédemment évoqués, par exemple en contrôlant une hypothèse de sens en fonction des informations données par la graphophonologie du mot ou en produisant une hypothèse de sens plausible d'après les indices graphophonologiques disponibles.

---

3. Nous distinguons langage oral et «langage écrit entendu» pour différencier l'oral de la conversation quotidienne de celui qui résulte de «l'oralisation» des textes écrits. Dans ces deux situations, le fonctionnement de la langue n'est pas identique: «Dimanche, mon frère est allé à la mer» est un énoncé typique de l'écrit; «Moi, mon frère, dimanche, il a été à la mer» est un énoncé typique de l'oral, qu'il n'est pas rare d'entendre chez des personnes lettrées (*cf.* Blanche-Benvéniste, 1997). Divers chercheurs insistent, à juste titre selon nous, sur la distinction entre les deux situations langagières et entre les deux formes de langage. Voir par exemple Ducancel et Vérecque, 1998.

Mais ces compétences stratégiques sont loin de suffire à la formation de lecteurs habiles. L'apprenti doit aussi se doter progressivement des stratégies indispensables à la résolution des problèmes de compréhension qui peuvent surgir au cours de la lecture : que faire, par exemple, si on ne comprend pas bien tel passage, si on est face à un mot dont on ignore la signification, etc. ?

La compréhension du langage écrit

Il y a maintenant un consensus en pédagogie pour définir la lecture comme une activité de compréhension des textes[4]. Mais, ayant posé que « lire, c'est comprendre » (ou que le but de la lecture est la compréhension), il serait très utile de pouvoir répondre aussitôt à la question : *Qu'est-ce que comprendre en lecture, que fait-on quand on cherche à comprendre un texte ?* Les recherches conduites en psychologie de la lecture durant les vingt dernières années nous permettent d'y répondre assez précisément. Comprendre un texte, c'est d'abord chercher à reconstituer l'intention de signifier de l'auteur, ce qu'il voulait dire lorsqu'il a écrit son texte. Supposons que cet auteur soit un journaliste et qu'il veuille informer d'un accident de la circulation, par exemple. Son fait divers sera bien écrit et nous l'aurons bien compris si nous nous représentons la même suite d'événements que lui, sous la forme d'une sorte de « film » que nous nous faisons « dans notre tête ». Supposons qu'un romancier veuille transmettre les émotions associées à un de ses souvenirs, son texte sera bien écrit et nous l'aurons bien compris si, en plus du « film » de son souvenir, nous ressentons les mêmes émotions que lui et évoquons des souvenirs similaires. Supposons qu'un spécialiste veuille

---

4. Cela n'a pas toujours été le cas. Il fut une époque, pas si reculée, où la lecture était principalement définie comme une activité de décodage exigeant de « faire sonner les lettres ». Rappelons par exemple que les Instructions officielles de 1923 et 1945 (qui ont fait loi jusqu'à la fin des années 1960) jalonnaient l'apprentissage ainsi : lecture courante à la fin du cours élémentaire, lecture expressive à la fin du cours moyen, lecture expliquée pour les classes de fin d'études. L'objectif jusqu'à la fin du cours moyen était que l'élève soit capable de lire à *haute voix* un texte sans buter sur les mots, sans ânonner et « en mettant le ton » (lecture expressive).

nous aider à assembler les pièces d'un appareil et à l'utiliser efficacement, sa notice de montage et son mode d'emploi seront bien rédigés et nous les aurons bien compris si nous sommes capables de réaliser le montage et de bien utiliser l'appareil. Supposons enfin qu'un vulgarisateur veuille nous expliquer l'accélération dans la chute libre des corps, son explication sera bien conçue et nous l'aurons bien comprise si nous nous représentons par exemple que les distances parcourues par un corps en chute libre doublent d'une seconde à l'autre.

Dans tous ces exemples, comprendre le texte, c'est donc re-produire « dans sa tête » les représentations mentales (enchaînement d'événements, évocation de souvenirs et d'émotions, suite d'actions, relation entre phénomènes ou entre concepts, etc.) qui se trouvaient dans l'esprit de l'auteur avant qu'il n'écrive son texte. Le texte proprement dit (les mots écrits les uns à la suite des autres) n'est que le moyen de réaliser ce « commerce des esprits ». Il y a commerce, car le lecteur n'est pas passif : il apporte au texte ses propres connaissances, il comble les non-dits du texte en faisant des inférences. Cet apport de connaissances du lecteur au texte conduit à parler d'activité de réception. Comprendre en lecture, ce n'est donc pas, comme peuvent le croire beaucoup d'élèves en grande difficulté, « faire entrer le texte dans la tête ». Le résultat de la compréhension, ce ne sont pas des mots (ou pas seulement), ce sont des représentations mentales, dont l'existence est au-delà de « la surface du texte ». Lire, c'est « utiliser le linguistique pour faire du sémantique ». Lire, c'est ainsi, toujours, lire entre les lignes.

C'est d'ailleurs pourquoi la meilleure des évaluations de la compréhension consiste à demander au sujet de redire ce qu'il a lu quelque temps après sa lecture, sans avoir le texte sous les yeux : en général, il restitue le sens du texte en utilisant ses propres mots.

Mais comprendre, c'est aussi interpréter en fonction de sa propre expérience. Supposons que le texte que je lis parle d'« une forêt dévastée par la tempête » sans autre précision. Si j'habite dans les Landes, j'évoquerai presque automatiquement une forêt de pins, tandis que, si j'habite en Limousin, je serai plutôt conduit à me représenter une forêt de feuillus. On peut parler ici d'inférences interprétatives.

Comme seule, l'ossature de la scène est commune à tous les sujets, les psychologues parlent de construction d'un «modèle mental du texte». Si ce modèle mental du texte, produit par des lecteurs divers, est superposable à celui de l'auteur du texte, il y a intercompréhension.

Quelles sont les compétences qui favorisent cette capacité à ressusciter les représentations d'autrui à travers la lecture de son texte et, pour ainsi dire, à devenir le spectateur de son esprit? Trois grands facteurs favorisent la compréhension en lecture.

a) *Des connaissances linguistiques et textuelles* (lexique, syntaxe, modes d'énonciation, types de textes, etc.); celles-ci font que le lecteur n'est pas dépaysé par les mots et la syntaxe utilisés dans le texte, le mode d'énonciation ne le surprend pas, sa macrostructure rend prévisibles de nombreux passages, etc.; si ce n'est pas le cas, le lecteur est devant une langue difficile à saisir, en quelque sorte devant une langue étrangère.

b) Des connaissances sur le monde (que les psychologues appellent *des «connaissances encyclopédiques»*); si l'auteur et le lecteur partagent les mêmes connaissances sur l'univers de référence du texte, l'intercompréhension en sera facilitée; si ce n'est pas le cas, le lecteur aura du mal à faire les inférences que nécessite toute lecture et qui paraissaient tellement naturelles à l'auteur que, bien souvent, il n'a pas eu conscience qu'il les présupposait chez ses lecteurs.

c) *Les connaissances stratégiques*, celles que le lecteur utilise pour résoudre des problèmes de lecture.

Au tout début de cette partie, nous avons isolé ce dernier domaine (les aspects stratégiques) pour en faire un des trois grands champs de compétences, parce qu'il s'agit, selon nous, d'un domaine crucial pour la pédagogie de la lecture, pas seulement pendant les apprentissages de base. Nous l'abordons donc plus loin de façon plus détaillée.

L'importance des « connaissances informelles »

Une part importante des deux premières sortes de connaissances (linguistiques et encyclopédiques) se développe en dehors de l'école, de manière informelle. Ainsi, quand l'enfant se promène au bord de la mer en Bretagne avec ses grands-parents et que ceux-ci attirent son attention sur différents éléments de ce milieu et en parlent avec lui, il acquiert des connaissances (linguistiques et encyclopédiques) qui l'aideront à former des représentations mentales, par exemple lors de la lecture d'une histoire qui se déroule dans un paysage similaire (que cette lecture soit le fait de l'enfant lui-même ou de son enseignant qui dit le texte à haute voix). Mais l'école peut aussi jouer un rôle dans ce domaine : l'enseignant peut organiser une classe de mer, il peut proposer le visionnement de films et l'observation de diapositives sur ce milieu. Il amène ainsi tous ses élèves à construire ces mêmes connaissances.

Toutefois, l'écrit devient rapidement le vecteur le plus important de l'acquisition de nouvelles connaissances encyclopédiques et linguistiques. Plus ils lisent (à l'école et à la maison), plus les élèves acquièrent, à travers ces lectures, des connaissances informelles qui les aident à lire d'autres textes. C'est une des raisons qui expliquent qu'après quelques années, les élèves qui lisent beaucoup ont plus de facilité que les « petits lecteurs » à comprendre des textes, même en mettant les deux sortes d'apprentis dans une situation de compréhension du langage écrit entendu pour éliminer la variable « reconnaissance des mots écrits ». Ce phénomène s'amorce en amont du CP : les enfants à qui les adultes ont lu beaucoup de textes, pour peu que ceux-ci aient été compris, ont ainsi été préparés à comprendre ceux qu'ils liront bientôt de façon autonome au CP et au-delà.

Concernant la compréhension en lecture, au cours de ces trente dernières années, l'école a gagné en exigence (notamment parce que l'objectif potentiel, pour tous les élèves, est désormais d'aller au moins jusqu'au bac). Dès l'école primaire, les textes proposés aux élèves sont ainsi devenus à la fois plus divers, plus riches et plus exigeants. Mais la progressivité n'est pas toujours la plus grande des qualités pédagogiques des textes proposés dans le cursus des élèves à l'école maternelle et élémentaire. La difficulté de beaucoup d'entre eux n'est-elle pas sous-estimée ? Si on les analyse avec le projet d'en mesurer la lisibilité[5], on y trouve en effet souvent des structures syntaxiques peu limpides, des connecteurs difficiles, des mots piégés ou inconnus, des implicites difficiles à combler par les enfants, des reprises anaphoriques peu évidentes, des problèmes de chronologie, etc. S'agissant du seul lexique, Alain Lieury (1993) a montré par exemple que, dans leurs manuels de 6e, les élèves étaient confrontés à six mille mots nouveaux (bien qu'ils n'en assimilent, au mieux, que le quart). Et plus de textes qu'on ne le croit, parmi ceux que lisent les enfants à l'école, cumulent plusieurs de ces difficultés à un degré élevé !

Bien sûr, il convient que les élèves affrontent ces difficultés et apprennent à les surmonter. Mais dans ce cas, l'enseignant doit être conscient des problèmes qu'il pose à ses élèves et ne pas penser que ce qui est facile pour lui – qui est un virtuose de la lecture – l'est forcément pour des grands débutants ou pour des enfants peu expérimentés face à la culture écrite.

L'identification des mots écrits : deux modalités étroitement reliées

Comme nous l'avons dit plus haut, la lecture ne consiste pas à «faire entrer le texte dans la tête». Le sens est dans l'interaction entre le texte et les connaissances du lecteur. Il n'empêche que, pour élaborer le contenu sémantique du texte (savoir ce qu'il veut dire), il faut pouvoir accéder à son contenu linguistique (savoir ce qui est écrit). Cela suppose évidemment de pouvoir identifier les mots écrits qui constituent les maillons de la chaîne textuelle[6].

On sait que, pour la quasi-totalité des mots qu'il rencontre dans ses lectures banales, le lecteur habile ne les décode pas, car il en a mémorisé l'orthographe. Sa mémoire orthographique (ou son «dictionnaire mental») contient le patron orthographique de vingt mille à quarante mille mots écrits. Lorsqu'il les rencontre en lecture, il les reconnaît directement. Et il

---

5. Voir Mesnager, 2002.
6. Sur ce sujet, la littérature psychologique est incommensurable. Nous pouvons néanmoins recommander un ouvrage de (bonne) vulgarisation, particulièrement lisible et écrit par l'un des meilleurs spécialistes de la question : Morais, 1994.

accède ainsi directement aux informations utiles à la lecture (et notamment à la signification impliquée par le contexte et à la nature syntaxique du mot).

Directement, cela veut dire : sans repasser par le décodage. Mais cela ne veut pas dire que le sujet soit alors privé de toute information phonologique. En fait, dès la première mémorisation, la prononciation du mot est associée à son orthographe et quand le lecteur reconnaît un mot écrit de manière orthographique, il active cette connaissance phonologique même s'il n'en a pas conscience. Il accède alors à ce que les psychologues appellent savamment la « phonologie lexicale » ou la « phonologie adressée », c'est-à-dire à la prononciation du mot sans repasser par le décodage. C'est par exemple ce que nous faisons de toute évidence lorsque nous prononçons les chiffres (4 –> [katr]) ou des mots d'orthographe irrégulière (MONSIEUR –> [mœsjœ] et non [mõsjœr]). Dans la lecture silencieuse, c'est-à-dire dans la lecture banale, cette activation est purement psychique (le lecteur ne prononce pas le texte, il ne le subvocalise même pas). Mais c'est ce qui lui permet de rester sensible alors à des jeux de mots ou à des effets de rime et d'assonance. La lecture silencieuse est bien un objectif pédagogique essentiel. Mais en toute rigueur, psychologiquement parlant, il n'y a pas de lecture silencieuse, pas même pour les sujets qui lisent des logogrammes (comme en chinois).

On trouve à la page suivante un schéma qui résume les connaissances lexicales auxquelles permet d'accéder la reconnaissance orthographique d'un mot (on imagine que le regard du lecteur se pose sur le mot « menthe »).

Que se passe-t-il quand, très exceptionnellement, le lecteur habile rencontre un mot dont il n'a pas mémorisé l'orthographe ? Pour peu qu'il possède ce mot dans sa mémoire de la langue orale (la mémoire phonologique) et qu'il puisse, grâce à des capacités de décodage, produire la forme sonore de ce mot écrit, il peut encore accéder aux informations sémantiques et syntaxiques utiles à la lecture. Généralement, même, pour ce lecteur, c'est aussi l'occasion d'ouvrir une nouvelle entrée dans son dictionnaire orthographique et « d'enrichir son capital orthographique » de ce nouveau mot. Ainsi, lors de rencontres ultérieures, il le reconnaîtra par la voie directe.

Activation des connaissances lexicales en lecture

EXEMPLE : /menthe/

Signications
- végétal
- infusion
- sirop
- parfum…

Connaissances syntaxiques
• nom fém.
• *in loc.* :
«menthe à l'eau»
«… à la menthe»
• presque adj. :
«tilleul-menthe»

Connaissances orthographiques
menthe
≠ mante (insecte, vêtement)
≠ mente (s) (nt) *de mentir*

Représentations phonologiques
[mãt]
rime avec [ʃãt], [pãt], [amãt], …

Les capacités de décodage sont donc ce qui permet au lecteur de transformer des segments graphiques en formes sonores, pour accéder aux significations des mots portées par la connaissance de la langue orale. Mais il est fondamental, ici, de ne pas réduire cette graphophonologie aux seules conversions graphèmes-phonèmes (CGP). On sait en effet que le lecteur habile utilise le plus souvent des segments «supra-graphémiques» (de plus grand empan que les graphèmes) : les analogies orthographiques et ce que nous avons déjà appelé les syllabogrammes[7] (dans la deuxième partie). Observons par exemple ce qui se passe sur les pseudo-mots suivants (que le lecteur devra oraliser à voix haute) :

oignonde   sarfemme   secondille   orchidème   ratient

Si nous utilisions les CGP, nous prononcerions le OI de « oignonde » sur le modèle de « roi », le FEMME de « sarfemme » sur le modèle de « flemme », le CON de « secondille » sur celui de « contrat », le CH de « orchidème » comme dans « chicorée ». Or, ce n'est pas ainsi que nous prononçons chacun de ces

7. Voir ce mot page 74.

pseudo-mots ! Quant à RATIENT, sa prononciation variera suivant le contexte grammatical : « il est vraiment très ratient » (pseudo-adjectif sur le modèle de patient) ; « les enfants ratient dans la cour » (il s'agit alors du pseudo-verbe du premier groupe « ratier » à la troisième personne du pluriel) ou « il la tient et même la ratient » (il s'agit alors du pseudo-verbe « ratenir » à la troisième personne du singulier).

Le lecteur habile, ici, n'utilise pas les CGP, mais décode par analogies orthographiques. Et il ne choisit pas d'utiliser cette manière de prononcer ces pseudo-mots, ou des mots similaires qu'il verrait pour la première fois. Il ne peut pas s'empêcher de rapprocher chaque stimulus d'un mot fréquent ou de plusieurs mots similaires, il le fait de manière involontaire, irrépressible. De même, lors de rencontres avec des syllabogrammes fréquents, le lecteur ne repasse pas par la fusion des phonèmes mais reconnaît directement ces blocs syllabiques, qui peuvent être considérés comme des analogies particulières, privilégiées par la structure du français.

Cette façon de décoder est caractéristique de la lecture habile. C'est ce qu'on pourrait appeler le décodage habile, car ces grandes unités de lecture résultent des connaissances orthographiques. Et ce lien entre décodage habile (recours à des unités de lecture de plus grand empan que les CGP) et les connaissances orthographiques est réciproque : un sujet qui a des connaissances solides et étendues sur la graphophonologie, la morphologie lexicale[8] et l'étymologie a plus de facilité à mémoriser l'orthographe car, pour la plupart des mots nouveaux, il est en mesure d'en rationaliser l'écriture, en partie ou en totalité. Quand l'orthographe ne paraît pas arbitraire, mais est éclairée par des raisons, elle est en effet bien plus facile à mémoriser.

Dans ce domaine aussi, il y a des marges de progrès pour la pédagogie de la lecture. Bien souvent, au cycle 2, l'institution scolaire (les programmes, les cadres, les formateurs et les maîtres) considère que l'urgence absolue est

---

8. La morphologie lexicale est ce qui, dans la langue orale, relie des mots comme « lait », « laitière », « laiterie », « laitage », « allaitement », etc. Une orthographe comme celle du français marque assez systématiquement ces dérivations à partir d'un même radical (par exemple **lait**) et d'un jeu d'affixes (ier, ière, erie, age, a, ment, etc.).

l'acquisition des CGP et néglige la nécessité de mettre en place chez les élèves des mécanismes d'auto-apprentissage de l'orthographe. L'école croit le plus souvent que l'orthographe sert principalement à l'écriture et oublie son rôle essentiel en lecture. De même, les programmes sous-estiment l'importance des grandes unités de lecture et de décodage (radicaux et affixes, analogies orthographiques, syllabogrammes) dans la mémorisation de l'orthographe, et finalement, dans l'accès à la lecture orthographique, c'est-à-dire à une lecture moins séquentielle, plus fluide et plus directement sémantique.

On verra ci-après qu'ils sous-estiment aussi, très certainement, la difficulté pour les grands débutants de comprendre le principe alphabétique, la notion de phonème et les conversions graphèmes-phonèmes. Dans la littérature pédagogique «officielle», l'accès au concept de phonème et la capacité à désagréger la syllabe sont souvent réduits à l'exercice de la discrimination auditive.

Enfin, si la découverte des régularités les plus générales (et les plus abstraites) que sont les CGP est indispensable à un apprentissage réussi, on ne doit pas en tirer la conclusion qu'il faut forcément commencer la découverte de la graphophonologie par les CGP. Nous pensons au contraire que les élèves qui réussissent bien leur apprentissage de la lecture malgré un apprentissage précoce des CGP ont préalablement compris ce principe graphophonologique à un niveau moins abstrait (notamment au niveau des syllabes) et nous croyons qu'ils ont pu accéder très tôt au décodage habile (analogies orthographiques et syllabogrammes) en dépassant progressivement, dès le milieu du CP, le décodage trop séquentiel induit par la mise en œuvre des CGP.

En effet, les seules CGP ne permettent guère de décoder efficacement un très grand nombre de mots du français écrit, même lorsqu'ils sont d'orthographe régulière. Ainsi, la séquence MA fait bien [ma] dans MAGIQUE, mais non dans MAIRIE. Et la séquence MAI fait bien [mê] dans MAIRIE, mais non dans MAINTENANT, etc. Et la séquence MAIN ne se dit pas [mĩ] dans SEMAINE! Selon nous, les CGP ne sont guère fonctionnelles en français pour décoder la plupart des mots. Seuls ceux qui s'écrivent comme CAFÉ, VÉLO, CINÉMA, TAXI, etc. (une syllabe = deux lettres) sont aisément lisibles de cette manière.

La fonction des CGP est plutôt heuristique et mnésique : elles expliquent les régularités plus concrètes (analogies et syllabogrammes) et aident le sujet à les mémoriser. Si l'on veut à tout prix que l'élève utilise les CGP comme une procédure de décodage, si celui-ci ne contrôle pas fortement son décodage par la cohérence de ses productions sonores avec le contexte et s'il ne dispose pas d'autres moyens de décoder, on le pousse au dé-lire[9].

Concluons ce volet par cette habileté fondamentale qu'il convient de développer aussitôt que s'installent les premières connaissances dans l'identification des mots écrits : la mise en forme syntaxique. Nous l'avons déjà dit dans la deuxième partie, le sens d'une phrase, à l'écrit ou à l'oral, ne résulte pas de la juxtaposition ou de l'addition des significations des mots successifs, mais de l'organisation des énoncés en groupes de mots qui, seuls, constituent des unités de sens élémentaires[10].

À l'oral, la segmentation en clauses, les changements de rythme, l'intonation, autrement dit la prosodie, aident le récepteur dans ce traitement syntaxique, qui est généralement automatique. Mais à l'écrit, comme l'espace entre les mots est toujours le même, qu'il s'agisse de deux mots d'un seul syntagme (par exemple « cheval blanc ») ou de deux mots qui appartiennent à deux syntagmes (par exemple « blanc qui »), plus rien, hormis la ponctua-

---

9. Je reprends ici un jeu de mots de Josette Jolibert qui en avait fait le titre d'une brochure parue à la fin des années 1970 dans le Val-d'Oise : *Du délire au lire*.

10. Rappelons qu'il est fondamental de distinguer sens et signification. Soit, par exemple, la phrase : « De vertes idées dorment furieusement. » Nous connaissons la *signification* de chacun de ses mots et nous les organisons en syntagmes : GN (= dét. + adj. + nom) + GV (= V + adv.). C'est bien parce que nous faisons cela que nous déclarons cette phrase *dépourvue de sens*. En effet, notre esprit ne peut pas se représenter la notion d'« idée verte », ni ce que pourrait être un « furieux sommeil » (pas plus qu'une « chaleur jaune », un « triangle circulaire », un « sel immoral », etc.) et encore moins ce qui adviendrait si des idées vertes tombaient dans un furieux sommeil ! En revanche, cette phrase : « Des prognons murdrants glimaient sur la poince », bien qu'elle soit grammaticale, est dépourvue de sens parce que les deux noms, l'adjectif et le verbe sont *dépourvus de signification*.

tion, ne signale cette organisation. Celle-ci est évacuée, du moins aplatie par la froide mécanique typographique. Le traitement syntaxique doit être presque totalement pris en charge par le lecteur lui-même. Il lui revient d'opérer, au cours même de la lecture, cette organisation en groupes de mots.

Une absence de mise en forme syntaxique des textes écrits (ou une insuffisance) est une cause fréquente de difficulté en lecture : l'élève reconnaît assez bien les mots successifs mais il n'en tire aucun sens. Il erre d'un mot à celui qui suit : dans son esprit, les significations successives ne s'agrègent pas ; l'une chasse l'autre.

Les compétences stratégiques

Quand, dans la compréhension du langage oral, au cours d'une conversation, un des interlocuteurs ne comprend pas l'autre, il lui fait signe de cette difficulté (froncement de sourcils, question, reformulation avec demande de quitus, etc.). Le cours de la conversation s'adapte ainsi constamment aux capacités d'intercompréhension des deux interlocuteurs. Cette possibilité n'existe pas dans la lecture. Le plus souvent, l'auteur n'est pas là pour expliquer son texte. Et souvent même, il est mort depuis longtemps. Cette situation d'appréhension d'un langage dont l'auteur est absent modifie radicalement la façon dont se déroule la réception. Le récepteur ne dispose plus que des indices laissés par l'auteur dans son texte et de sa propre sagacité pour surmonter des difficultés éventuelles.

Les recherches sur ce domaine montrent que les lecteurs habiles se sont souvent dotés, à travers leurs expériences personnelles de lecture, de stratégies efficaces. Ils remarquent qu'ils ont du mal à comprendre, ils identifient le passage problématique, ils sont capables d'interrompre leur lecture et de revenir sur ce passage, de le relire de façon plus analytique, de cerner alors plus précisément la source de la difficulté et de trouver le moyen d'y faire face.

Dans ce domaine aussi, il y a pour l'école des marges de progrès. Ce que les lecteurs expérimentés ont appris par eux-mêmes ne pourrait-il être objet d'enseignement à l'école? Bien que ce chantier: aider les élèves à comprendre, se soit ouvert récemment, on est en droit d'en attendre des améliorations des capacités de lecture pour tous les élèves au cycle 2 et au-delà.

Une conception « interactive »

Quand la lecture est facile, le rôle des compétences stratégiques est, somme toute, marginal, ce qui est la situation de lecture banale: lecture d'un article informatif, d'une lettre d'ami, d'écrits professionnels, de publicités, etc. Dans ces cas, l'essentiel de la lecture est assuré par les deux autres champs de compétences qui permettent l'aboutissement des deux processus très différents par leur nature: l'identification des mots écrits et la compréhension du langage écrit. Une question vient immédiatement à l'esprit: quelle relation ces deux sortes de processus entretiennent-ils? La lecture va-t-elle «de bas en haut», c'est-à-dire du texte à l'esprit du lecteur, la construction du sens («en haut») étant alors essentiellement déterminée par les informations produites en cascade remontante depuis l'identification des mots écrits («en bas»)? Ou va-t-elle «de haut en bas», les prises d'information sur la surface linguistique du texte étant essentiellement guidées par l'élaboration du sens du texte? Ou bien encore faut-il concevoir une action réciproque de ces deux sortes de processus, ce qui conduit à une conception «interactive» de la lecture?
Nous n'avons pas la possibilité ici de développer chacun de ces points de vue et de comparer les arguments en faveur de chaque conception. Quelle que soit la conception qu'on adopte, il est clair cependant qu'il faut que les deux sortes de processus communiquent, sans quoi les informations produites par un processus ne pourraient aucunement influencer celles qui sont produites par l'autre. On est donc ramené à une seule question, celle du sens fondamental de cette «communication». Plusieurs arguments solides, étayés par des données empiriques, militent en faveur de la conception interactive.

1°) On admet que reconnaître un mot, c'est accéder à sa signification. Les processus de «bas niveau» alimentent alors ceux «de plus haut niveau». Comme, dès la reconnaissance des mots, il y a donc «du sémantique», les deux processus communiquent de bas en haut. Mais, très souvent, les mots sont polysémiques et c'est la connaissance du contexte sémantique qui permet d'activer la signification utile. Les deux processus communiquent ici de haut en bas.

La communication se fait donc à double sens : par sélection (de bas en haut) et par activation (de haut en bas).

2°) Cependant, on a vu que le sens ne résulte pas de la juxtaposition des significations des mots successifs mais de leur organisation sous forme de «molécules de sens» assimilables par les processus d'intégration sémantique. Ces «molécules» constituent en quelque sorte l'interface entre la surface linguistique du texte et les premiers traitements sémantiques. Du point de vue linguistique, il s'agit donc de groupes de mots.

Or, cette organisation syntaxique du texte peut résulter de traitements «ascendants» et «descendants». Exemple de traitement ascendant : dans «Ces trois petites poules noires...», le mot «noires», situé après «poules» doit être considéré comme adjectif et relié au nom «poules». Il ne peut aucunement être considéré comme un verbe qui suivrait le groupe nominal. Pour ce traitement, on n'a guère besoin d'informations provenant du contexte sémantique. Exemple de traitement descendant : dans «C'est le canari de la voisine qui chante si bien», l'ambiguïté du référent de la relative (qui chante, la voisine ou le canari ?) ne peut pas être levée sans de plus amples informations, que, seul, peut fournir le contexte sémantique.

3°) Enfin, la gestion du flux d'informations venant de la reconnaissance des mots écrits est soumise à la capacité du sujet à traiter, organiser et intégrer ces informations. C'est ainsi que parfois, le lecteur doit ralentir son rythme de lecture pour éviter une «submersion» du sémantique par le linguistique. Inversement, le fait de pouvoir reconnaître les mots de façon automatique lui permet d'accélérer le rythme de lecture quand la construction des représentations sémantiques se déroule sans problème (ou qu'il cherche seulement une réponse à une question ponctuelle). Là encore, les deux sortes de processus « en bas » et « en haut » s'informent mutuellement, par sélection et activation.

Adopter une conception interactive de la lecture habile, cela a aussi des conséquences pratiques quant à la conception de l'apprentissage, conséquences que nous développons plus loin (voir par exemple Goigoux, 2001, et Brissiaud, 2001).

La machine à lire

Cette expression a été utilisée par divers chercheurs en psychologie cognitive (*cf.* notamment José Morais, 1994), pour insister sur l'idée que chez le lecteur habile, dans les situations de lecture banales, une très large part des processus et des traitements est automatique. Le lecteur a très peu de connaissance sur ce qu'il fait quand il lit : la lecture se déroule pour cette large part en dehors de sa conscience !

Nous essayons ci-dessous de décrire cette « machine à lire » et nous en profitons pour résumer ce qui vient d'être dit. Pour commencer, observons, page suivante, un schéma didactique plausible de cette « machine ».

Dans ce schéma, les ovales représentent les connaissances en mémoire à long terme du lecteur (l'état de la machine avant la lecture) et les trois rectangles les produits transitoires de cette activité.

Notons aussi que deux sortes de flèches relient les connaissances et les produits de la lecture : des flèches montantes (foncées) représentent les « sélections » des connaissances situées « plus haut » dans le système à partir des informations déjà produites « plus bas » ; des flèches descendantes (grises) représentent l'activation des connaissances situées « plus bas » par celles qui viennent d'être produites « plus haut ». Par exemple, si le texte parle d'un jardin et que le lecteur perçoit le mot écrit « menthe », seule la signification « végétal » contenue dans le lexique (connaissances lexicales) sera activée, les autres significations (infusion, sirop, etc.) ne le seront pas. Et si le groupe de mots dans lequel il y a « menthe » est, par exemple, « un

La «*machine à lire*»

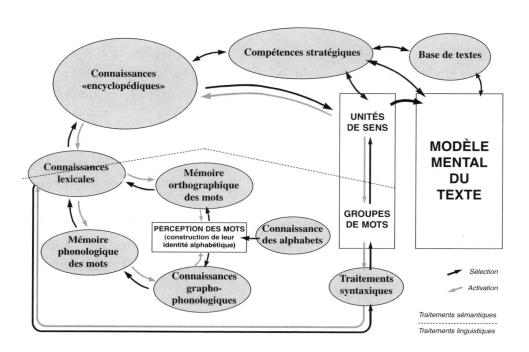

superbe pied d'une menthe très odorante», c'est cette signification («végétal») qui sera effectivement «sélectionnée».

Il convient d'observer enfin que le schéma est partagé en deux par une ligne pointillée en forme de toit: dans la partie inférieure (sous le toit), on retrouve les connaissances qui participent aux processus d'accès au contenu linguistique des textes (savoir ce qui est écrit); dans la partie supérieure (dans le ciel), sont figurées les connaissances qui concourent aux processus d'élaboration du contenu sémantique des textes (la compréhension proprement dite).

Le but de toute lecture est la construction progressive d'une représentation mentale superposable à celle de l'auteur, le modèle mental du texte. Celui-ci est figuré dans la partie droite du schéma. Nous allons maintenant essayer de suivre le flux de l'information dans cette «machine à lire».

Le point de départ est, au plus bas niveau, la perception des mots (rectangle de gauche). Celle-ci vise à produire l'identité alphabétique du mot perçu : quelles sont toutes les lettres qui le composent et dans quel ordre se succèdent-elles de gauche à droite ? Autrement dit, la perception visuelle en lecture vise à transformer la sensation (les formes qui « s'impriment » sur la rétine) en information utilisable pour la reconnaissance du mot. Pour cela, le sujet doit être capable d'analyser et de catégoriser ces formes comme des lettres. Il ne peut le faire que s'il a une connaissance suffisante des alphabets (ovale à droite du rectangle) utilisés dans le texte à lire. Par exemple, devant un texte écrit en gothique, la plupart des lecteurs français rencontrent des difficultés pour catégoriser les lettres et leur lecture est entravée dès l'étape de la perception des mots, en raison d'une méconnaissance de l'alphabet utilisé.

Aussitôt que l'identité alphabétique du mot est constituée, la reconnaissance peut suivre les deux voies (directe et indirecte) situées à gauche du rectangle, en haut (reconnaissance via la mémoire orthographique) et en bas (reconnaissance via les connaissances graphophonologiques).

L'accès orthographique est direct en ceci que le lecteur accède immédiatement aux connaissances lexicales associées au mot perçu (signification, nature syntaxique et phonologie du mot), via sa mémoire orthographique. L'accès par la graphophonologie est indirect, parce que le lecteur doit d'abord produire la phonologie du mot (ou sa représentation mentale) ; mais ce n'est que le signifiant d'un mot mémorisé dans la mémoire phonologique des mots (celle qui est habituellement mobilisée pour l'écoute de l'oral). Ce signifiant phonologique rend alors possible l'accès aux connaissances lexicales utiles à la lecture (significations et aspects syntaxiques).

On peut supposer qu'une mémoire tampon stocke ces informations lexicales successives pour les traitements syntaxiques, lesquels permettent de former des groupes de mots qui sont potentiellement, nous l'avons dit, les premières unités de sens, celles qui devront être progressivement intégrées pour alimenter la construction du modèle mental du texte.

Cette intégration progressive des unités de sens est effectuée sous le contrôle des connaissances stratégiques en s'aidant de la base de textes déjà assimilés par le lecteur[14]. En effet, plus le lecteur a lu des textes qui ont une structure commune et plus il lui est facile d'en lire de nouveaux. Par exemple, il sait, au moins implicitement, qu'un fait divers dans un journal répond en général aux mêmes questions (quoi, où, quand, qui, comment, pourquoi), qu'une recette de cuisine indique d'abord les denrées utilisées, puis décrit la préparation, etc. Si un nouvel article répond bien à la structure canonique du fait divers, si une nouvelle recette est écrite sur le modèle canonique des recettes, il lui sera plus facile de lire ces nouveaux textes, car il lui suffira de «paramétrer» une structure déjà connue.

En outre, le lecteur mobilise des connaissances encyclopédiques qui lui permettent de combler «les trous» du texte et de faire, de façon très automatisée, toutes les inférences que l'auteur a plus ou moins anticipées lors de la rédaction de son texte. Ces inférences sont ce qui permet de relier, organiser et hiérarchiser les unités de sens par des liens de causalité, d'opposition, de succession, de simultanéité, d'emboîtement, etc.

Nous croyons que cette représentation très simplifiée des connaissances mises en jeu dans toute lecture détermine un ensemble de domaines d'intervention pour les enseignants, tant pour conduire l'apprentissage et l'évaluer que pour aider des élèves à surmonter d'éventuelles difficultés.

---

14. On notera que cette «base de textes» se constitue dès les premiers textes lus à haute voix par les adultes à l'enfant.

Deux grands types de difficulté

Une telle conception de l'acte de lecture amène à considérer que les causes des difficultés importantes et persistantes peuvent relever soit des traitements sémantiques (compréhension du langage écrit), soit des traitements linguistiques (identification des mots écrits et traitements syntaxiques), soit des deux champs de compétences à la fois.

Il est assez aisé de repérer que la difficulté provient principalement des traitements linguistiques. Pour cela, il suffit de vérifier que le sujet comprend bien un texte qu'on lui dit (on aura choisi un texte que la plupart des élèves de même âge comprennent sans problème).

a) *S'il comprend le texte en situation d'écoute* mais se retrouve en grande difficulté en situation de lecture avec des textes dont la difficulté sémantique est similaire, son problème n'est pas la compréhension du langage écrit mais plutôt l'identification des mots écrits. Il peine à reconnaître de nombreux mots, y compris des mots fréquents. Après le cycle 2, il s'agit souvent d'enfants qui ont un petit bagage de déchiffreurs : ils peuvent lire des mots comme CAFÉ, VÉLO, TAXI, CINÉMA, voire des mots comme MOUTON, mais sont en difficulté dès que les graphèmes sont plus complexes ou moins fréquents. Pour lire un mot, ils ont tendance à procéder systématiquement ainsi : ils prennent les lettres les unes après les autres de gauche à droite, de sorte que pour un mot comme MAINTENANT, ils commencent par dire [ma]. Ceci explique aussi pourquoi ces mêmes élèves ne lisent pas immédiatement des mots d'orthographe irrégulière pourtant courants comme FEMME, ALBUM, ORCHESTRE, etc.

On vérifie ce diagnostic en observant le comportement de l'enfant en situation de lecture de mots isolés et de décodage de pseudo-mots (les items sont sériés selon la complexité graphémique et syllabique).

Cette difficulté peut être surmontée par un travail quotidien visant à développer la lecture orthographique et les connaissances qui rendent possible un décodage moins séquentiel, plus rapide et permettant un accès plus facile au lexique (usage des analogies orthographiques et des syllabogrammes). À terme, comme l'enfant peine de moins en moins dans la reconnaissance des mots écrits, il consacre de moins en moins de ressources mentales à cette tâche et il peut utiliser les ressources ainsi libérées pour les traitements syntaxiques et l'intégration sémantique des informations successivement construites. On voit le rendement sémantique de ses lectures s'améliorer progressivement.

Dans quelques cas moins fréquents, il arrive aussi que l'enfant sache bien lire les mots isolés mais n'ait pas compris que lire est une activité de compréhension du langage comparable à ce qu'il sait déjà faire à l'oral. Il est alors essentiellement préoccupé de reconnaître les mots écrits les uns après les autres. Il ne lit pas par groupes de mots, il ne « transfère » pas dans le traitement du langage écrit lu les compétences syntaxiques qu'il utilise habituellement, de façon automatique, pour traiter le langage écrit entendu. Cette dernière difficulté est plus facile à surmonter. Il suffit parfois de demander à l'enfant de « s'écouter intérieurement » quand il lit pour que cet obstacle soit surmonté en quelques jours. On peut même théâtraliser cela en enregistrant une lecture à haute voix faite par l'enfant et en lui demandant de s'écouter ensuite pour savoir si ce qu'il dit a du sens. Mais les activités qui sont, de toute façon, efficaces sont celles où l'enfant est incité à lire par groupes de mots (voir deuxième partie) et à relire des textes qu'il a lui-même écrits.

b) *S'il ne comprend pas le texte en situation d'écoute* (ou le comprend très partiellement), il y a peu de chances pour qu'il le comprenne bien mieux en lecture, même s'il reconnaît les mots écrits sans erreur et assez rapidement. En réalité, il est rare d'observer de tels cas. Il s'agirait alors d'enfants qui seraient capables de dire à haute voix, éventuellement même en lisant par groupes de mots, un texte à la portée d'élèves de même âge, mais qui ne le comprendraient pas.

En fait, le plus souvent, une difficulté importante à comprendre le langage écrit entendu s'accompagne d'une difficulté lourde et persistante dans la reconnaissance des mots écrits. A priori, cette corrélation n'est pas étonnante : il n'est pas très naturel en effet de chercher à reconnaître, à l'écrit, les mots d'un langage qu'on ne comprend pas. C'est pourquoi une difficulté générale dans la compréhension du langage écrit entendu prend presque toujours l'allure d'une difficulté plus globale affectant les deux grands champs de compétences.

Pour aider de tels élèves à surmonter leurs difficultés, il est évidemment nécessaire d'engager un travail sur ces deux domaines à la fois. Et quand la difficulté ne se limite pas aux situations de compréhension du langage écrit entendu, mais se manifeste dès les situations de conversation, il faut alors considérer que la priorité est, pour un temps, le développement des compétences à l'oral (en réception et en production)[15].

---

15. Voir par exemple les analyses, les démarches, les situations et les outils défendus par Philippe Boisseau (*cf.* bibliographie) pour l'apprentissage de la langue orale.

2 Les principaux obstacles dans les apprentissages de base

Lorsque, chez un élève donné, on observe des difficultés importantes en lecture-écriture, pour pouvoir effectuer un diagnostic pertinent et lui proposer les activités et situations adaptées à ses besoins, il est très utile de connaître les principaux obstacles dans cet apprentissage. C'est pourquoi, ci-après, nous attirons l'attention du lecteur sur ce qui, selon nous, constitue les cinq principaux obstacles dans les apprentissages de base de la lecture-écriture. Pour apprendre à lire, tout enfant doit franchir ces obstacles[16].

Premier obstacle : l'opacité de l'acte de lecture

Dans tout apprentissage, il est possible de distinguer trois phases successives[17].

a) *La phase dite « cognitive »*, durant laquelle le sujet se donne de premières représentations du comportement ou de la notion qu'il s'apprête à apprendre, autrement dit de ce qu'il pourra faire lorsqu'il saura faire ce qu'il ne sait pas encore faire. Il peut également se donner des représentations de la façon dont il peut apprendre efficacement ce comportement ou cette notion. Ainsi, avant d'apprendre à conduire, à utiliser un traitement de texte, ou avant de s'approprier les éléments essentiels des traditions d'un pays, on s'est généralement donné des représentations de l'objectif qu'on vise (par exemple, pouvoir conduire une voiture de façon autonome, en

---

16. Certains passages de ce texte (à propos du deuxième et du troisième obstacle) sont repris d'un article de l'auteur, paru en 2004. Nous remercions les éditeurs d'avoir autorisé ces reprises partielles.

17. *Cf*. Fits et Posner, 1967.

toute sécurité ; pouvoir produire des feuilles d'exercices pour ses élèves ; mieux comprendre les habitants d'un pays qu'on va bientôt visiter ; etc.) et de la façon dont on l'atteindra. Quand ces représentations du but de l'apprentissage (et du chemin pour y parvenir) sont adaptées, cela aide évidemment le sujet à entrer dans l'apprentissage correspondant et à «gérer» les problèmes qu'il rencontre alors en fonction du but qu'il s'est fixé.

b) *La phase de maîtrise* : le sujet entre dans l'apprentissage proprement dit. Il découvre et s'approprie progressivement les procédures ou notions indispensables au savoir-faire ou au savoir visés. Mais il est encore «laborieux», parce qu'il a constamment besoin de faire attention, de contrôler si ce qu'il fait est adapté, de réfléchir aux étapes successives dans la mise en œuvre du comportement, etc., quand il s'agit d'un savoir-faire, et de relire les mots ou de se les redire, de repenser aux notions, etc., quand il s'agit de chercher et d'organiser des informations, etc.

c) *La phase d'automatisation* : le sujet exerce et utilise ce qu'il vient d'apprendre de façon telle que, progressivement, il y prête de moins en moins d'attention. Par l'exercice, il automatise ses connaissances et cette automatisation peut aller jusqu'à la virtuosité.

À l'école, on a tendance à privilégier la phase de maîtrise et à négliger les deux autres phases. Concernant la phase cognitive, pour divers apprentissages, cela n'a pas de grandes conséquences : en observant les adultes ou les aînés qui ont déjà acquis ce qu'il s'agit d'apprendre, les élèves peuvent assez aisément se donner des représentations appropriées des buts de tel apprentissage et des cheminements qui peuvent y conduire. En revanche, si un enfant observe un adulte ou un aîné en train de lire, comme l'essentiel de cette activité de réception se déroule «entre la rétine et le cerveau», elle est invisible pour autrui. Ce que fait un lecteur quand il lit est beaucoup plus opaque pour le néophyte que si celui-ci observe quelqu'un qui fait du vélo, qui cuisine une recette, qui tricote, qui vérifie s'il y a assez d'assiettes pour tous les convives d'un repas, qui nourrit un animal... ou qui écrit une carte postale. D'où certaines représentations de la lecture et de son apprentissage qui peuvent paraître surprenantes[18] :

– Quand je saurai lire, je pourrai faire le son des lettres ; ... dire les textes par cœur comme la maîtresse ; ... dire tous les mots comme un robot ; ... répondre aux questions de la maîtresse ; ... passer au CE1 ; ... aider mes enfants à apprendre à lire ; etc.

– Pour bien apprendre à lire, il faut être sage ; ... écouter la maîtresse ; ... bien regarder les mots ; ... ne pas se tromper d'étiquette ; ... avoir des lunettes ; etc.

Très fréquemment, la grande difficulté dans l'apprentissage de la lecture au cycle 2 est associée à des représentations fausses ou très partielles de l'acte de lecture. L'explication de ce phénomène est vraisemblablement la suivante. Avoir une vision claire de ce qu'est l'acte de lecture, c'est avoir quelques idées sur les bénéfices personnels qu'on peut tirer de cet apprentissage et c'est donc une condition de la mobilisation de l'enfant à l'école. Ces représentations jouent donc un rôle « énergétique ».

Mais aussi et peut-être surtout, ces représentations jouent un rôle dans la régulation de l'apprentissage : l'enfant qui sait ce qu'on fait quand on lit peut mesurer ses progrès, apprécier s'il est encore loin de son but ou s'il s'en est beaucoup rapproché. Il peut essayer des façons de faire. Si elles sont efficaces, il les conserve, sinon, il les rejette. Il dispose, pour ainsi dire, du plan du comportement qu'il s'agit de bâtir et essaie d'agencer, en fonction de ce plan, les éléments que lui apporte son enseignant(e). En quelque sorte, il peut avoir un regard didactique sur les activités et situations proposées à l'école : tout à l'heure, on a lu un texte (ça racontait une histoire qui m'a plu), puis on a mémorisé des mots écrits (ça peut m'aider à les reconnaître si je les revois dans d'autres textes), et maintenant, on apprend à dire des mots qui commencent par la lettre M (ça m'aidera si je tombe sur des mots « comme ça » dans de prochains textes). Il est capable de distinguer les moyens (apprendre les lettres, mémoriser des mots, déchiffrer des

---

18. Voir sur ce sujet les travaux pionniers de John Downing et Jacques Fijalkow, 1984, et de Gérard Chauveau et Éliane Rogovas-Chauveau (par exemple : dans Chauveau *et al.*, 1993b, et dans Chauveau et Rogovas-Chauveau, 1997b). On peut aussi se reporter à Ouzoulias A., 1995a.

syllabes, etc.) et les fins (lire des histoires, utiliser un programme de télévision, consulter des ouvrages documentaires, lire des poésies, etc.). Bref, il a ainsi un cap vers lequel il se dirige lui-même, il est acteur de son apprentissage.

En revanche, l'enfant qui n'a pas les idées claires concernant l'acte de lecture est plus passif, il est davantage dépendant de la qualité de la progression suivie par l'adulte et peut confondre les moyens et les fins : j'apprends à faire le son de la lettre M, j'apprends à lire. Certes, dans une certaine mesure, il est susceptible de « stocker les briques » du chantier en cours, briques que lui apporte son enseignant de jour en jour, mais il se peut que lui-même n'en fasse pas grand-chose, car il n'a pas en tête le plan de l'édifice achevé.

Favoriser une meilleure compréhension de l'acte de lecture

Comment aider les élèves à y voir assez clair sur les buts de l'apprentissage de la lecture et sur les chemins de la réussite ? Il faut évidemment équilibrer, tout au long du cycle 2, ces deux sortes de situations : celles où l'on lit pour comprendre (des histoires, des recettes, des documentaires, des poésies, etc.) et celles où on apprend à reconnaître les mots écrits, et s'efforcer d'articuler au mieux les deux sortes de tâches. Dans un autre apprentissage, celui de la musique, on anticipe aisément ce qui adviendrait si on cessait de faire écouter Mozart au moment où l'on démarre l'apprentissage du solfège et si on attendait que l'enfant connaisse le solfège pour lui faire jouer d'un instrument. Toutes choses égales par ailleurs, en lecture-écriture, c'est la même chose : ce n'est surtout pas au moment où l'on démarre l'apprentissage de la graphophonologie qu'il faut amoindrir le temps consacré à entendre des histoires racontées par l'adulte et il n'est pas davantage pertinent d'attendre que l'enfant sache lire pour le faire écrire.

On peut aussi aider les élèves en organisant, à différents moments, dès la GS, des échanges collectifs sur ce qu'ils pourront faire quand ils sauront lire et sur ce qu'il faut faire pour bien apprendre à lire. Mais il ne faut pas se leurrer. La clarté de ces représentations ne résulte pas principalement de tels échanges. Fondamentalement, elle dérive de la conscientisation d'une expérience de situations de lecture et/ou d'écriture partagées avec les adultes ou les aînés.

Enfin, nous expliquons plus loin (dans la sous-partie intitulée «une pédagogie ternaire») pourquoi, selon nous, *les situations de production de textes sont les meilleurs moyens pour aider les élèves à acquérir, de manière accélérée, une plus grande expérience de l'écrit* et des idées plus claires sur ce qu'on fait quand on lit.

Deuxième obstacle : le fait que l'écriture note le langage et la notion concomitante de mot ne sont pas si évidents

Depuis les premières recherches d'Emilia Ferreiro sur la psychogenèse de l'écriture[19], on sait que la compréhension du fait que l'écriture note le langage n'est pas première. Les enfants pensent d'abord qu'elle représente les choses et porte les mêmes informations que le dessin (pour représenter ma maman, je peux la dessiner ou écrire son nom). C'est ce qui amène Emilia Ferreiro à parler de «conception pictographique de l'écriture». La notion de mot, qui nous paraît évidente, n'est pas elle-même première, parce qu'en fait, elle ne peut pas dériver de l'analyse de l'oral. Elle émerge avec la compréhension progressive de l'écriture dans des systèmes où les mots écrits sont isolés par des espaces (voir par exemple les travaux de David Olson[20]). Nous revenons plus loin sur une des étapes de ce parcours conceptuel dans

---

19. Les études sur la psychogenèse de l'écriture cherchent à saisir de quelle façon (sous quelles «contraintes» psychologiques et culturelles) les enfants comprennent progressivement les notions indispensables à l'apprentissage de la lecture dans leur langue. Ces recherches s'attachent à décrire et à expliquer par exemple comment et selon quel parcours les enfants comprennent finalement des notions comme celle de mot ou de phonème, comment ils s'approprient le «principe alphabétique» (des graphèmes notent les phonèmes) ou ce qu'on pourrait appeler le «principe morphologique» (dans les écritures à forte dimension orthographique comme le français ou l'anglais, les mots homophones s'écrivent souvent différemment). Pour une première découverte des travaux d'Emilia Ferreiro, on peut lire un ouvrage récemment paru chez Hachette : Ferreiro, 2000.

la conquête de l'écriture : la compréhension du principe alphabétique (les travaux de la psycholinguiste latino-américaine sur ce sujet sont nombreux ; ce même sujet a donné lieu ces vingt dernières années à une littérature psychologique et pédagogique extrêmement abondante). Nous nous focalisons maintenant sur la compréhension du fait que l'écriture note le langage.

Comme diverses recherches sur ce sujet l'ont montré, pour de nombreux enfants de cinq ans, si pour des êtres différents, il y a des façons différentes d'écrire leur nom, cela tient à des différences objectives entre les êtres eux-mêmes. On connaît par exemple la réponse de nombreux jeunes enfants de maternelle à cette question : où est écrit le mot « train » et où est écrit le mot « locomotive » ?

locomotive		train

Le train est représenté par le mot le plus long parce que, dans la réalité, un train est toujours plus long que sa locomotive.

Significatif est aussi ce dialogue entre un chercheur et un enfant de cinq ans :

Adulte :	« Comment tu t'appelles ? »
Enfant :	« William. »
Adulte :	« Est-ce que tu sais écrire ton prénom ? »
Enfant :	« Ben, oui ! » (il écrit WILLIAM).
Adulte :	« Tu sais, j'ai un ami qui s'appelle comme toi, William. Est-ce que tu pourrais écrire le nom de mon ami ? »
Enfant :	« Il a quel âge, ton ami ? »
Adulte :	« Je crois qu'il a 37 ans. »
Enfant :	« Ah, ben non ! Je peux pas l'écrire. Je sais pas comment. »

Mais le « paradigme des canards » utilisé par Emilia Ferreiro est certainement la tâche qui éclaire le mieux le raisonnement de l'enfant.

---

20. Olson, 1998.
21. Voir par exemple Besse, 1993 et 1995.
22. D'après Chauveau *et al.*, 1996.

1. Emilia Ferreiro présente à l'enfant l'image où l'on voit un canard qui nage dans une mare. Elle demande à l'enfant de commenter cette image et elle obtient par exemple : «Y a un canard qui nage dans l'eau.» Elle demande alors si on peut écrire quelque chose. L'enfant répond très souvent : «Oui, on peut écrire un canard.» Emilia Ferreiro incite l'enfant à écrire cela «comme il pense que ça devrait être». Voici par exemple ce qu'écrit Thomas, cinq ans deux mois (observations personnelles) : HMS (on aura remarqué qu'il utilise trois lettres de son prénom et trois lettres différentes).

2. Emilia Ferreiro présente ensuite une image sur laquelle on voit trois canards qui nagent. L'enfant commente : «Y'a trois canards qui nagent.» Incité à écrire cela, Thomas écrit : «HMS   HMS   HMS» et se relit : «Trois canards». Questionné par l'adulte («Tu es sûr que tu as écrit trois canards?»), Thomas montre successivement les trois groupes de lettres et compte «Un, deux, trois. Oui, ça fait trois canards.»

3. Emilia Ferreiro présente alors une image sur laquelle on voit un caneton dans la mare. L'enfant, d'abord gêné, commence par ajouter un «O» à tous les HMS qu'il a déjà écrits et écrit de nouveau HMS en commentant cette dernière notation : «Là, j'ai écrit petit canard!». Il explique que, comme les petits canards sont plus petits, il leur faut moins de lettres et qu'avant, il s'était trompé : «Pour faire canard, il faut plus de lettres quand c'est des papas.» Autrement dit, la différence de taille entre un canard et caneton doit être marquée dans l'écriture.

4. Emilia Ferreiro présente enfin une image sur laquelle on ne voit qu'une mare (on ne voit plus de canard). L'enfant commente avec assurance : «On peut rien écrire, parce qu'y a pas de canards!». L'adulte relance : «On pourrait peut-être écrire "il n'y a pas de canards..."» L'enfant réplique : «Mais non, pisqu'y en a pas!»

Précisons que ces mêmes enfants ont généralement une première conception graphique de ce que doit être le mot écrit : il doit avoir trois lettres au moins et il faut un minimum de variété dans les lettres employées dans une même graphie. Mais cette notion graphique du mot ne signifie pas nécessairement que les mots écrits représentent, pour l'enfant, des unités du langage, avant même toute compréhension de la graphophonologie. Ce que l'enfant appelle «un mot» à l'écrit est alors confondu avec la notion de nom.

Du reste, cette confusion possible devrait nous amener à relativiser les effets du travail sur la lecture des prénoms. Ce travail ne peut suffire à favoriser la compréhension du système écrit. Il se peut même que cela renforce, chez les enfants les moins avancés, la conception pictographique de l'écriture. Que se passe-t-il en effet dans la tête de Fatou, qui, toute fière de reconnaître son prénom écrit sur une étiquette posée au milieu d'autres, s'exclame: «C'est moi!», comme si elle se désignait elle-même sur une photo? A-t-elle compris que pour écrire par exemple: «Le gros chat noir court après une petite souris grise», il ne suffira pas d'écrire «chat» et «souris», c'est-à-dire le nom des deux entités sémantiques (le gros chat et la petite souris) qu'elle se représente alors, mais d'autres choses encore?

Une représentation naturelle

Le mérite des travaux d'Emilia Ferreiro est non seulement d'avoir mis au jour cette conception première, où l'écriture est censée référer directement, mais d'avoir montré qu'il ne suffit pas de dire à l'enfant qu'il se trompe et de lui enseigner la lecture pour qu'il abandonne cette conception. De nombreux enfants persistent dans cette conception quelques mois encore après leur entrée à l'école élémentaire!

La compréhension de l'écriture nécessite de la part de l'enfant des «re-conceptualisations». L'adulte peut bien sûr aider l'enfant dans cette compréhension, mais c'est à l'enfant lui-même de «travailler», de «construire» cette compréhension. Elle ne peut pas lui être apportée du dehors si l'enfant ne la com-prend pas (ne la «prend pas avec lui»).

Pour conclure sur ce point, quelle explication psychologique peut-on donner du fait que les jeunes enfants ne parviennent pas immédiatement à l'idée que l'écriture note le langage? Selon nous, cela tient au rapport «naturel» qu'ils entretiennent avec le langage. Si on leur demande combien il y a de mots dans l'énoncé oral «Le gros chat noir court après une petite souris grise», ils répondent souvent «deux». Quand ils entendent cette phrase, s'ils la comprennent, ils forment le «tableau mental» correspondant et se représentent deux entités sémantiques (un chat et une souris). La question «combien...?» est alors interprétée en termes d'unités sémantiques et non d'unités linguistiques. Ces enfants sont en quelque sorte «englués dans le sens».

Mais ce n'est pas un signe de débilité! Tant qu'on n'apprend pas à lire, on n'a pas besoin de savoir explicitement qu'on parle avec des mots, on n'a même pas besoin de savoir comment on fait pour parler, c'est-à-dire de développer des connaissances métalinguistiques[23] sur l'oral (par exemple: un énoncé est formé de groupes de mots; ceux-ci sont formés de mots; un mot peut avoir plusieurs syllabes; dans une syllabe, on peut abstraire des phonèmes; certains mots sont des verbes; etc.).

Certes, il faut savoir distinguer les mots à l'oral, sans quoi on ne peut pas comprendre «Le gros chat noir». En effet le sens de ce groupe de quatre mots résulte d'activations successives des significations sur les quatre axes paradigmatiques («le» plutôt que «deux», «trois», «des», «un», etc.; «gros» plutôt que «petit», «grand», «énorme», etc.; «chat» plutôt que «camion», «soleil», «champ», etc.). Mais, à l'oral, cette segmentation se réalise de façon automatique, non consciente et implicite. Pour nous autres, lecteurs, c'est parce que nous voyons immédiatement ces mots s'écrire «dans notre tête» qu'il nous est aisé de dire d'emblée qu'il y en a quatre. La conscience des mots (ou conscience lexicale) est en grande partie une conscience graphique. Elle dérive de l'apprentissage de la lecture dans une écriture qui segmente les mots. C'est en apprenant à lire et à écrire que l'enfant comprend qu'il parle avec des mots et ce qu'est un mot et c'est dans la confrontation à l'écrit que l'enfant comprend comment fonctionne l'oral.

Les enfants sont évidemment capables de segmenter le langage oral. Mais, avant tout apprentissage de la lecture, ils utilisent spontanément deux sortes de segments: les clauses (soit les segments prosodiques) et les syllabes orales.

---

23 *Cf.* Gombert, 1990.

Soulignons enfin que la contribution des situations d'écriture à la conceptualisation de la notion de mot est probablement plus décisive que celles de lecture. Dans la dictée à l'adulte et plus encore quand l'enfant écrit lui-même, il est amené à comprendre qu'un énoncé comme «Le gros chat noir court après une petite souris grise», c'est plus que deux mots, c'est «plein de mots».

Troisième obstacle : la conscience des phonèmes ne dérive pas de l'analyse de l'oral

Comprendre le principe alphabétique et accéder aux conversions graphèmes-phonèmes (CGP) exige de l'enfant qu'il puisse désagréger la syllabe orale et en abstraire les composants phonologiques élémentaires qu'on appelle «phonèmes». Autrement dit, la manipulation intentionnelle des phonèmes est une condition de la réussite dans l'apprentissage de la lecture dans une écriture alphabétique. De nombreux chercheurs ont insisté sur le rôle déterminant que joue cette capacité dans les apprentissages de base. Mais plusieurs recherches ont également montré que cette capacité ne peut pas seulement résulter de la discrimination auditive et qu'il s'agit aussi d'une conquête conceptuelle liée à l'apprentissage de la lecture dans une écriture alphabétique. Expliquons ce dernier point.

Tout d'abord, il faut noter que les personnes lettrées sont presque systématiquement victimes d'une illusion liée à leur expertise en lecture : elles pensent par exemple qu'une syllabe orale comme [ku] (celle qu'on prononce en lisant «cou») est formée de «deux sons» élémentaires [k] et [u]. Or, ce n'est pas le cas : en disant [ku], on ne prononce pas deux sons successifs mais un seul, car le phonème [k] n'est pas un son! C'est une consonne, qui, comme son nom l'indique, ne sonne pas seule, mais avec une voyelle. Dans la syllabe [ku], on parvient effectivement à prononcer la voyelle isolément : [u]. Mais on ne peut pas faire la même chose avec la consonne. On peut toujours séparer les deux syllabes orales d'un mot comme «couteau» ([ku]-[to]), mais non les deux phonèmes d'une syllabe.

L'explication de ce phénomène général (la consonne en attaque de la syllabe ne peut pas être isolée) est donnée par les phonéticiens. Une syllabe n'est pas la somme d'une consonne et d'une voyelle, mais leur coarticulation (ou leur fusion). La syllabe [ku], comme les syllabes [pu], [tu], [lu]... sont des modifications de la syllabe primitive [u]. Ici, la consonne est un modificateur de la voyelle[24].

Autrement dit encore, les phonèmes consonantiques ont une existence plus évanescente que les voyelles. Et si l'on veut amener l'apprenti à prendre conscience des deux phonèmes qui déterminent les particularités sensorielles de [ku] par opposition à [ru], [mu], [tu], etc., il faudra lui faire saisir que cette différence est dans un geste de sa bouche. L'accès perceptif aux deux sortes de phonèmes n'est pas de même nature : les voyelles s'entendent et se différencient par discrimination auditive, les consonnes « se sentent » et se différencient par discrimination kinesthésique (nous n'abordons pas ici le cas particulier des fricatives qui sont des consonnes qu'on peut faire durer et qu'on peut rendre ainsi accessibles à la discrimination auditive).

Le fait que la conscience des phonèmes ne soit pas naturelle et ne puisse pas dériver des seuls exercices de discrimination auditive est largement corroboré par diverses recherches portant sur des adultes analphabètes, sur des poètes portugais illettrés, sur des lecteurs chinois qui ne savent lire que les logogrammes de leur écriture[25]. Ces recherches montrent par exemple que, tant que la personne n'a pas appris à lire dans une écriture alphabétique, elle ne réussit que très partiellement dans des tâches de comptage, d'ajout ou de suppression de phonèmes. Elle ne réussit que très partiellement parce qu'elle échoue à comprendre la logique des tâches qu'on lui propose. Si l'on voulait jouer avec les deux sens du mot « entendre », on dirait que, pour pouvoir « entendre un phonème », il faut « s'y entendre en phonèmes ».

---

24. Nous devons cette définition de la consonne, psychologiquement très éclairante, comme « modificateur de la voyelle » à Rémi Brissiaud (inédit). Dans ce même texte, il dit aussi : « La consonne ne sonne pas, elle co-sonne. »

25. Voir par exemple les travaux de « l'équipe de Bruxelles », dans Morais, 1994.

Comment l'enfant accède-t-il au concept de phonème, dont on vient de voir qu'il n'est guère naturel ? C'est évidemment une question cruciale sur le plan pédagogique. Nous avons essayé d'énoncer, dans d'autres textes[26], les conditions qui, selon nous, favorisent cette découverte. Nous ne pouvons ici que les résumer.

1°) L'enfant a compris que l'écriture note le langage.

2°) Il a mémorisé un petit répertoire de mots familiers.

3°) L'enfant sait segmenter les mots en syllabes orales et il a compris le « principe syllabique[27] ».

4°) Il connaît le nom des lettres de l'alphabet.

5°) Il a une sensibilité implicite aux variations phonémiques[28].

Une façon de résumer ce point de vue consiste à dire que, pour favoriser l'émergence de la conscience des phonèmes, il ne faut pas surestimer l'efficacité des exercices centrés sur la discrimination auditive au niveau des phonèmes et qu'il convient surtout de renforcer l'expérience de l'enfant face à l'écrit. Et là encore, on retrouve le rôle pédagogique privilégié des situations d'écriture.

Concernant plus spécialement le « principe syllabique », celui-ci peut être enseigné de façon directe. Par exemple, l'enseignant a amené les élèves à comprendre comment « mardi » peut être comparé à d'autres mots connus d'eux comme « O**mar** », « **mar**ché », « **di**manche », « **Di**mitri », etc. La même chose a été faite avec les mots « gâteau », « manteau », « râteau », etc. L'enseignant propose enfin de lire le mot « marteau » (qui est formé avec la première syllabe de mardi et la deuxième de gâteau)...

---

26. Voir notamment Ouzoulias, 2001.

27. Le principe syllabique pourrait se formuler ainsi : a) dans les mots écrits, sont représentées les syllabes orales ; b) en général, une syllabe est représentée par un « paquet » de deux, trois ou quatre lettres. Ainsi, dans un mot tel que « caramel », il y a trois syllabes à l'oral et, dans ce mot écrit, on doit retrouver les « paquets » de lettres correspondants : ca-ra-mel.

28. Par exemple, il est capable de distinguer, à l'oral, les deux termes d'une paire minimale comme bêche et biche, boule et poule, toit et doigt, vase et vache, etc.

Une autre conclusion paraît évidente : si l'équipe d'école envisage l'organisation d'un Maclé pour des enfants de GS en fin d'année scolaire, il y aura au moins un groupe de besoin pour lequel on visera prioritairement la compréhension du principe syllabique. Pour un tel groupe, outre la production de textes, un éventail d'activités permet de travailler de façon systématique la segmentation syllabique. Nous renvoyons à la deuxième partie où sont décrites certaines de ces activités (sur des mots et sur des prénoms, notamment).

Cela ne signifie pourtant pas qu'on doive s'abstenir de tout travail sur les caractéristiques phonologiques des mots. Si l'on s'intéresse à des unités naturelles comme la syllabe ou la rime, on aide effectivement les élèves à saisir des régularités qu'ils devront mobiliser pour comprendre les CGP. Voici des tâches qu'il est possible de proposer aux enfants de GS et de début du CP.

1. *Le Jeu du Prince et de la Sorcière* : il faut supprimer la dernière syllabe orale d'un mot (le maître dit « camion », l'élève dit « ca »), supprimer la première (l'élève dit « mion »), supprimer la syllabe intermédiaire d'un mot trisyllabique (le maître dit « éléphant », l'élève dit « éphant »). On peut mettre en scène la tâche ainsi : le prince dit « tortue », la sorcière dit « tor » ; le prince dit « tableau », la sorcière dit « ta » ; le prince dit « moulin », que dit la sorcière ? Précisons qu'il s'agit, ici encore, des syllabes orales et non des syllabes orthographiques.

2. *Le jeu du Verlan* : inverser l'ordre des syllabes dans un mot bi-syllabique. On peut le mettre en scène ainsi : il y a un pays imaginaire qui s'appelle le Verlan, où les gens parlent comme nous, mais en disant les syllabes « à l'envers ». Par exemple pour « gâteau », ils disent « teau-gâ », pour « fauteuil », ils disent « teuil-fau », etc. Comment disent-ils « voiture », « chaussette », etc. ?

3. *« Ça rime, ça rime pas »* : un seul item ne possède pas une rime cible, proposée à l'aide d'une série. Par exemple, il faut repérer l'intrus dans la série orale « mouche, douche, louche, feuille, couche, bouche ». Mais on ne demande pas aux enfants de prononcer la rime commune (« ouche »), ce qui ramènerait à une tâche de suppression de phonème consonantique.

4. *« L'entends-tu ? »* : ce jeu peut être animé comme « Pigeon vole ». On donne

à l'enfant des mots monosyllabiques ou des syllabes sans signification et il doit dire si on entend ou non une voyelle cible ([i], [a], [u], [ã], [e], etc.). Par exemple, on lui demande si on entend [o] dans «cadeau..., râteau..., tapis..., saucisse..., etc.». Pour construire la série, on évitera de choisir des mots comportant des voyelles proches de [o] comme [õ], [u], [ã]... De nombreux enfants affirment en effet qu'il y a [o] dans «gar**ç**on», «caill**ou**», «mam**an**»...

5. *Le jeu des faux jumeaux*: on donne à l'enfant des paires de mots qui ne se distinguent que par un phonème consonantique (comme «plante» et «planche», «poule» et «boule»), où qu'il se situe, et on lui présente les images correspondantes. On lui demande par exemple de montrer l'image de la plante et celle de la boule. Cette tâche permet de mesurer la sensibilité implicite de l'enfant aux variations phonémiques et de l'aider à prendre conscience de cette dimension phonologique du langage.

6. *Bavazaka*: On connaît la chanson «Buvons un coup, ma serpette est perdue, mais le manche...». Dans une version traditionnelle, on la redit «au pays des A»: «Bavazakamasarpataparda...», puis «au pays des I»: «Bivizikimisirpitipirdi...», puis «au pays des OU», etc. Ces transformations reviennent à conserver la structure consonantique et à réduire toutes les voyelles à une seule. L'invariant étant la structure consonantique, cela aide les élèves à saisir ces unités.

Mais il faut être conscient que la source principale du progrès, y compris pour les unités les plus accessibles (syllabes et rimes), est dans l'expérience que l'enfant construit en mettant en relation ces analyses de la chaîne sonore des mots avec celles de leur écriture.

Quatrième obstacle : concilier décodage et lecture orthographique

Pour lire de façon directe les mots les plus courants et pour disposer d'un embryon de dictionnaire mental capable de se développer de façon autonome dans la suite de sa scolarité, selon nous, les élèves doivent avoir mémorisé entre 750 et 1500 mots dans leur mémoire orthographique à la fin du cycle 2. Mais, comme on l'a déjà dit, ils ne peuvent pas mémoriser autant de mots s'ils n'ont pas aussi développé des connaissances sur la graphophonologie. Décodage et lecture orthographique sont liés de façon réciproque[29].

1°) Avec un lexique orthographique étendu, le sujet peut repérer de plus en plus d'analogies orthographiques et de dérivations morphologiques sur des mots nouveaux et cela l'aide aussi à les mémoriser. La voie directe enrichit et consolide la voie indirecte.

2°) Avec de bonnes connaissances en graphophonologie, la mémorisation des nouveaux mots est facilitée parce que leur écriture n'apparaît plus arbitraire mais reliée aussi à la façon dont ils se prononcent. La voie indirecte facilite la mise en place et les premiers développements de la voie directe.

Toutefois, à l'entrée au cycle 3, de nombreux élèves en difficulté spécifique en lecture sont capables de décoder des mots d'orthographe simple et régulière mais butent sur les mots contenant des graphèmes complexes ou rares et sur des mots d'orthographe irrégulière qu'ils ont déjà rencontrés plusieurs fois («femme», par exemple, est prononcé [fem] ou [fœm]). Ces élèves sous-estiment le rôle de l'orthographe en lecture; ils ont compris que l'important est le décodage et ils décodent généralement en se raccrochant à une seule tactique: «faire les sons» lettre après lettre. Le plus souvent, cette difficulté résulte d'une pédagogie de la lecture centrée presque exclusivement sur l'usage des CGP et sur une progression qui va du simple au complexe: d'abord «pa», «pi», «po», «pu», puis «pan», «pou», «pin», «poi»... puis «pain», «pein», «poin», «pion», « paon»... Le risque, alors, est que l'enfant lise [po] à chaque fois qu'il voit «po», que ce soit dans «poli», dans «poil», dans «point», etc.

Il y a plusieurs moyens de concilier décodage et orthographe et de faire en sorte que l'un épaule l'autre. Un premier moyen est encore l'écriture fréquente, abondante et régulière de courts textes dans des situations et avec

---

29. *Cf.* Rieben, Fayol et Perfetti, dir., 1997; Ouzoulias, 1997; Ouzoulias, Fischer et Brissiaud, 2000.

des techniques où les élèves n'ont pas à inventer l'orthographe des mots (ces situations et techniques sont évoquées dans la deuxième partie). On ne les laisse pas s'engager dans l'encodage, ce qui les aide à mettre en relation orthographe et graphophonologie.

Un second moyen est d'exercer les élèves à la lecture orthographique et de les intéresser à cette dimension de la langue écrite (découverte de la morphologie et de l'étymologie).

Un troisième moyen est d'exercer également l'usage des syllabogrammes et des analogies orthographiques, tant pour décoder que pour mémoriser des séries analogiques (paille, taille, maille, caille...).

Cinquième obstacle : les textes ne révèlent pas la mise en forme syntaxique

Nous avons déjà indiqué plus haut que l'apparence du texte ne met aucunement en évidence la segmentation par groupes de mots mais marque la segmentation en mots. Cela ne correspond pas au traitement de l'oral (les locuteurs ne ménagent pas de silence entre les mots et s'il leur arrive de le faire, c'est entre des groupes de mots). De ce fait, des élèves peuvent avoir une difficulté spécifique dans le traitement syntaxique des énoncés écrits (il arrive aussi que cette difficulté se cumule avec d'autres). Ils ne tiennent aucun compte de la ponctuation ; en lecture à haute voix, ils ont tendance à dire le texte mot à mot sans faire les liaisons qui sont caractéristiques de l'organisation de l'oral en groupes de mots, etc. ; surtout, le rendement de leurs lectures est médiocre (en lecture dite « silencieuse »).

Dans la deuxième partie, nous décrivons un ensemble d'activités qui visent à favoriser cet apprentissage.

3 Comment penser l'évaluation diagnostique?

À partir de ce paysage théorique, il est plus facile de concevoir, au moins dans leurs principes, des évaluations diagnostiques aux différents niveaux de la scolarité et d'en interpréter les résultats, notamment pour les élèves les plus en difficulté en lecture-écriture. En fait, les enseignants ont besoin de répondre à des questions pratiques: que faut-il évaluer, quand et comment? Dans les limites du présent ouvrage, nous ne répondrons que pour la charnière cycle 2/cycle 3 (fin de CE1/début de CE2), car il s'agit seulement de donner des indications générales et ce moment est le plus représentatif de tous: les élèves sont censés avoir achevé leurs apprentissages de base et être déjà autonomes en lecture pour des textes à leur portée.

Que faut-il évaluer?

En principe, pour un sujet donné, une évaluation diagnostique en lecture ne vise pas à connaître son niveau général en lecture. En effet, elle n'a de sens que pour mieux cerner les causes de difficultés déjà constatées par ailleurs. De même qu'en médecine, on ne fait pas faire une numération sanguine ou un dosage hormonal à des personnes en bonne santé, de même en pédagogie, on devrait réserver l'usage des évaluations diagnostiques à la recherche des informations permettant d'aider tel élève à surmonter ses difficultés dans tel domaine donné. Ces informations sont alors aussi bien celles qui permettent de déterminer les objectifs à viser dans le programme d'activités qui va suivre que celles qui permettent de déterminer une stratégie pédagogique (par exemple: sur quels acquis peut-on s'appuyer?).

Si, comme nous venons de le dire, la capacité à lire résulte de l'interaction de deux autres capacités, elles-mêmes complexes, la compréhension du langage écrit d'une part, et le traitement et la reconnaissance des unités linguistiques écrites d'autre part, cela dessine les trois grands domaines dans lesquels il faut «prendre de l'information»:

1°) la compréhension du langage écrit;

2°) le traitement, la reconnaissance et l'organisation syntaxique des mots écrits;

3°) les connaissances stratégiques que le sujet est susceptible de mettre en œuvre pour coordonner ces deux processus.

Comme, de surcroît, on pense devoir s'appuyer sur la production d'écrits pour favoriser les apprentissages dans ces deux domaines en lecture, il convient aussi de s'intéresser aux capacités du sujet dans la production de textes et dans l'exécution matérielle des lettres (le maniement de l'écriture cursive), ce qui dessine donc un quatrième domaine pour l'évaluation.

Nous allons maintenant donner quelques précisions sur ce qu'il convient, selon nous, d'évaluer dans chacun de ces quatre domaines à l'entrée au cycle 3.

Évaluer la compréhension du langage écrit

En principe, on ne devrait pas avoir à évaluer la compréhension du langage écrit en lecture, car si l'on parle d'évaluation diagnostique, c'est que l'on a déjà constaté des difficultés en lecture (c'est-à-dire dans la compréhension du langage écrit en lecture). Toutefois, l'ampleur des difficultés peut être insuffisamment appréciée et il paraît raisonnable de proposer aussi des évaluations en lecture. Mais on cherchera alors à couvrir un large champ de situations de lecture, comme saisir une consigne avec et sans contexte facilitateur, comprendre un récit de vie, comprendre un récit de fiction, retrouver et utiliser les informations dans un documentaire, utiliser un écrit du quotidien. Cela permettra de voir si la difficulté est générale ou n'affecte de façon privilégiée que certaines situations (par exemple, le récit de fiction et non le récit de vie; la consigne sans contexte et non celle avec contexte). Une autre variable, importante au cycle 3, est celle qui permet d'apprécier la capacité du lecteur à résoudre les problèmes les plus courants en lecture, comme le repérage des référents des pronoms et la construction de la chaîne des substituts.

De façon générale, dans l'évaluation de la compréhension, il faudrait éviter le recours à des réponses écrites. En effet, une difficulté de l'élève dans le passage à l'écrit peut le gêner pour donner des réponses qu'il saurait peut-être donner oralement. On privilégiera, dans la mesure du possible, une reformulation, qui est le format de réponse le plus fiable, s'il s'agit de récits. Mais, comme toute réponse orale, cela oblige à une passation individuelle. Un compromis entre le souhaitable et le possible peut alors être le recours à des QCM en images (une question orale, plusieurs réponses possibles en images).

C'est exactement le même format de tâche qu'il convient d'utiliser, dans l'idéal, pour évaluer la compréhension du langage écrit entendu (l'élève doit montrer qu'il a compris un texte lu à haute voix par l'adulte). Une épreuve de ce type est indispensable dans toute évaluation de la lecture, en cas de difficulté importante. Il s'agit alors de déterminer quelle est la capacité de l'élève du côté des processus d'accès au contenu sémantique des textes. Si, dans ce domaine, l'élève rencontre aussi des difficultés importantes (difficultés qui ne se manifestent pas, dans la même situation, chez la plupart des élèves scolarisés au même niveau), il est peu probable qu'il puisse comprendre les textes qu'il lit lui-même et le programme d'activités ultérieur devra notamment viser à des progrès conséquents en compréhension du langage écrit (entendu et lu).

Si, en revanche, l'élève montre une dissociation entre ses performances en lecture (il comprend mal ce qu'il lit) et ses performances en compréhension du langage écrit entendu (il comprend bien ce qu'on lui lit), on est conduit à supposer que ses difficultés sont plutôt dues, pour le moment, à un défaut d'automatisation dans les processus d'accès à la surface linguistique des textes. Il est hautement probable qu'il progressera en compréhension en lecture si on lui permet de consacrer moins de ressources mentales à ces processus. On envisagera donc éventuellement un travail de consolidation et d'automatisation de la graphophonologie (aux niveaux graphémique et supra-graphémique) et, de toute façon, on visera un développement accéléré de la reconnaissance orthographique.

Enfin, il est utile de proposer, dès que c'est possible, une tâche de lecture à haute voix sur un texte dont l'élève a déjà pris connaissance préalablement, qu'il a déjà compris et qu'on lui a demandé de préparer (il a compris ce qu'on attend de lui). Cela permet d'affiner l'analyse des difficultés : s'agit-il de problèmes « basiques » dans le décodage ou la reconnaissance orthographique, de problèmes dans la lecture par groupes de mots (l'élève a tendance à ânonner mot à mot et ne fait pas les liaisons habituelles à l'oral), d'une insuffisante prise en compte de la ponctuation, etc. ?

Évaluer le traitement et la reconnaissance des mots écrits ainsi que l'organisation syntaxique de la phrase

Toutes les connaissances impliquées dans ces processus ou leur apprentissage doivent être évaluées. À la charnière des cycles 2 et 3, on suppose qu'en général, les élèves ont compris le principe alphabétique (il se peut toutefois que quelques rares enfants n'en soient pas là) et sont capables de mettre en œuvre les CGP, au moins sur des cas très simples. Il convient alors d'évaluer la graphophonologie aux différents niveaux.

– Les CGP : graphèmes très fréquents et moins fréquents, simples (comme « café ») et plus complexes (comme « frein »).

– Les syllabogrammes (par exemple à l'aide de cartons éclairs).

– Les analogies orthographiques (par exemple, dans une lecture de pseudo-mots).

Concernant les CGP, une façon ergonomique de tester les connaissances du sujet consiste à lui proposer d'écrire des pseudo-mots qu'on lui dicte. Certes, on évalue alors les CPG (conversions phonèmes-graphèmes), mais cela donne une idée assez précise des compétences du sujet pour les CGP les plus fréquentes (on demandera toujours, pour un phonème donné, le graphème « le plus simple »). Un contexte possible pour cette tâche est le suivant : l'élève dispose d'un trombinoscope ou d'un ensemble d'images d'animaux domestiques. Sous chaque visage ou animal, il y a une zone pour écrire le nom de la personne ou de l'animal. C'est l'adulte qui choisit ces noms en fonction des connaissances graphophonologiques qu'il souhaite évaluer. Voici un exemple de cette tâche utilisée au début du CE1 (bien entendu, les pseudo-mots qui sont écrits ici le sont pour l'enseignant):

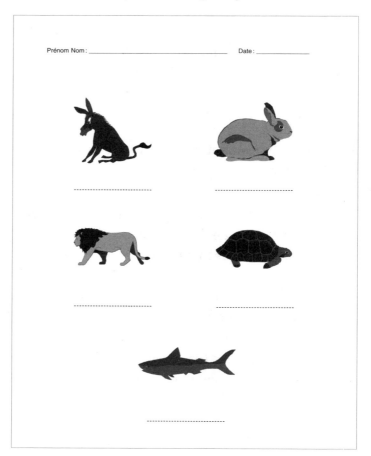

Prénom Nom : _____   Date : _____

Liste de pseudo-mots

Anibou
Coduchin
Jansine
Félipon
Tromail

L'enseignant dicte par exemple [anibu], en indiquant que c'est le nom de l'âne. L'élève écrit, «au plus simple», ce nom sous l'image de l'âne. S'il est performant dans l'analyse phonologique et dans la correspondance entre phonèmes et graphèmes, il écrit: Anibou.

Concernant les analogies orthographiques, on peut utiliser le même contexte, mais avec la tâche inverse : les noms des animaux ou des personnes sont déjà écrits et l'élève doit les phonétiser.

Évaluer le lexique orthographique

Il n'est pas très facile d'évaluer l'étendue du lexique orthographique en lecture. Une tâche classiquement utilisée dans les études des psychologues consiste à demander au sujet d'entourer le mot correctement écrit parmi plusieurs stimuli concurrents. Par exemple, il faut entourer l'un des items de chaque ligne :

jigueau	gigaut	jigot	gigot	jigo
méson	maison	mézon	meison	maizon
parent	parrant	parrent	paran	parand

Mais cette tâche est susceptible de perturber l'acquisition de l'orthographe des mots cibles chez les lecteurs les moins expérimentés (voir ce que nous disons sur la mémorisation de l'orthographe dans la deuxième partie, notamment dans le commentaire de la dictée sans erreur). D'un point de vue déontologique, cette tâche ne nous semble donc pas utilisable à l'école. Tant qu'une épreuve plus acceptable n'a pas été conçue, nous recommandons plutôt une épreuve qui permet d'évaluer l'orthographe en production et la capacité à mémoriser l'orthographe de nouveaux mots. Il s'agit d'une épreuve de dictée préparée dont on adaptera le niveau d'exigence aux possibilités de l'élève. Le texte doit contenir d'une part des mots très fréquents que l'élève entrant au CE2 devrait être capable d'écrire sans erreur, d'autre part quatre ou cinq mots plutôt rares (mais dont l'enfant connaît le sens) et dont l'orthographe est tantôt régulière tantôt irrégulière. Ce sont ces mots sur lesquels on se focalisera lors de la préparation. Il convient d'enchaîner immédiatement les deux phases de cette tâche (préparation, puis dictée proprement dite). Les élèves qui réussissent bien la dictée peuvent être considérés comme capables de mémoriser aisément l'orthographe de nou-

veaux mots. Les autres sont le plus souvent des élèves qui restent prison-
niers de la « couche » graphophonologique du pluri-système orthographique.
Enfin, il se peut que des élèves sortent du cycle 2 sans bien connaître les
lettres de l'alphabet dans les trois systèmes (majuscules et minuscules d'imprimerie et cursive). Une telle difficulté doit être soupçonnée pour des
élèves qui se trouveraient en très grande difficulté dans toutes les tâches
impliquant la reconnaissance des mots écrits et dans les tâches de mémorisation des nouveaux mots. Si nécessaire, on peut effectuer une première
vérification en se limitant à dicter des lettres. Une réussite quasi-totale
(l'élève n'hésite pas et ne se trompe pas) permet en général d'écarter l'hypothèse d'une méconnaissance de l'alphabet. Une réussite moindre doit
conduire à évaluer aussi la capacité du sujet à épeler des mots écrits en cursive et des noms propres écrits en capitales et en minuscules (l'initiale reste
en capitale).

Évaluer la capacité à grouper les mots

Cette capacité est fondamentale parce qu'elle est à l'interface entre le linguistique et le sémantique, entre la reconnaissance des mots écrits et l'élaboration des représentations sémantiques. La tâche qui permet le plus
facilement d'observer un retard dans ce domaine est la lecture à haute voix,
après une première prise de connaissance visuelle, d'un texte sémantique-
ment facile et dont les mots sont facilement reconnaissables par l'enfant. Le
fait que le texte ne doit pas contenir de mots mal connus s'explique facilement : si de nombreux mots ne lui sont pas familiers, l'enfant hésitera sur
eux dans sa lecture et on risque alors de confondre une difficulté dans les
traitements syntaxiques avec une difficulté dans l'identification des mots.

Évaluer les connaissances stratégiques

Rappelons qu'il s'agit d'apprécier dans quelle mesure l'élève coordonne les
deux grands processus : est-il capable de conjuguer hypothèses sémantiques
et traitement des marques graphiques ? Cette coordination peut fonctionner
dans deux sens :

– produire un mot à partir d'un contexte déjà connu et d'informations sur une partie de ce mot;

– vérifier si un mot, possible d'après le contexte, est cohérent avec des marques orthographiques.

Il est possible d'évaluer où en est l'élève, tout simplement, dans une tâche de lecture d'un très court texte illustré : on demande au sujet de prendre connaissance du texte, après lui avoir fait commenter l'illustration ; finalement, on lui fait dire ce texte et on le fait réagir. Mais on peut, complémentairement, utiliser des tâches plus «pointues».

La première tâche est une sorte de «test de closure indicé». Soit l'énoncé suivant :

Mon lapin aime bien les pommes et les ca   s.

L'élève qui devine que le mot en partie masqué est «carottes» a réussi à coordonner des informations sémantiques et orthographiques. La tache peut masquer tantôt le début du mot, tantôt la fin. Le mot à deviner est tantôt à la fin de la phrase comme dans l'exemple (condition la plus facile), tantôt au milieu, tantôt au début (condition la plus difficile).

Dans la deuxième tâche, le mot est entièrement masqué et le support se présente donc d'abord comme un test de closure classique :

Mon lapin aime bien qu'on lui donne des   s.

On demande d'abord à l'élève de proposer un mot plausible et on lui donne une liste de mots comme :

cartouches   crottes   cartables   caresses   cartes   camarades

Il doit dire lequel de ces mots a été caché dans la phrase (le montrer ou le souligner et le dénommer). Or, tous ces mots ont en commun une partie avec le mot le plus probable (carottes), mais un seul (qui n'est pas le plus probable) est plausible (caresses). L'élève qui réussit est donc capable de modifier une hypothèse de sens à partir des marques orthographiques qui lui sont accessibles.

Avec la liste suivante, la tâche de l'élève est la même que ci-dessus, mais il doit ici éliminer un mot piège (crotte) qui est à la fois un compagnon sémantique (tous ces mots sont susceptibles de s'insérer dans des phrases sur des lapins), et un voisin orthographique du mot le plus probable (une seule lettre de différence). Là encore, un seul mot est plausible (radis) :

manger   oreilles   crottes   radis   gentil   poils

En principe, cette capacité à coordonner les deux types d'information est acquise à l'issue du cycle 2. Mais il y a des élèves qui sont constamment tentés de deviner sans contrôle et d'autres qui se sont enfermés dans un décodage sans signification. Ces trois sortes de tâches permettent de voir si la difficulté se situe à ce niveau-là.

Même au début du cycle 3, il peut être encore utile de s'intéresser aux représentations que l'élève s'est forgées des fonctions de la lecture (que peut-on faire quand on sait bien lire ?) et de son apprentissage (que faut-il faire pour savoir bien lire ?). En effet, quand ces représentations sont assez claires, cela aide l'élève à contrôler son activité et à en évaluer les produits.

Pour un très grand nombre d'élèves qui n'ont plus trop de difficultés sur le plan de la reconnaissance des mots (et ont donc moins besoin d'exercer un contrôle sémantique sur ce processus), on remarquera cependant qu'ils n'ont pas acquis les comportements stratégiques du lecteur habile (par exemple, relire le texte lorsqu'il pose problème). Au CE2, il est indispensable de vérifier où en sont les élèves sur ce plan, mais cela peut se faire aisément à travers l'observation continue.

Évaluer la capacité à écrire des textes

Rappelons qu'il s'agit de vérifier si l'élève dispose des savoir-faire de base pour écrire des textes courts, car, selon nous, une stratégie presque toujours « gagnante » consiste à faire écrire les élèves pour les aider à surmonter leurs difficultés en lecture. L'évaluation porte sur deux sortes de savoir-faire : la production d'un texte et l'exécution matérielle des lettres en cursive. Concernant la production d'un texte, on évalue la capacité de l'enfant à produire un récit de vie à la troisième personne. On est alors attentif tout d'abord à la structure narrative, telle qu'elle pourrait être produite à l'oral (ou l'a préalablement été) :

– y a-t-il un personnage principal ?

– le(s) lieu(x) et le moment sont-ils précisés ?

– y a-t-il un début, un ou des événements marquants et une fin ?

– le point de vue est-il constant (troisième personne par exemple) ?

On analysera aussi des aspects linguistiques cruciaux dans la production écrite :

– les phrases successives sont-elles enchaînées chronologiquement ou logiquement ?

– les phrases sont-elles grammaticales (sont-elles possibles au moins dans une langue relâchée) ?

– les personnages ou les objets sont-ils désignés sans trop d'ambiguïté lorsqu'ils le sont par un pronom ?

On s'intéressera enfin à la qualité des représentations orthographiques :

– l'élève écrit-il correctement les mots fréquents ?

– a-t-il au contraire tendance à encoder la plupart des mots ?

– a-t-il déjà l'attitude de doute orthographique ?

Pour rendre la tâche plus facile, on peut partir d'images séquentielles. La mise en ordre de ces images, s'il s'agit d'un scénario accessible ou familier, est une bonne façon de vérifier la capacité à imaginer une histoire. Pour des élèves qui seraient en très grande difficulté dans les situations d'écriture, on peut aller jusqu'à reprendre le procédé de la dictée à l'adulte. Cela permet quand même d'apprécier la structure narrative et la mise en mots du texte. Quant à l'évaluation de la capacité à « manuscrire », elle peut être une des dimensions de l'analyse de la production de l'élève. Mais on peut vouloir en faire une épreuve isolée. Dans ce cas, le meilleur moyen est encore la copie en cursive d'une phrase dont le modèle est imprimé (ou écrit en script par l'enseignant). On sera attentif au respect du modèle, à la lisibilité des lettres, à la facilité d'exécution de celles-ci et à leur enchaînement. On en profitera pour observer si l'élève copie le texte lettre après lettre, groupe de lettres après groupe de lettres (quels groupements opère-t-il ?) ou mot après mot.

Comment et quand évaluer ?

Les épreuves qui viennent d'être décrites obligent le plus souvent l'enseignant à organiser des passations individuelles. Si, dans la classe, il y a un très grand nombre d'élèves en grande difficulté, un tel procédé est évidemment trop lourd et il ne peut être utilisé que pour les élèves dont les compétences paraissent les plus éloignées de ce qui est attendu au regard des programmes en vigueur (*cf.* les « compétences exigibles en fin de cycle 2 »). Pour les autres élèves, on adoptera une tactique souple qui peut être la suivante.

a) On commence par analyser leurs résultats aux évaluations nationales en utilisant la grille qui vient d'être présentée : on s'efforce de regrouper le maximum d'items dans chacun des quatre domaines et, dans chaque domaine, on recherche les items qui permettent d'approcher au mieux chaque compétence.

b) On utilise au besoin deux ou trois épreuves supplémentaires faciles à mettre en œuvre collectivement pour compléter les items de l'évaluation nationale.

c) Pour certains élèves dont les réponses ou productions paraissent difficiles à interpréter, on peut aussi organiser des moments d'entretien sur la tâche qui pose problème : dis-moi, que fallait-il faire, d'après toi ? Comment as-tu fait ? Penses-tu que tu as réussi ou non ? Qu'est-ce qui te le fait dire ?

d) On observe, en situation de classe et en continu, les élèves pour lesquels on souhaiterait approfondir encore l'information ; cela suppose de formuler des questions précises auxquelles on peut répondre précisément par ces observations.

Quant à l'évaluation des élèves les plus en difficulté, si l'enseignant considère qu'avec cette tactique, il ne dispose pas d'une information suffisante, la programmation d'épreuves complémentaires et l'organisation de leur passation peut être réalisée en commun avec le Rased. Du reste, très souvent, certains de ces élèves sont déjà aidés par un maître du Rased et il est alors bien plus facile de réunir les éléments d'information qui permettent d'établir, sans «surévaluer», un diagnostic vraisemblable.

Nous voudrions conclure sur la richesse des observations que rend possible l'activité de l'élève en classe, dans les tâches habituelles. Celles-ci donnent en effet au maître toutes sortes d'occasions de mieux comprendre le cheminement de l'enfant, de repérer ses points forts et ses centres d'intérêt, de cerner aussi les domaines dans lesquels il pourrait rapidement progresser, ceux dans lesquels il lui faudrait impérativement avancer mais où le progrès paraît devoir résulter d'un travail à plus long terme. En pratiquant ainsi une évaluation continue, l'enseignant dispose d'un portrait de l'enfant vraiment vivant et vraiment opérant pour déterminer ses besoins. Mais là encore, une telle évaluation continue n'est envisageable que si elle est guidée et les observations interprétées à partir d'un cadre théorique pertinent.

4 Une pédagogie « ternaire »

Dans le début de cette partie, nous avons distingué deux grands processus qui, dans la lecture habile, se déroulent simultanément, parallèlement et en interaction : d'une part les processus d'élaboration du contenu sémantique des textes, d'autre part les processus d'identification et de mise en forme syntaxique des mots écrits (accès à la surface linguistique des textes). Une pédagogie efficace de la lecture doit donc prendre en charge le développement des habiletés des élèves dans chacun de ces deux domaines. Mais elle doit aussi chercher à favoriser leur interaction, ce qui conduit à cerner un troisième champ et à concevoir une « pédagogie ternaire ».

Cette conception a des conséquences pratiques. Ainsi, dans les premiers temps de l'apprentissage, tant que les élèves ne sont pas assez habiles dans la reconnaissance des mots écrits, il faut distinguer les objectifs qui concernent « le sémantique » et ceux qui concernent « le linguistique ». En effet, si dans un texte que l'enseignant donne aux élèves débutants en lecture au CP, tous les problèmes sont cumulés (le texte est difficile à comprendre et comporte beaucoup de mots que les élèves ne peuvent pas reconnaître facilement), il risque fort de mettre bon nombre d'enfants en difficulté. Du coup, il convient de spécifier les objectifs, les supports et les tâches.

• *L'enseignant veut travailler spécifiquement les compétences mobilisées dans la construction du sens.* Il choisit de lire lui-même certains textes, parce qu'ils posent des problèmes sémantiques.

Quand le texte est compris par tous les enfants, après une ou plusieurs lectures à voix haute par l'adulte et après la ou les discussions qu'il a animées, il n'y a rien de gênant à inciter les élèves à en relire un passage significatif, mais facile à comprendre, pour travailler alors plutôt sur les processus d'identification des mots écrits. On peut aussi construire un texte qui résume l'histoire ou l'explication et qui servira de support de lecture individuelle parce qu'il ne contiendra que des formulations faciles à comprendre (elles devraient l'être forcément, puisqu'elles sont produites par les élèves eux-mêmes).

• *L'enseignant veut travailler spécifiquement les compétences mobilisées dans la reconnaissance des mots écrits.* S'il s'agit de le faire en lisant des textes, il propose des textes courts et faciles à comprendre. Il est évident qu'en travaillant ces compétences sur des textes d'enfants, il met les élèves dans les meilleures conditions pour progresser : la syntaxe et les mots employés sont les leurs, le sens ne fait guère problème et ils peuvent se concentrer alors pleinement sur le seul système orthographique.

C'est bien l'esprit des recommandations des programmes pour le cycle 2 :

«... Tant que l'élève ne dispose pas d'une capacité d'identification des mots suffisante, l'entraînement de la compréhension doit se faire dans deux directions : oralement pour les textes longs et complexes, en particulier sur des textes de littérature adaptés à l'âge des enfants, sur l'écrit pour des textes plus courts et ne se référant pas à des connaissances ou à des expériences ignorées des élèves. [...] Le plus souvent, les textes littéraires sont rencontrés par la médiation des lectures à haute voix de l'enseignant. »

Un élève bon lecteur au début du cycle 3 est un élève qui a construit des savoir-faire suffisants dans ces deux compartiments du jeu : compréhension du langage écrit et reconnaissance des unités linguistiques écrites. Mais « suffisants » veut alors dire qu'il dispose ainsi des « mécanismes d'auto-perfectionnement » qui lui permettront de continuer à progresser dans ces deux domaines, par le simple exercice de la lecture et de l'écriture, à l'école et à la maison.

Travailler explicitement les compétences stratégiques

Toutefois, pour cela, il doit aussi pouvoir faire interagir constamment les deux sortes de processus. On aborde là le troisième champ de compétences qu'il est indispensable de travailler explicitement avec les élèves, ce que nous avons appelé les compétences stratégiques.

Nous l'avons déjà indiqué, nous incluons dans ce domaine des compétences stratégiques celles qui relèvent des apprentissages de base de la lecture et, en particulier, la capacité à coordonner indices graphophonologiques ou orthographiques d'une part et cohérence avec le contexte sémantique d'autre part. Sur ce dernier plan, selon nous, on peut engendrer d'importants progrès en donnant une plus grande place à la production de textes dès le début du cycle 2: nous croyons que l'écriture de textes conduit l'enfant à gérer ces problèmes cruciaux dans les apprentissages de base de la lecture et qu'elle l'aide à surmonter de nombreux autres obstacles dans ce parcours difficile. *Pour travailler l'interaction entre compréhension des textes et reconnaissance des mots, entre sémantique et linguistique, il n'y a pas de meilleur moyen que de faire écrire des textes.*

L'intérêt pédagogique des situations d'écriture dans l'apprentissage de la lecture[30]

En écrivant souvent, l'enfant acquiert, avant même de savoir lire, toutes sortes de connaissances utiles à l'apprentissage de la lecture.

1. *L'écriture de textes éclaire l'acte de lecture.* En effet, le fait d'écrire un texte installe l'enfant au départ de la boucle de communication, en position d'émetteur: il veut dire quelque chose, il doit trouver comment le dire (ce qu'on appelle la mise en mots) et, de là, il doit encore consigner ce dire par écrit. Cela éclaire la position de récepteur et le chemin que celui-ci doit parcourir,

---

30. Certains passages du texte qui suit cet intertitre sont repris d'un article de l'auteur paru en septembre 2004. Nous remercions les éditeurs d'avoir autorisé cette reprise partielle.

dans l'autre sens : à partir de l'écrit, reconstituer le dire de l'auteur et, de là, se représenter son « vouloir dire ».

Quand il produit son texte, l'élève doit rester attentif à la fois au sens (ce qu'il veut dire), au langage (comment il va le dire) et à la langue (comment « ça s'écrit »). En lecture, seul importe le sens du texte (ce que celui-ci veut dire) et l'on peut négliger comment « c'est dit » et comment « ça s'écrit ». On peut aussi se laisser aveugler par le local (l'illustration, le mot, la syllabe, le graphème, la tache d'encre...) et oublier le global (le sens du texte).

C'est ainsi également que, lorsqu'il dit son texte à haute voix, l'enfant ne peut pas l'ânonner, car il sait ce qu'il a écrit. Et, ce faisant, il se construit le schème de la lecture orale, c'est-à-dire d'une lecture qui ressuscite l'oralité vive, en groupant les mots en clauses. Alors, par-delà la segmentation du texte en mots, des mots en syllabes et des syllabes en lettres, par-delà le langage même, c'est la représentation mentale qui renaît à chaque nouvelle diction.

Quand l'enfant écrit un texte, il doit constamment naviguer entre les microstructures et la macrostructure, les plus petites unités (mots et lettres) et le sens global, en passant par les mésostructures (groupes de mots et phrases). Camille veut écrire : « Hier, je suis allé me promener avec papa et maman au bord du lac. On a vu des canards et je leur ai jeté des bouts de pain. » Il est en train d'écrire « promener » et a déjà écrit **promen** ; il doit gérer l'écriture de la fin de ce mot (microstructure) ; dans un instant, il devra se demander où il en est dans son texte (macrostructure) et déterminer l'étape suivante : « avec papa et maman » (mésostructure) avant d'entamer l'écriture de « avec » par un « a » (microstructures).

Pour bien lire, c'est précisément ce qu'il faut faire : une syllabe étant décodée (le « che » de « cheval », par exemple), il faut encore trouver la syllabe suivante (« val »), puis écouter l'ensemble « che-val » pour y reconnaître le mot connu à l'oral et, de là, l'agglomérer au groupe des mots qui forment une unité de sens (« un grand cheval blanc », par exemple), et, de là encore, il faut revenir à la phrase et au texte déjà lu qu'il faut récapituler..., tout en se projetant déjà dans le mot suivant et, s'il n'est pas immédiatement reconnu, dans sa première syllabe...

2. *La production de textes favorise la compréhension du fait que l'écriture note le langage et l'accès à la notion concomitante de mot.* Un enfant veut écrire qu'il a «un petit chat noir et blanc»; alors que cet animal apparaît dans son esprit comme une seule entité sémantique, il est conduit, par les nécessités de l'écriture, à constater que c'est six mots.

3. *L'écriture aide l'enfant à découvrir la graphophonologie et à apercevoir de premières régularités.* Pour écrire, il faut commencer à gauche avec les premières lettres du premier mot et poursuivre ainsi vers la droite (du moins, en français). Cela constitue le sens premier des expressions «le début du mot» et «la fin du mot». En lecture, les mots sont d'abord perçus sur le modèle des images, c'est-à-dire comme des unités perceptives non orientées. Quel motif aurait-on de considérer que l'image d'une chaise, d'une table, de la lune ou d'une maison a «un début» ou «une fin»? C'est la main du jeune écriveur qui structure le regard du jeune lecteur: le mot «maman», c'est toutes les lettres de «maman», mais c'est aussi l'ordre dans lequel elles se succèdent, de M à N.

L'écriture oblige à inscrire sur la page les lettres les unes après les autres. Elle conduit ainsi naturellement à l'épellation, c'est-à-dire à un traitement analytique du mot qui dépasse la perception globale et qui permettra par exemple de considérer comme identiques ces deux stimuli pourtant si différents sur le plan visuel: «train» et «TRAIN», parce qu'ils comportent les mêmes lettres, dans le même ordre.

Du même coup, elle offre les premières expériences de segmentation des mots et met en relief les premières analogies. Charlotte écrit «chaton» qu'elle copie au tableau. Elle en est à «cha» qui lui fait irrésistiblement penser aux trois lettres «Cha» de «Charlotte»... Il lui a fallu écrire «chaton» pour isoler ce «cha» et le voir dans «chaton», car la seule perception du tout «chaton» en lecture ne lui avait pas permis de le remarquer. Ce «cha», désormais, elle le verra aussi dans «chapeau», «chameau», «cachalot»... Il lui reste à apprendre qu'à chaque fois, ou presque, qu'elle voit «cha», ces trois lettres représentent la syllabe [ʃa]. Mais elle est sur la voie.

4. *L'écriture fréquente de textes va aider l'élève à mémoriser* « avec », « au », « dans », « et », « la », « qui », « un », etc., ces mots hyperfréquents, mais dépourvus de charge sémantique, qui constituent pourtant la plus grande partie des mots de tous les textes (voir l'annexe 4 où sont recensés les soixante-dix mots qui constituent 50 % de tous les mots de n'importe quel texte français). En lecture, ils ne suscitent aucun intérêt, en tout cas moins que « maman », « chaton », « loup », « chocolat », « Noël », « tortue »... En écrivant des textes, l'élève multiplie les occasions de les écrire. Ils seront mémorisés avant même l'accès au décodage, par un apprentissage implicite.

5. À certaines conditions pédagogiques, *l'écriture de textes aide l'enfant à concilier voie directe et voie indirecte.* Si on met à la disposition des élèves des moyens de retrouver aisément l'écriture des mots, en écrivant ses textes, l'enfant gère ses connaissances orthographiques : il est conduit à distinguer les mots qu'il sait écrire avec certitude (il n'a pas besoin des supports références), ceux pour lesquels il a encore un doute et ceux qui sont totalement nouveaux pour lui (il peut les retrouver dans les supports références ou les demander à l'enseignant).

De plus, dès qu'il sait décoder, pour un mot donné, dans le cas où il s'aide de supports références comme dans celui où ce mot lui est donné par l'enseignant, il est naturellement amené à mettre en relation son orthographe et sa phonologie. En effet, pour copier un mot, il faut le produire – et donc l'analyser – lettre à lettre (nous avons dit plus haut que l'écriture conduit naturellement à l'épellation). Il est assez normal alors de chercher à mettre en relation ces lettres et les syllabes successives, ne serait-ce qu'en raison du fait qu'ainsi, on peut copier les lettres « paquet par paquet » plutôt qu'une à une (il revient à l'enseignant d'encourager ce comportement). Soit, par exemple, le mot « dromadaire » dont il a demandé l'orthographe à l'enseignant et que celui-ci a écrit au tableau. Pour le copier, l'enfant le découpe en syllabogrammes : dro-ma-daire et il n'est pas surpris que [dro] s'écrive « dro », ni que [ma] s'écrive « ma » ; en revanche le dernier syllabogramme « daire » pour [der] n'était pas prévisible, mais reste conforme aux régularités graphophonologiques (comme dans «maire», «faire», «taire», «polaire», etc.).

Pour les mots d'orthographe régulière, cela consolide la mémoire des relations graphophonologiques et, en même temps, cela aide à la mémorisation de ces mots. Pour les mots irréguliers, l'enfant est conduit à constater qu'ils font exception à ces régularités et, pour lui, cela fait événement. Cet événement l'aide alors à mémoriser l'orthographe du mot atypique : dans «écho», par exemple, le phonème [k] s'écrit avec «CH» qui, d'habitude, se prononce [ʃ] !

Bien sûr, se pose la question du comment : comment faire écrire des enfants non-lecteurs ou grands débutants et comment les faire écrire régulièrement et abondamment ? Nous renvoyons le lecteur aux techniques évoquées dans la deuxième partie du présent ouvrage et aux textes cités sur ce sujet.

6. L'écriture favorise les apprentissages en lecture parce qu'elle favorise la mémorisation des connaissances. Quand l'enfant écrit SON texte, *tous les problèmes qu'il a dû résoudre, toutes les solutions qu'il a trouvées et toutes les découvertes qu'il a faites laissent dans sa mémoire une trace durable*, car c'était SON projet et c'est devenu SON texte.

En résumé, pour les enfants qui ont trop peu d'occasion de partager des lectures dans leur milieu familial, *l'écriture fréquente de textes à l'école leur permet de se doter, de façon accélérée, d'une expérience de l'écrit* qui les aide à surmonter les obstacles principaux dans les apprentissages de base tout au long du cycle 2.

5 Distinguer groupes de niveau et groupes de besoin

Dans la première partie, nous avons donné quelques indications sur cette distinction dans la pédagogie de la lecture et nous avons souligné son importance pour concevoir les aides les plus appropriées aux élèves en difficulté. Nous voudrions ici aborder cette distinction d'un point de vue plus général. Nous espérons ainsi faciliter, pour les enseignants, la conception de dispositifs de différenciation efficaces, tant sous la forme un peu exceptionnelle des Maclé qu'au sein du fonctionnement plus ordinaire de la classe.

Depuis que la problématique de la différenciation est apparue dans le champ des débats sur la réussite scolaire (années 1980), régulièrement, il a fallu rappeler que l'expérience plaide contre l'introduction de groupes de niveaux permanents dans la classe. De très nombreuses études ont en effet permis de révéler que, contrairement à l'intuition, cette stratégie aboutit à amplifier les différences, sans améliorer significativement les performances des élèves les plus faibles. Quand les classes sont «hétérogènes», ces élèves progressent généralement bien plus que s'ils sont regroupés dans une même classe sur la base de leur faible niveau. Il arrive même assez souvent qu'on observe une relative «baisse du niveau» pour les élèves les plus faibles dans des dispositifs organisés autour de groupes de niveaux permanents.

Ces phénomènes paradoxaux peuvent, bien sûr, être interprétés comme une illustration de l'effet Pygmalion (Rosenthal et Jacobson, 1972): le regard de l'enseignant sur l'élève dessine non seulement les potentialités de progrès que le maître attend, il détermine aussi des attentes réelles dans les tâches effectives.

Mais ces phénomènes paradoxaux se comprennent plus aisément si l'on tient compte des différences qui caractérisent alors les tâches des divers groupes de niveau: aux «forts», que l'enseignant considère comme autonomes, il a tendance à proposer des tâches complexes, intellectuellement exigeantes et stimulantes ; aux « faibles », il a tendance à proposer des tâches plus courtes, plus découpées, souvent très simplifiées et peu exigeantes parce qu'il veut que ces élèves réussissent quelque chose (l'enfer est pavé de bonnes intentions). À terme, il est pratiquement sûr que les forts progresseront dans tous les domaines couverts par les tâches proposées, mais il est possible que les élèves les plus faibles soient ainsi leurrés : ils sont susceptibles de construire des savoir-faire dont la validité est limitée au seul environnement ainsi artificiellement épuré, mais inopérants en situation réelle. Pour reprendre une comparaison un peu éculée, aux forts, on propose par exemple de plonger et nager dans le grand bain sans bouée ; aux faibles, on fait faire des mouvements de brasse à plat ventre sur un tabouret posé sur le rebord de la piscine. En lecture, par exemple, les forts auront à lire un texte et à réagir aux choix du personnage principal ; les faibles n'auront qu'un extrait de ce texte et devront entourer toutes les occurrences d'un même mot. En tout cas, les faibles s'habituent ainsi à fonctionner à petit régime, alors qu'il leur faudrait au contraire « passer la vitesse supérieure ».

C'est bien ce que montre aussi la comparaison des systèmes éducatifs : dans ceux qui ont organisé des filières (en quelque sorte des groupes de niveaux institutionnalisés), les élèves les plus faibles obtiennent finalement des performances globales moindres que les élèves les plus faibles des systèmes où l'on maintient plus longtemps le regroupement sur le critère de l'âge. Certains chercheurs ont même pu montrer qu'un environnement scolaire « brassé » est plus favorable au développement des connaissances pour les élèves les plus forts ! Cet autre paradoxe s'explique par le degré différent d'investissement pédagogique des maîtres dans des classes où les élèves sont considérés comme forts et dans les classes dont les élèves ont des niveaux plus divers.

Avec les groupes de niveau permanents, alors qu'au départ, il n'y avait que des différences de degré entre les connaissances des élèves, on se retrouve, à l'arrivée, avec *une véritable hétérogénéité, c'est-à-dire l'impossibilité pour le maître de communiquer avec l'ensemble du groupe de la même manière, en utilisant le même langage et en proposant les mêmes tâches.* Cette différenciation par les

niveaux a si bien marché qu'elle a transformé des différences en hétérogénéité !
La cible du maître était la réduction des différences, mais il s'est tiré une balle
dans le pied, il les a augmentées. Il y a pis : c'est que, maintenant, les groupes
de niveau lui paraissent encore plus indispensables.

Dans le débat sur les modalités de la différenciation pédagogique, ce qu'on
appelle « hétérogénéité » décrit en fait, très souvent, de simples différences. Or,
celles-ci sont normales et inévitables et même, en un sens, souhaitables.
Normales et inévitables : on ne peut jamais éliminer les différences dans la réussite à une même tâche, lorsque celle-ci vise un apprentissage ; même dans des
prépas HEC, il y a des élèves qui réussissent mieux que d'autres. Souhaitables
en un sens : ces différences peuvent plus sûrement installer le maître dans une
attitude d'observation, d'attention à tous, dans une vigilance pour les plus fragiles et l'amènent constamment à négocier ses choix entre le souhaitable et le
faisable ; au sein du groupe d'élèves, les différentes entrées dans l'apprentissage
ouvrent à une variété dans les approches d'une même notion ou d'un même
savoir-faire et aident chacun à dessiner son propre chemin.

La différence est donc inévitable, car elle est déjà là avant l'enseignement. Pour
ainsi dire, elle est donnée. Ce n'est pas le cas de *l'hétérogénéité*. Quand elle
existe, *elle est le résultat d'une construction sociale progressive, d'un rapport
entre des différences initiales et une pédagogie inadaptée aux besoins des élèves
les plus faibles*. En fin de GS, par exemple, il y a d'importantes différences dans
la conceptualisation de l'écriture, mais elles n'empêchent pas l'enseignant de
travailler efficacement avec tous ses élèves, elles ne constituent pas une classe
hétérogène. Imaginons qu'au CP, l'enseignant fasse comme si le principe pho-
nographique et les CGP vont de soi. Son enseignement profite alors effectivement aux élèves qui ont compris le principe syllabique. Mais il entre dans un
dialogue de sourds avec les autres élèves qui se demandent ce qu'on leur veut
quand on les incite à retrouver les deux syllabes de « papa ». Est-ce étonnant
qu'à la fin de l'année, la classe de CP soit devenue hétérogène ? Est-ce étonnant
si certains savent lire, tandis que d'autres sont perdus ?

Si la stratégie des groupes de niveau permanents conduit presque toujours à
produire de l'hétérogénéité, comment s'y prendre autrement ?

Première réponse : éviter les enseignements prématurés

Une première réponse est la suivante : l'enseignant doit se garder d'enseigner trop précocement des procédures « expertes », qui ne sont assimilables que par une partie de ses élèves. C'est ainsi qu'au CP, dans la situation initiale que nous avons décrite, il ne commence l'enseignement des CGP qu'en s'étant donné préalablement la garantie que tous ses élèves ont acquis le principe syllabique. Pour cela, il a mis en place un apprentissage du décodage à des niveaux supra-graphémiques (analogies orthographiques et syllabogrammes notamment), c'est-à-dire à des niveaux conceptuellement accessibles à tous ses élèves.

Deuxième réponse : différencier par les procédures et non par les tâches

Une deuxième réponse est à chercher du côté de tâches et d'outils qui permettent à tous les élèves de viser le même but et d'effectuer le même travail, mais avec des procédures différentes. Par exemple, dans la « dictée sans erreur », les élèves peuvent écrire les mots de la dictée en utilisant trois tactiques : soit ils les connaissent de mémoire, soit ils les apprennent lors de la préparation, soit ils les copient au dos de leur feuille. De même, dans la production d'écrits, les procédés que nous recommandons permettent aux élèves, qui ont des niveaux de compétence différents en orthographe, de produire tous des textes très proches de la norme (et de progresser ainsi dans la mémorisation de l'orthographe et dans la lecture orthographique). Le concept d'atelier de résolution de problèmes, tel qu'il a été conçu par Rémi Brissiaud (2002, 2003), consiste également à permettre aux élèves de résoudre un même problème au même moment avec des procédures différentes : usage de matériel, schémas, écritures arithmétiques proches de la situation, opérations « expertes ».

Toutefois, il faut être conscient que cette différenciation par les procédures doit être accompagnée d'un enseignement accessible à tous les élèves qui vise à ce que le plus possible d'entre eux accèdent le plus tôt possible aux procédures expertes : il faut enseigner l'orthographe (la morphologie, l'étymologie et les analogies, par exemple) ; il faut enseigner les stratégies de calcul mental qui sont porteuses de progrès conceptuels (voir Rémi Brissiaud, *op. cit.*).

Troisième réponse : si nécessaire, des groupes de besoin

Une troisième réponse consiste à mettre en place des groupes de besoin, chaque fois que c'est nécessaire. Un groupe de besoin est, a priori, un groupe dans lequel on a rassemblé les élèves qui ont besoin de progresser dans telle compétence donnée et pour lesquels on a programmé des activités adaptées à cet objectif. Par définition, un besoin est donc spécifique : on fera un groupe de besoin sur le traitement des substituts en lecture, sur la numération décimale des nombres à trois chiffres, sur les passes et les lancers au basket. Mais on ne réunit pas dans un groupe de besoin des élèves faibles lecteurs, ou des élèves faibles en mathématiques, ou des sportifs faibles en basket, ce qui serait un regroupement par niveau.

La « compétence besoin » est une compétence particulière, mais c'est aussi une « compétence levier » : si l'élève progresse dans ce domaine relativement limité, on s'attend à ce que cela ait des effets plus globaux, y compris en termes de « niveau ». Par exemple, en travaillant la numération décimale sur les nombres à trois chiffres, on s'attend à ce que cela aide les élèves concernés à approfondir la numération décimale sur les nombres à deux chiffres, à maîtriser les multiples de 10 au-delà de 100, la multiplication par 10 des nombres à deux chiffres (47×10 ; 10×61, par exemple), la division par 10 ($173 : 10$? $q = 17$; $r = 3$) et à terme la compréhension de cette équivalence $173/10 = 17 + 3/10$. La numération sur les nombres à trois chiffres doit être regardée comme une compétence levier à un moment des apprentissages numériques. Si l'on cherche à engendrer un progrès dans la lecture-écriture orthographique, c'est parce qu'on en attend des progrès plus globaux dans la compréhension en lecture. Reconnaître les mots directement est une compétence levier. Si, en basket, on décide de travailler spécifiquement les passes et les lancers, c'est parce qu'on en attend des progrès plus généraux dans la capacité à jouer : il est décisif de savoir lancer le ballon vers un point précis, de pouvoir le faire rapidement et tout en se déplaçant et même en visant un coéquipier qui se meut aussi. On attend d'une équipe qui progresse dans les passes et les lancers de meilleures performances en attaque, en contre-attaque et dans les lancers francs, et donc dans sa performance globale. Passes et lancers sont une compétence levier.

231

Deuxième caractéristique du groupe de besoin : il a une longévité limitée, qui est fonction des progrès attendus dans le domaine concerné. On se fixera donc des objectifs concrets, précis et bien définis (par exemple : être capable de passer de « 17 groupes de 10 » à 170 ; lire orthographiquement les 750 mots les plus fréquents ; etc.) qui peuvent être atteints dans un temps défini à l'avance. Quand ces objectifs sont atteints, le groupe disparaît. Par définition au contraire, un groupe de niveau est potentiellement permanent. C'est en effet une réalité bien connue en pédagogie que, malheureusement, les grandes strates de la « hiérarchie des niveaux » sont quasi immuables au-delà du CP : il est rare que les élèves « forts » se retrouvent au bout de quelques mois dans le groupe des « faibles » et inversement.

Troisième caractéristique des groupes de besoin : de l'un à l'autre, comme les besoins sont différents, les tâches sont évidemment différentes. Mais elles se distinguent totalement : par les objectifs, les supports, les consignes, les aides, etc. En revanche, dans les groupes de niveau, on rencontre fréquemment la tactique suivante : l'enseignant demande aux élèves faibles de faire « au moins » le début du travail qui est facile et aux « forts » de faire l'ensemble du travail, y compris donc les tâches plus complexes auxquelles ils parviennent rapidement. La différenciation dans les groupes de niveau est souvent, en apparence, une simple différence quantitative, mais qui recouvre en fait des différences cognitives, liées au degré de « facilité ».

Quatrième caractéristique, qui résulte des trois autres, les progrès attendus dans les groupes de besoin sont des progrès significatifs, à court terme et qui peuvent même concerner le « niveau global ». On n'attend généralement pas de tels progrès dans un groupe de niveau pour des élèves faibles. Comme les tâches sont conçues pour que les élèves les plus faibles puissent réussir (et non apprendre), le rendement didactique de ces dispositifs est souvent très faible, rarement très positif, quelquefois négatif.

Le tableau de la page suivante permet de résumer ces différences entre groupes de niveau et groupes de besoin.

Pour conclure, imaginons maintenant un entraîneur d'une équipe de basket qui souhaite que celle-ci progresse dans les compétitions alors que le niveau

Groupes de ...	Quel critère de regroupement ?	Quelle longévité ?	Quelle différenciation des tâches ?	Quel rendement didactique ?
... niveau	« Niveau global » (pas de diagnostic)	Potentiellement permanent	Selon le degré de facilité	Faible ou négatif
... besoin	Difficulté dans une « compétence levier » identifiée lors d'un diagnostic	Transitoire : le temps de « monter » la compétence levier	Selon les besoins diagnostiqués	Positif ou très positif : on vise un progrès important, rapide et global

global de cette équipe est « mauvais ». S'il adopte une stratégie comparable aux groupes de niveau, il peut agrandir le panier, le descendre d'un mètre, diminuer la taille du ballon, supprimer la règle des trois pas, etc. Il pourra se donner l'impression que son équipe progresse parce qu'elle réussit mieux. Mais il n'est pas nécessaire de bien connaître le basket pour dire qu'en plus de leurrer ses joueurs, il se dupe lui-même. On anticipe aisément que, lors des prochains matchs, cette équipe risque même d'être moins performante.

Si nous étions à la place de cet entraîneur, nous ferions d'abord un diagnostic : quels sont les compartiments du jeu cruciaux dans lesquels il faut que l'équipe se perfectionne ? Est-ce la défense, l'attaque, les lancers francs, les passes, la rapidité, etc. ? Il se peut que chaque domaine doive être travaillé, mais que certains soient considérés comme prioritaires, tels que les passes et les lancers. Nous adopterions alors la stratégie « groupes de besoin » : nous travaillerions chaque domaine de façon spécifique en commençant par les passes et les lancers. Dès les premiers progrès dans ce premier domaine, on devrait voir les performances globales de l'équipe s'améliorer !

Et pourtant, ce qui semble aller de soi lorsqu'on imagine le perfectionnement d'une équipe de basket paraît plus problématique dans les apprentissages scolaires. Que de discours sur la différenciation qui font des groupes de niveau[33] la solution évidente !

---

33. Quand ce n'est pas du rétablissement des filières au collège !

6 « Se centrer sur les apprentissages », oui, mais comment ?

S'agissant de l'efficacité de l'école dans les quartiers populaires et notamment dans les Rep, le rapport Moisan-Simon (1997) a montré clairement et sur un vaste échantillon que les établissements efficaces se caractérisent toujours par la «centration sur les apprentissages». Plusieurs autres études antérieures[34] aboutissaient aux mêmes conclusions. Autrement dit, dans ces établissements, l'école est entièrement et essentiellement mobilisée autour des principaux objectifs pédagogiques définis par les programmes nationaux, dans des actions cohérentes de la maternelle au collège. Quand elle dispose de moyens humains et matériels supplémentaires, ceux-ci sont utilisés pour amplifier les effets de cette mobilisation.

À l'inverse, les Zep peu performantes ne semblent pas utiliser les moyens supplémentaires dont elles disposent au service des mêmes objectifs[35]. C'est du moins ce que l'on peut conclure au regard des évaluations CE2 et 6e : les résultats y sont inférieurs à ce qu'ils devraient être compte tenu de la composition sociologique du milieu (pourcentage d'enfants issus de familles considérées comme «défavorisées») et parfois tragiquement inférieurs.

Cependant, il ne suffit pas d'affirmer que la centration sur les apprentissages caractérise les établissements performants pour que les enseignants trouvent les voies pratiques d'une plus grande efficacité. Faire que les Zep soient des «zones d'excellence pédagogique»[36] ne se décrète pas. Cela suppose de répondre à la question du «comment», c'est-à-dire de s'intéresser à ce qui

---

34. Voir notamment : DEP, 1992 ; Chauveau, 1993a ; Brizard, 1995.
35. *Cf*. par exemple, Chauveau et Rogovas-Chauveau, 1997.
36. Chauveau et Rogovas-Chauveau, 1995.

se passe dans la classe au jour le jour, de prendre en compte les aspects didactiques, organisationnels et relationnels de l'action quotidienne des enseignants. C'est aussi la conclusion d'un grand nombre de recherches sur ce sujet.

Nous croyons que le dispositif que nous présentons ici, avec les Maclé, particulièrement adapté à un fonctionnement en Zep (ou Rep), est une des façons de répondre à cette question. En effet, ces trois dimensions (didactique, organisationnelle et relationnelle) sont étroitement imbriquées dans le dispositif.

Bien sûr, ces modules peuvent avoir une réelle efficacité (dont nous avons tenté de préciser les conditions) pour aider les élèves faibles lecteurs entrant au cycle 3 ou au CE1, en 6e ou à d'autres niveaux encore, à surmonter leurs difficultés. Et c'est l'objectif principal. Nous croyons en outre que ce dispositif est perfectible et que, sans être une panacée, il est aussi pertinent dans d'autres domaines que la lecture-écriture, pour favoriser la réussite scolaire des élèves des milieux populaires.

Mais, à la lumière des expériences de plusieurs équipes d'écoles qui ont organisé des Maclé, par-delà l'efficacité immédiate de ce dispositif pour leurs élèves, nous croyons pouvoir affirmer qu'*il constitue aussi un levier pour aider les maîtres à aborder ensemble cette question du comment, pour l'ensemble des élèves, tout au long de l'année, au sein de leur classe.* En effet, la conception de ce dispositif par les enseignants ainsi que sa mise en œuvre et son évaluation ont, selon nos observations et celles de nombreux enseignants et formateurs, des retombées positives durables sur le travail en équipe(s), sur les cohérences pédagogiques interniveaux et intercycles, sur la construction d'une culture pédagogique commune dans l'école ou la ville, faite de références théoriques, de pratiques et d'outils communs, sur la relation avec les familles, sur la mobilisation des enfants.

Cela tient à la nécessité de coopérer pour organiser le module, d'analyser les difficultés des enfants, de concevoir les activités dans les divers groupes, d'évaluer le travail qui y est réalisé. Les enseignants sont conduits à échanger sur des objets professionnels et, par là même à enrichir et harmoniser leurs pratiques. C'est particulièrement vrai pour les maîtres du niveau concerné, les maîtres de Rased et les « postes mission Rep » qui interviennent directement dans ce dispositif. Mais cela peut aussi favoriser des coopérations plus larges au sein d'un cycle. Quand ce module se situe à la charnière des cycles 2 et 3, il favorise aussi des coopérations entre les équipes de ces deux cycles. Progressivement, à travers cet objet professionnel commun, les maîtres peuvent ainsi construire des références pédagogiques communes. Comme, de plus, les « postes mission Rep » interviennent à tous les niveaux de l'école primaire, ils peuvent jouer un rôle important dans ce processus.

Enfin, comme on l'a vu, le Maclé a aussi des effets positifs sur la mobilisation des enfants concernés et sur la perception de l'école par les élèves et les familles. Et comme les élèves réussissent mieux, le travail quotidien des enseignants s'en trouve facilité. Cela peut, en retour, modifier le regard des enseignants sur les élèves des milieux populaires et renforcer leur mobilisation (en jouant notamment sur leur stabilité au sein de l'école ou du Rep). On voit qu'ainsi les Maclé constituent une entrée pratique possible dans la résolution de ce problème à multiples dimensions : *Comment l'école peut-elle s'y prendre pour mieux se centrer sur les apprentissages en Rep ?* Notre expérience nous permet en effet de penser que la conception et l'organisation de ces modules par les maîtres, dans lesquelles les aspects didactiques, organisationnels et relationnels sont étroitement imbriqués, sont susceptibles de favoriser, voire d'enclencher, une dynamique plus globale vers la réussite scolaire.

Annexes

Quelques éléments sur les Rep de Sarcelles

La circonscription de Sarcelles-Sud (Val-d'Oise) comporte vingt-neuf écoles, toutes classées en Zep depuis 1999 et regroupées dans quatre Rep (la Zep date de 1990 et le classement en Zep ne concernait alors que trois collèges sur quatre et seize écoles sur les trente de l'époque). Ces vingt-neuf écoles scolarisent environ 5 600 élèves en maternelle et élémentaire. En 1999, 55,5 % des élèves étaient issus de familles que les statistiques classent dans la catégorie des professions et catégories sociales (PCS) défavorisées[1]. Les quatre secteurs de collège sont tous parmi les dix secteurs les plus en difficulté du classement départemental. En somme, on peut dire que, sociologiquement, les Rep de Sarcelles sont des Rep-type de la banlieue parisienne.

Sur le plan pédagogique, les résultats aux évaluations CE2 se situaient, en septembre 1998, en français, environ vingt points au-dessous de la moyenne nationale (score global de 45,80 à Sarcelles contre 65,60), près de dix points en dessous de la moyenne des Zep, mais aussi plusieurs points en dessous des résultats attendus compte tenu de la composition sociologique des familles. Le pourcentage des enfants ne maîtrisant pas 75 % des compétences de base à l'issue du cycle 2 en français était alors de 68,40 % ! Il convient cependant de souligner que cette moyenne de circonscription ne reflétait pas un état homogène mais résultait d'une disparité interécoles,

---

1. Autres PCS: moyenne = 36 % ; favorisée = 5,81 % ; très favorisée = 2,72 %.

peu corrélée avec la disparité sociologique des publics et recouvrant donc aussi une certaine disparité pédagogique liée à un « effet école » et même à un « effet classe » (Bressoux, 1994).

Depuis 1996-1997, l'équipe de circonscription a cherché à développer et encourager une « culture de l'évaluation », tout particulièrement au cycle 2, dans le domaine de la lecture-écriture. C'est ainsi qu'en 1997, un groupe de travail rassemblant les enseignants affectés sur les postes « mission Rep » s'est donné pour objectif de produire des références communes en vue d'améliorer la cohérence et la continuité des apprentissages sur l'ensemble du cycle 2, quelles que soient les méthodes ou démarches adoptées par les maîtres dans l'apprentissage de la lecture. Il a notamment débouché sur la production d'un document listant les compétences de base, devant servir au travail des conseils de maîtres des cycles 2 et 3.

Dans le prolongement, deux stages d'une semaine ont été organisés, impliquant en tout une quarantaine de maîtres de cycle 2. Là encore, il s'agissait de se donner des repères théoriques et pratiques communs de la GS au CE1. Parallèlement, en septembre 1998, s'est mis en place un autre groupe de travail associant une vingtaine d'enseignants de cycle 2 volontaires, venant de diverses écoles de la circonscription. Cette fois, le projet était d'élaborer une série d'évaluations à visée diagnostique, dans le domaine de l'acquisition de la lecture-écriture, pour la fin de l'année de GS, la fin du CP et la fin du CE1 (voir annexe suivante)[2]. Cet ensemble d'épreuves a bien été construit, de sorte que toutes les écoles ont pu faire passer les épreuves en fin d'année scolaire, en juin 1999.

---

2. Ultérieurement, au cours de l'année scolaire 1999-2000, ce groupe de travail a produit des évaluations pour le début de la GS, le début du CP, le début du CE1, de sorte qu'avec l'évaluation nationale de début de CE2, les maîtres puissent disposer d'une série d'évaluations réalisées à la même période de l'année, du début du cycle 2 au début du cycle 3. Pour l'essentiel, ce changement a consisté à élaborer une évaluation de début de GS et à adapter les évaluations initialement conçues pour la fin d'une année donnée en vue d'une passation au début de l'année suivante. Il n'en reste pas moins que les évaluations nationales CE2 sont difficiles à utiliser pour des analyses diagnostiques et qu'une évaluation conserve tout son intérêt en fin de CE1 si elle permet un authentique diagnostic.

Tant pour l'élaboration des références communes et des épreuves des évaluations que pour l'analyse des résultats des élèves, c'est le cadre théorique exposé dans la quatrième partie qui a été principalement mobilisé.

Ce travail cohérent et suivi sur plusieurs années, visant à construire des références communes et à favoriser des continuités de cycles, a été efficace (indépendamment même de la mise en place des Maclé). Les résultats des élèves aux évaluations CE2 et 6e en français ont significativement progressé au cours des années 1998 à 2000, un peu plus au CE2 qu'en 6e, rapprochant la Zep de Sarcelles des résultats moyens des autres Zep, ce qui doit être vu comme un réel progrès, compte tenu du point de départ (rappelons qu'il existait un écart de dix points en score global avec la moyenne nationale Zep). Il convient aussi de signaler que le progrès a été, durant ces mêmes années, extrêmement important pour ce qui concerne les «compétences de base» (grosso modo, la proportion d'élèves qui ne les maîtrisent pas a été divisée par deux!).

Mais, depuis 2001, les résultats fluctuent légèrement autour de ce niveau, sans marquer de nouvelle diminution de l'écart à la moyenne nationale. La dynamique de progrès semble s'essouffler. Une première raison possible est la suivante: depuis quelques années, la composition sociologique des familles dont les enfants sont scolarisés à Sarcelles a évolué vers un renforcement sensible du poids relatif des «CSP défavorisées». Mais cela n'explique pas complètement ce phénomène d'essoufflement, qu'on constate dans bien d'autres endroits, dès lors qu'on a, en quelque sorte, mangé le pain blanc des progrès sur les «compétences de base» (on sait bien que ces premiers progrès sont toujours les plus faciles). Il convient donc de chercher comment aider les élèves les plus fragiles à se doter, eux aussi, des compétences de base et comment aider tous les élèves à surmonter des difficultés persistantes dans la compréhension des textes.

C'est ce constat et ces questions qui ont conduit les équipes de cycles à approfondir leur réflexion dans divers domaines: la lecture de récits longs et la compréhension en lecture au cycle 3, l'appropriation du lexique au cycle 2, le rôle des situations d'écriture dans l'apprentissage de la lecture dès le début du CP. Notons par exemple que deux groupes de recherche-action se sont constitués au cycle 3, l'un autour de la lecture des récits longs (romans, nouvelles, albums), l'autre autour de l'enseignement de la compréhension en lecture, animés notamment par Patrick Joole et Catherine Savadoux, professeurs à l'IUFM, et ont commencé à produire des démarches et des outils.

Annexe 2

Les évaluations de fin de CE1 utilisées en 1999

Nous présentons ci-après l'évaluation qui a été passée, dans l'ensemble des écoles de Sarcelles, par les élèves de CE1, en fin d'année scolaire, en juin 1999. Il s'agit, en fait, du volet CE1 de l'évaluation qui concernait tous les élèves de cycle 2, en fin de GS, fin de CP et fin de CE1 (voir la fin du texte dans l'annexe précédente). Rappelons que les résultats à ces évaluations ont servi de point de départ à la réflexion qui a conduit à l'idée de Maclé (*cf.* première partie).

Épreuve 1

1re partie (domaine du texte/superstructure)

Compétences visées :
- reconnaître un type de texte (la fiche documentaire) ;
- identifier la fonction de la fiche documentaire ;
- prendre en compte les illustrations dans une fiche documentaire ;
- utiliser la superstructure d'un écrit documentaire pour trouver des informations.

Passation : collective en groupe classe
Matériel : le texte « La pipistrelle » et la première feuille d'exercice
Temps : 10 minutes
Modalités de l'épreuve et consignes
1) Distribuer la feuille d'exercice. Expliquer le principe du QCM pour l'exer-

cice A, ne pas lire les phrases 1, 2 et 3. Lire la consigne de l'exercice B. Préciser qu'il y aura peu de temps pour répondre et donc qu'on n'est pas obligé de lire tout le texte : il faut chercher des renseignements. Durée de cette explication : maximum 5 minutes.

2) Distribuer le texte « La pipistrelle ».

3) Ramasser la feuille d'exercice à la fin de l'épreuve.

2e partie (domaines du texte et de la phrase/superstructure et « mésostructure »)

Compétences visées :

- trouver des renseignements ponctuels dans un écrit documentaire ;
- savoir reconstituer la structure d'une phrase en fonction du sens et des marques syntaxiques.

Passation : collective en groupe classe

Matériel : le texte « La pipistrelle » et la deuxième feuille d'exercice.

Temps : 30 minutes (15 minutes de lecture et 15 minutes d'épreuve)

Modalités de l'épreuve et consignes

1) Lecture silencieuse du texte.

2) Distribuer la feuille d'exercice. Lire les consignes des exercices A, B et C, et reformulation par l'enseignant ou les enfants. Durée : 5 minutes.

3) Ramasser le texte et la feuille d'exercice.

Prénom: .... **Classe:** .... **Date:** ....
La Pipistrelle. 1re partie.

A. *Coche la bonne réponse.*

1) Le texte « La pipistrelle » est:
    ❏ une fiche technique
    ❏ une recette
    ❏ une fiche documentaire
    ❏ une lettre

2) Le texte sert à:
    ❏ construire un objet
    ❏ donner de ses nouvelles
    ❏ chanter
    ❏ nous donner des informations

3) Les images servent à:
    ❏ nous aider à comprendre le texte
    ❏ décorer
    ❏ colorier

B. *Entoure la partie du texte qui parle de ce que fait la pipistrelle pendant l'hiver.*

Prénom : .... Classe : .... Date : ....

*La **Pipistrelle***. 2e partie.

A. *Coche la bonne réponse.*

1) Quelle est la taille d'une pipistrelle ?

Une pipistrelle mesure environ :

❐ 15 cm

❐ 10 cm

❐ 2 cm

2) Comment les pipistrelles font-elles pour se mettre à l'abri du danger des rapaces ?

Les pipistrelles se mettent à l'abri des rapaces :

❐ en hurlant

❐ en abaissant leur température

❐ en restant les unes à côté des autres

B. *Réponds en faisant une phrase.*

1) Où habitent les pipistrelles ?

....

....

2) Que fait la pipistrelle pour hiberner ?

....

....

C. *Entoure la bonne solution pour faire une phrase correcte.*

	pomme	
La	pipistrelles	est une chauve-souris.
	pipistrelle	

Elle		dans	
Il	mange des insectes	comme	les fourmis.
La		avoir	

Les pipistrelles	s'accrochent	la tête en bas.
	s'accroches	
	s'accroche	

243

LA PIPISTRELLE
Mammifère

Famille : vespertilionidés,
    sorte de chauve-souris.
Taille : environ 10 cm.
Habitat : arbres creux, ponts, bâtiments.
Durée de vie : 15 ans.
Reproduction : un, parfois deux petits
    par an.

Les chauves-souris dorment la tête en bas. Comment font-elles pour ne pas tomber ?
C'est simple, leurs griffes se bloquent à un support, comme un cadenas.

Le grand sommeil de l'hiver

L'hiver, il y a peu d'insectes. Alors pour ne pas mourir de faim, la pipistrelle hiberne : elle se réfugie dans un abri (tronc creux, grange) puis elle ralentit le rythme de son cœur, sa respiration et abaisse même sa température.

Si je l'entends, je l'attrape…

Quand la nuit tombe, la pipistrelle part chasser. Elle lance alors un cri très strident que notre oreille ne perçoit pas.
Il lui permet de trouver ses proies.

L'union fait la force

Au printemps, les femelles qui vont avoir des petits et les mâles forment une nichée. Ils s'accrochent tout près les uns des autres pour mieux se protéger et ne pas être mangés par les rapaces, fouines…

Menu : insectes

Épreuve 2

Domaines du texte, de la phrase et du mot/superstructure, «mésostructure» et microstructure

Compétences visées:
- comprendre le sens d'un texte lu;
- reconnaître les différents personnages;
- déduire le sens d'un mot à partir de la compréhension du texte;
- lire un texte à voix haute de façon expressive et en tenant compte de la ponctuation:
- utiliser les connaissances graphophonologiques pour oraliser des mots, même nouveaux (ici, des pseudo-mots qui sont les noms des personnages).

Passation: individuelle, guidée par l'enseignant.
Matériel: le texte «Le lion et le rat reconnaissant» et la feuille d'exercice.
Temps: 35 minutes (20 minutes de préparation du travail en autonomie, 15 minutes avec l'adulte).
Modalités de l'épreuve et consignes
1) Consigne: *Lis ce texte tout seul et tout à l'heure, tu me le liras de ton mieux à haute voix. Attention, pense bien à la ponctuation et essaie de rendre ton texte le plus vivant possible. Quand tu auras fini, tu feras les exercices de la feuille.*
Remettre la feuille du texte et celle du QCM à l'enfant (dernière page), s'assurer de la bonne compréhension des consignes, mais ne pas aider à la lecture du texte.

2) Consigne: *Lis-moi ton texte. Je dois pouvoir le comprendre sans lire avec toi.*
Durée: 5 minutes.
Écouter la lecture de l'enfant puis l'évaluer avec la grille suivante:
R1: lecture expressive et qui tient compte de la ponctuation (pas ou très peu d'erreurs graphophonologiques)

R2 : fluidité mais sans expression (pas ou très peu d'erreurs graphophonologiques)

E1 : lecture hachée mais compréhensible (des difficultés avec quelques graphèmes)

E2 : lecture hachée et incompréhensible (des difficultés avec de nombreux graphèmes)

E3 : texte lu par l'adulte (grandes difficultés dans le décodage)

Après évaluation, même si le passage lu est très court, aider les enfants en très grande difficulté à lire une phrase ou deux, leur lire entièrement le texte et le préciser sur la feuille d'évaluation.

3) Consigne : *Je vais te poser des questions. Si tu ne comprends pas la question, dis-le moi.*

Durée : 10 minutes

Ne pas aider les enfants à trouver les réponses, mais seulement à bien comprendre la question.

Questions :

• *Quels sont les personnages de cette histoire ?*

• *Qu'est-ce qui arrive au rat au début de cette histoire ?*

Puis, l'enseignant lit le premier paragraphe de l'histoire.

• *Est-ce que le lion a bien fait de ne pas manger le rat ?*

• *Maintenant que tu as lu le texte, que veut dire le mot reconnaissant dans le titre « Le rat reconnaissant » ?*

Texte donné à l'élève :

LE LION ET LE RAT RECONNAISSANT

Le lion Glouguille avait attrapé un rat qui s'appelait Cansoha. Il s'apprêtait[1] à le manger, lorsqu'il entendit la petite bête le supplier :

1. <u>s'apprêter à</u> : se préparer à

«S'il te plaît, ne me mange pas et laisse-moi partir. Tu auras peut-être besoin de moi un jour, qui sait ?»

2. <u>de la prétention</u> : de la fierté

Le lion, amusé de la prétention[2] du rongeur, lui laissa la vie sauve. Cansoha le remercia et fila de peur que le lion ne change d'avis.

Quelque temps plus tard, Glouguille fut pris dans un filet tendu par des chasseurs. Malgré tous ses efforts, le roi des animaux restait prisonnier. Mais, fort heureusement, le rat arriva. Il rongea la corde et libéra le lion, puis il le salua avant de s'éloigner en déclarant :

«Ne te l'avais-je pas dit, on ne sait jamais ce qui peut arriver, et les plus grands et les plus forts ont parfois besoin des plus petits et des plus faibles...»

Prénom : .... Classe : .... Date : ....

Le lion et le rat reconnaissant

1. Mets une croix devant le résumé du texte.

❏ Un rat voulait manger un lion. Mais le lion était trop gros. Le rat ne réussit qu'à lui mordre la queue.

❏ Un lion voulait manger un rat. Le rat le pria de ne pas le faire. « Un jour, je t'aiderai », lui dit-il. Quelques jours plus tard, le lion tomba dans un piège. Le rat arriva et le libéra.

❏ Un lion voulait manger un rat. Le rat demanda au lion de le libérer et le lion accepta.
Pour éviter que le lion ne recommence, le rat demanda aux chasseurs de lui tendre un piège.

2. Coche pour chaque phrase le mot qui remplace le mot souligné.

A - Le lion, amusé de la prétention du <u>rongeur</u>, lui laissa la vie sauve.
      ❏ lion
      ❏ rat
      ❏ chasseur

B - Malgré tous ses efforts, <u>le roi des animaux</u> restait prisonnier.
      ❏ la corde
      ❏ le rat
      ❏ le lion

C - <u>Il</u> rongea la corde et libéra le lion.
      ❏ la corde
      ❏ le rat
      ❏ le lion

Annexe 3

Analyse statistique des résultats aux évaluations CE2
de l'école Henri-Dunant, avant et après le Maclé

Par Jean-Paul Fischer,
maître de conférences à l'IUFM de Lorraine et Grapco Nancy 2

À partir du tableau chiffré des résultats des élèves des trois classes de CE2 (présenté en première partie), nous avons procédé, pour chacun des deux scores (SR1 et SR2), à une analyse de variance (Anova) mixte, avec la classe comme facteur intersujets (à trois modalités) et le score SR comme facteur intrasujet (deux périodes: octobre 1999 et janvier 2000). Pour ce qui concerne les facteurs principaux – la classe et le score –, les analyses pour les deux scores SR1 et SR2 se rejoignent: nous n'observons pas d'effet significatif de la classe (les deux p > .10), alors que l'effet de la période est fortement significatif (les deux p < .0001). En revanche, pour les interactions, l'effet n'est pas, ou est marginalement, significatif pour le score SR1 (p > .08), alors qu'il est significatif pour le score SR2 (p < .01).

L'effet principal non significatif de la classe justifie le regroupement des classes pour les analyses statistiques. Mais c'est évidemment l'effet fortement significatif de la période qui est le résultat qui nous intéresse le plus: il traduit en effet une nette progression des élèves entre octobre 1999 et janvier 2000. Cette progression fait par exemple passer le score global moyen des soixante élèves de 52 % en octobre à 72,5 % en janvier, soit une progression de plus de vingt points de pourcentage en trois mois. L'écart à la moyenne nationale (laquelle était de 66,6 %) passe de – 14,6 % à + 5,6 %. Il est possible d'analyser cette évolution de manière plus précise pour chercher à déceler un effet « Maclé ».

1°) L'absence d'interaction clairement significative entre la classe et la période pour le score global atteste d'une certaine homogénéité du progrès[3]. Ainsi, dans les trois classes, les valeurs ajoutées sont assez voisines : + 17 % pour la classe n° 1 ; + 23 % pour la classe n° 2 et + 22 % pour la classe n° 3. On est tenté de rapprocher ce progrès relativement homogène du fait que les élèves ont suivi pendant trois semaines le même module.

2°) Ce sont les élèves les plus faibles qui contribuent le plus à cette progression générale. Ce constat est attesté statistiquement par la corrélation négative[4], forte et largement significative, entre le score en octobre et le progrès défini comme la différence entre le score de janvier 2000 et celui d'octobre 1999. Par exemple, l'analyse statistique conduit à une corrélation $r = -0,82$ pour les scores de base SR2 ($p < .0001$). Une telle corrélation est certes favorisée par le fait que les élèves les plus faibles en octobre ont la plus grande marge de progression, mais même lorsque cet effet de type « plafond » est réduit – pour les scores globaux SR1 –, la corrélation reste fortement négative ($r = -0,64$) et significative ($p < .0001$).

---

3. Le fait que cette interaction soit significative pour les scores SR2 est en partie dû à un effet plafond : les élèves de la classe n° 1, qui avait en octobre la moyenne la plus élevée et dépassant déjà 70 %, n'avaient en général qu'une faible marge de progression ; et, de fait, ce sont eux qui ont le moins progressé, au point que la classe n° 1 se retrouve avec la moyenne la moins élevée en janvier !
Profitons aussi de cette note pour signaler que l'inégalité des effectifs des trois classes est due à des départs imprévus d'élèves entre octobre et janvier, plus particulièrement dans la classe n° 3.
4. Il nous semble utile d'insister sur le fait qu'une telle corrélation « négative » dans son expression statistique est une corrélation extrêmement positive pour le pédagogue : elle comble un rêve de bien des enseignants, à savoir faire progresser le plus les élèves qui en ont le plus besoin. Observons d'ailleurs que cette corrélation négative n'empêche pas l'existence d'une corrélation fortement positive et significative entre les scores d'octobre et ceux de janvier : $r = +0,85$, $p < .0001$ pour SR1 ; $r = +0,58$, $p < .0001$ pour SR2. Cette corrélation positive traduit le constat classique (et plutôt négatif pour les enseignants) que les élèves les plus performants en octobre sont, en général, aussi les plus performants quelques mois après.

Annexe 4

Le vocabulaire fondamental

Liste des «70 mots essentiels» recensés par Henmon, 1924 (cité par Haygood, 1937 et Ters *et al.*, 1988) dans tous les textes d'une certaine importance (textes de 2000 mots au minimum) et classés par ordre alphabétique. Ces 70 mots constituent à eux seuls 50 % des mots de tout texte français quels qu'en soient le type ou le thème. Autrement dit, si on sait lire ces mots, on sait lire la moitié des mots d'un texte français.

à, au, aux	il(s)	**que** (conjonction)
aller	je	**que ?**
autre(s)	jour	**que** (pronom relatif)
avec	le, l', la, les	**qui ?**
avoir	leur(s)	**qui** (pronom relatif)
bien	lui	sans
bon	mais	savoir
ce, cet, cette, ces	me	se, s'
comme	moi	si (conjonction)
dans	mon, ma, mes	si (adverbe)
de, d', du, des	ne... pas	soi
deux	notre, nos	son, sa, ses
dire	nous	sur (préposition)
donner	on	tout, toute(s), tous
elle(s)	ou	tu, te, toi
en (préposition)	où	ton, ta, tes
en (pronom)	par	un(e)
enfant	pas (adverbe)	venir
être	petit	voir
eux	plus	votre, vos
faire	pour	vouloir
femme	pouvoir	vous
grand	prendre	y
homme		

NB : Les mots soulignés sont des verbes à l'infinitif ; en fait, ce sont leurs flexions («va», «vont», «allé», «ira», etc., pour aller ; «suis», «est», «a été», «sont», «était», etc., pour être ; ...) qui sont plus souvent rencontrées. Pour connaître les fréquences de ces flexions, voir Nina Catach (1984).

Bibliographie

AFL (Association française pour la lecture), *Les Actes de lecture*, n° 23, septembre 1988 (ce numéro porte sur les classes-lecture).

Anderson J.-R., Fincham J.-M. & Douglass S., 1999, « Practice and retention : A unifying analysis », *Journal of Experimental Psychology : Learning, Memory, and Cognition*, 25, 1120-1136.

Baccino Thierry et Colé Pascale, 1995, *La lecture experte*, PUF, collection Que sais-je ? n° 3005, Paris.

Baddeley Alan, 1993, *La mémoire humaine : théorie et pratique*, Presses Universitaires de Grenoble, Grenoble.

Bahrick *et al.*, 1994, « Maintenance of foreign language vocabulary and the spacing effect », *Psychological Science*, 4, 316-321.

Besse Jean-Marie, 1993, « De l'écriture productive à la psychogenèse de la langue écrite », *in* Chauveau Gérard *et al.*, *L'enfant apprenti lecteur*, INRP-L'Harmattan, Paris.

Besse Jean-Marie, 1995, *L'écrit, l'école et l'illettrisme*, Magnard, Paris.

Blanche-Benveniste Claire, 1997, *Approches de la langue parlée en français*, Ophrys, Paris.

Boisseau Philippe, 1996 et 1997, *Introduction à la pédagogie du langage* (2 tomes), CRDP de l'académie de Rouen, Mont-Saint-Aignan.

Boisseau Philippe, 2000, *Introduction à la pédagogie du langage* (version abrégée), CRDP de l'académie de Rouen, Mont-Saint-Aignan.

Boisseau Philippe, 2002, *Pédagogie du langage pour les 3 ans*, CRDP de l'académie de Rouen, Mont-Saint-Aignan.

Boisseau Philippe, 2004, *Pédagogie du langage pour les 4 ans*, CRDP de l'académie de Rouen, Mont-Saint-Aignan.

Boisseau Philippe, à paraître, *Enseigner la langue orale en Maternelle*, Retz / CRDP de l'académie de Versailles.

Boujon Claude, 2000, *Verdurette et compagnie*, École des loisirs, Paris.

Bressoux Pascal, 1994, « Les recherches sur les effets-écoles et les effets-maîtres », *Revue française de pédagogie*, n° 108, INRP, Lyon.

Brissiaud Rémi *et al.*, 2001, *J'apprends les maths-CP avec Tchou, Livre du maître*, Retz, Paris.

Brissiaud Rémi, 2001, « La capacité à "faire parler le contexte" : quelle contribution à la réussite ? », in Chauveau Gérard, dir., *Comprendre l'enfant apprenti lecteur*, Retz, Paris.

Brissiaud Rémi *et al.*, 2002, *J'apprends les maths-CE1, Livre du maître*, Retz, Paris.

Brissiaud Rémi *et al.*, 2003, *J'apprends les maths-CE2, Livre du maître*, Retz, Paris.

Brizard Agnès, 1995, « Comparaison des performances des élèves scolarisés en Zep et hors Zep », *Dossiers d'Éducation et formations*, 41, DEP, ministère de l'Éducation nationale, Paris.

Catach Nina, 1980, *L'orthographe française, traité théorique et pratique*, Nathan, Paris.

Catach Nina, 1984, *Les listes orthographiques de base du français (LOB) : les mots les plus fréquents et leurs formes fléchies les plus fréquentes*, Nathan, Paris.

Challis B.H. et Sidhu R., 1993, « Dissociative effect of massed repetition on implicit and explicit measures of memory », *Journal of Experimental Psychology: Learning, Memory and Cognition*, n° 19, 115-127.

Chauveau Gérard, 1993a, « Les ZEP, terres de contraste », *in* Debard Éliane et Henriot-Van Zanten Agnès, dir., *École et espace urbain*, CRDP de l'académie de Lyon, Lyon.

Chauveau Gérard *et al.*, 1993b, *L'enfant apprenti lecteur*, INRP-L'Harmattan, Paris.

Chauveau Gérard et Rogovas-Chauveau Éliane, 1995, *À l'école des banlieues*, ESF, Paris.

Chauveau Gérard *et al.*, 1996, *Livre du maître de la méthode de lecture Mika-CP*, Retz, Paris.

Chauveau Gérard et Rogovas-Chauveau Éliane, 1997, « Établissements Zep : quelle efficacité ? », *Les Cahiers Pédagogiques*, n° 354, CRAP, Paris.

Chauveau Gérard, 1997, *Comment l'enfant devient lecteur. Pour une psychologie cognitive et culturelle de la lecture*, Retz, Paris.

Chauveau Gérard, 2000, *Comment réussir en Zep*, Retz, Paris.

Daumas Micheline et Bordet Françoise, 1990, *Apprentissage de l'écrit au cycle 2 : écrire pour lire*, Nathan, Paris.

De Keyzer Danielle *et al.*, 1999, *Apprendre à lire et à écrire à l'âge adulte*, Retz, Paris.

DEP, 1992, « L'évaluation des zones d'éducation prioritaire, Description, typologie, fonctionnement, résultats », *Dossiers d'Éducation et formations*, n° 14, Ministère de l'Éducation nationale, Paris.

Downing John et Fijalkow Jacques, 1984, n. é., 1990, *Lire et Raisonner*, Privat, Toulouse.

Ducancel Gilbert et Vérecque Denyse, 1998, « Lire : une modalité de la compréhension du langage écrit par les élèves », *in Repères* n° 18, *À la conquête de l'écrit*, coord. par Brigaudiot Mireille et Goigoux Roland, INRP, Paris, p. 41-64.

Ehrlich Marie-France *et al.*, 1993, « Composantes cognitives et métacognitives de la lecture : le traitement des marques anaphoriques par des bons et mauvais compreneurs », in Jaffré Jean-Pierre *et al. Les Actes de la Villette. Lecture-écriture : acquisition*, Nathan, Paris.

Fayol Michel *et al.*, 1992, *Psychologie cognitive de la lecture*, PUF, Paris.

Ferreiro Emilia, 2000, *L'écriture avant la lettre*, Hachette, Paris.

Fischer Jean-Paul, 2001, « La consolidation des connaissances », *Cahiers Alfred Binet*, Nancy, n° 666.

Fits P.M. & Posner M.I., 1967, *Human Performance*, Belmont, Cal, Brooks-Cole.

Foucambert Jean, 1974, *La manière d'être lecteur*, Retz, Paris, réédité en 1994, avec une préface d'Yves Parent, chez Albin Michel (bibliothèque Richaudeau).

Gaonac'h Daniel et Fayol Michel (coord. par), 2003, *Aider les élèves à comprendre*, Hachette, Paris.

Giasson Jocelyne, 1990, *La compréhension en lecture*, Gaëtan Morin, diffusion De Boeck, Bruxelles.

Goigoux Roland, 2001, « De l'importance du contexte littéral au début de l'apprentissage de la lecture », *in* Chauveau Gérard, dir., *Comprendre l'enfant apprenti lecteur*, Retz, Paris.

Gombert Jean-Émile, 1990, *Le développement métalinguistique*, PUF, Paris.

Gombert Jean-Émile, 2004, « La place des apprentissages implicites », *Les Cahiers pédagogiques*, n° 422, mars 2004.

Haygood J.D., 1937, *Le vocabulaire fondamental du français*, Droz, Paris.

Henmon, Vivian A.C., 1924, *A french word book based on a count of 400 000 running words*, University of Wisconsin, Madison.

Jolibert Josette et Groupe d'Écouen, 1984, *Former des enfants lecteurs*, Hachette, Paris.

Lieury Alain, 1993, *Mémoire et réussite scolaire*, Dunod, Paris.

Meirieu Philippe, 1984, *Itinéraire des pédagogies de groupe*, Tome 1, Chronique sociale de Lyon.

Mesnager Jean, 2002, « Pour une étude de la difficulté des textes : la lisibilité revisitée », *in Le Français aujourd'hui*, n° 137, *L'attention aux textes*, coord. par Martin Serge et Pécheyran-Hernu Isabelle, p. 29-40.

Moisan Catherine et Simon Jacky, 1997, *Les déterminants de la réussite scolaire en zone d'éducation prioritaire*, Rapport de l'inspection générale de l'Éducation nationale, ministère de l'Éducation nationale, INRP-Centre Alain-Savary et La Documentation française, Paris.

Morais José, 1994, *L'art de lire*, Odile Jacob, Paris.

Olson David, 1998, *L'univers de l'écrit*, Retz, Paris.

Ouzoulias André, 1995a, *L'apprenti lecteur en difficulté : évaluer, comprendre, aider*, Retz, Paris.

Ouzoulias André, 1995b, *Médial : Moniteur pour l'évaluation des difficultés de l'apprenti lecteur*, Retz, Paris.

Ouzoulias André, 1997, *Apprentissage de la lecture : débats d'hier et d'aujourd'hui*, Voies Livres, Lyon.

Ouzoulias André, Fischer Jean-Paul et Brissiaud Rémi, 2000, «Comparaison de deux scénarios d'appropriation du lexique écrit», *Enfance*, n° 4, p. 393-416.

Ouzoulias André, 2001, «L'émergence de la conscience des phonèmes : apprentissage sensoriel ou développement conceptuel», *Comprendre l'enfant apprenti lecteur*, sous la direction de Gérard Chauveau, Retz, Paris.

Ouzoulias André, 2004, «La production de textes courts pour prévenir les difficultés dans l'apprentissage de la lecture et/ou y remédier», à paraître dans *Aider et intervenir face aux difficultés scolaires*, Actes de la Journée nationale des maîtres E (21 novembre 2003), coédition FNAME-Retz, Paris.

Ouzoulias Raymond, 1995a, «L'impact d'un projet lecture en Zep» in collectif coord. par l'APFEE, *École efficace*, Armand Colin, Paris.

Ouzoulias Raymond, 1995b, «La lecture au centre de la cité», in GPLI, ministère du Travail, de l'Emploi et de la Formation professionnelle, *L'éveil au savoir*, La documentation française.

Pothier Béatrice, 1996, *Comment les enfants apprennent l'orthographe, diagnostic et propositions pédagogiques*, Retz, Paris.

Rémond Georges et Rousseau Jean-Paul, 1989, *Nous devenons de vrais lecteurs*, Livret pédagogique (CEI, CE2, CM1), Retz, Paris.

Rieben Laurence, Fayol Michel et Perfetti C.H., dir., 1997, *Des orthographes et leur acquisition*, Delachaux et Niestlé, Neuchâtel-Paris.

Rieben Laurence, 2003, *Document envoyé au PIREF en vue de la conférence de consensus sur l'enseignement de la lecture à l'école primaire les 4 et 5 décembre 2003*, PIREF, Paris.

Rivais Yak, 1992, *Jeux de langage et d'écriture*, Retz, Paris.

Rivais Yak, 1993, *Pratique des jeux littéraires en classe*, Retz, Paris.

Rosenthal Robert et Jacobson Lenore, 1972, *Pygmalion à l'école*, Casterman, Paris.

Stanovich Keith, 1986, «Matthew effects in reading: Some consequences of individual differences in the acquisition of literacy», *Reading Research Quarterly*, 21, 360-407.

Ters François, Mayer Georges et Reichenbach Daniel, 1988, *L'échelle Dubois-Buyse*, MDI, Paris.

Références de quelques supports pédagogiques cités

Celda (matériel d'impression), 60 rue Lucette-et-René-Desgrand, 69625 Villeurbanne. Site internet: www.celda.fr.

Elsa et *Idéographix* (logiciels), diffusion AFL (Association française pour la lecture), 65 rue des Cités, 93308 Aubervilliers cedex. Site internet: www.lecture.org.

Lectra (logiciel), Logi Éduc, 15 rue de la Saulaie, 33310 Lormont.

Lire, Fichiers PEMF (Publications de l'ICEM), 06376 Mouans Sartoux Cedex.

1000 mots (logiciel): www.perso.wanadoo.fr/jm.campaner/jmc_1000MOTS/

Mon Quotidien, *Le Petit Quotidien* et *Quoti*: www.playbac-presse.com

Mise en page et suivi éditorial: CDDP du Val-d'Oise
Conception maquette : Christine Paquereau
Illustrations : CDDP du Val-d'Oise, sauf p. 66, Valérie Bétoulaud; p. 122, Manu Ruch et Karen Laborie; p. 247: Gustave Doré.
Achevé d'imprimer en France en octobre 2005 sur les presses de l'imprimerie France Quercy à Cahors.
Retz: N° d'éditeur: 1258 - N° de projet : 10128953
CRDP de l'académie de Versailles: code 7805BF21
Dépôt légal : octobre 2004
N° d'impression : 52686   372